AF558317

FRITZ SÖLLNER

Krise als Mittel zur Macht

FRITZ SÖLLNER

Krise als Mittel zur Macht

Gewidmet allen Mitbürgern,
die sich nicht den Mund verbieten und sich nicht
den gesunden Menschenverstand ausreden lassen.

Schutzumschlaggestaltung: Sabine Schröder
Umschlagmotiv: Adobe Stock
Satz: VerlagsService Dietmar Schmitz GmbH, Kirchheim
Druck und Binden: Friedrich Pustet GmbH & Co. KG, Regensburg
Printed in Germany
ISBN 978-3-7844-3640-1

www.langenmueller.de

Inhalt

Vorwort von Thilo Sarrazin

Fritz Söllner schlägt zur deutschen Gegenwartsgeschichte der letzten anderthalb Jahrzehnte einen weiten Krisenbogen. Das reicht von der Weltfinanzkrise 2007/2008 über die Eurokrise 2009 bis 2011, die Flüchtlingskrise 2015/2016 und die schon permanente Klimakrise bis zur Coronakrise 2020 bis 2022 – ein Ende ist nicht absehbar.

In jeder dieser Krisen stoßen bestimmte Grundpositionen mehr oder weniger unversöhnlich aufeinander. Immer wieder geht es um das Verhältnis von zentralen und dezentralen Lösungen, um die Rolle Europas und des Nationalstaats, um die Güterabwägung zwischen Freiheit und Sicherheit, um die Bedeutung solider Staatsfinanzen, um Leistungsfähigkeit und Gerechtigkeit, um die Konkurrenz unterschiedlicher kultureller Vorstellungen und um die Frage, wie weit ins Internationale und auf fremde Kontinente deutsche und europäische Solidaritätspflichten reichen sollen. Hier prallen vorhandene Gegensätze hart aufeinander. Die Befürworter zentralstaatlicher europäischer Lösungen sind dabei tendenziell auf dem Vormarsch und nutzen jede Möglichkeit.

Zu Finanz- und Währungsfragen, zur Asyl- und Einwanderungspolitik sowie zum Umgang mit Energiefragen und Klimawandel decken sich die präzisen und anschaulichen Darlegungen von Fritz Söllner weitgehend mit meinen Auffassungen. Bei der Einordnung der Corona-Pandemie bin ich etwas vorsichtiger als er. Ob und wie diese Pandemie zu Ende geht, ist aus meiner Sicht noch völlig offen.

Auch hat der Ukraine-Krieg, der in den Analysen des Buches nur am Rande auftaucht, das Potential, die Weltordnung, in die wir in den letzten dreißig Jahren hineingewachsen sind, weitgehend umzustürzen. Einem pazifistisch geprägten Weltbild ist für viele Jahrzehnte die Grundlage entzogen. Die westlich geprägten demokratischen Marktwirtschaften – von Südkorea und Japan im Fernen Osten über Nordamerika und Westeuropa bis nach Polen und das Baltikum – werden sich in einer neuen Wehrhaftigkeit zusammenfinden müssen, um ihr Gesellschaftsmodell gegen russischen Faschismus und chinesische Diktatur behaupten zu können. Welche Bedeutung angesichts dieses Prozesses die von Fritz Söllner beschriebene Entwicklung zu immer mehr Zentralstaatlichkeit haben wird, ist zurzeit noch nicht absehbar.

Berlin, im Mai 2022
Thilo Sarrazin

Vorbemerkungen und Danksagungen

Dieses Buch hat die deutsche Krisenpolitik der letzten fünfzehn Jahre zum Gegenstand – ihre Inhalte, ihre Folgen, aber auch ihre Hintergründe und Motive.

Angeregt zur Beschäftigung mit diesem Thema wurde ich durch meine Arbeiten zur Flüchtlings- und Migrationspolitik im Zusammenhang mit der Flüchtlingskrise von 2015. Dabei fiel mir auf, dass sich gewisse Grundmuster des politischen Handelns in dieser Krise auch in den vorhergehenden und den darauffolgenden Krisen zeigten. Es erschien mir deshalb lohnenswert, sich nicht nur mit der einen oder anderen Krise, sondern mit der Krisenpolitik insgesamt zu beschäftigen. Die Erkenntnisse, zu denen ich dabei gelangt bin, hielt ich für so wichtig, dass ich sie einer breiten Öffentlichkeit in Buchform mitteilen wollte. Denn die Krisenpolitik hat sich in meiner Analyse als zentrales Element von Bestrebungen erwiesen, die die Freiheiten und Rechte der Bürger, die Grundlagen unseres Wohlstandes und sogar die Existenz Deutschlands als souveränen Staat bedrohen. Deshalb ist mir sehr daran gelegen, mit meinen Warnungen möglichst viele Mitbürger zu erreichen.

Ich bin Michael Fleissner, dem Geschäftsführer und Inhaber des Langen Müller Verlags, sehr dankbar, dass er mich in meinen Bemühungen unterstützt und mein Buch in sein Verlagsprogramm aufgenommen hat. Beim Verlag Langen Müller habe ich nicht nur eine Publikationsmöglichkeit gefunden, sondern auch eine Betreuung, die so gut ist, wie man sie sich als Autor nur wünschen kann. Dafür danke ich dem gesamten Verlagsteam.

Rupert Pritzl hat eine erste Fassung des Manuskripts gelesen und ich danke ihm für viele wichtige Hinweise. Von den Diskussionen mit ihm, aber auch von dem Austausch mit Kollegen aus verschiedenen Fachrichtungen habe ich sehr profitiert. Nennen möchte ich an dieser Stelle insbesondere Thomas Bargatzky, Siegfried Franke und Martin Wagener. Selbstverständlich ist keiner der Genannten für den Inhalt dieses Buches in irgendeiner Weise verantwortlich.

Thilo Sarrazin, der viele Dinge ähnlich wie ich sieht, danke ich dafür, dass er sich die Zeit genommen hat, das Vorwort zu diesem Buch zu verfassen. Seine Veröffentlichungen waren mir nicht nur eine wichtige Informationsquelle, sondern dienten mir auch als Vorbild für eine sachliche, klare und stets gut belegte Darstellung.

Schließlich bin ich den vielen kritischen Bürgern dankbar, die ich bei verschiedenen Vorträgen im Laufe der letzten Jahre getroffen habe und die mich in meinen Bemühungen bestärkt und ermuntert haben. Ihnen sei dieses Buch gewidmet.

Bayreuth, im Mai 2022
Fritz Söllner

Prolog: Das Land, in dem wir gut und gerne leben?

»Lass niemals eine Krise ungenutzt verstreichen.«

Winston Churchill

2017 sind CDU und CSU mit dem Slogan »Für ein Deutschland, in dem wir gut und gerne leben« in den Bundestagswahlkampf gezogen.[1] Viele Bürger haben sich damals gefragt und stellen sich noch heute die Frage, ob sie in Deutschland wirklich noch »gut und gerne leben« können. Schließlich jagt seit über einem Jahrzehnt eine Krise die nächste: die Finanzkrise, die im Sommer 2007 begann und 2009 in die Eurokrise mündete; die Kernenergiekrise, die 2011 durch den GAU von Fukushima ausgelöst wurde; die seit 2015 anhaltende Flüchtlingskrise; die Klimakrise, die schon seit Längerem geschwelt hatte und 2018 in der öffentlichen Wahrnehmung so hochkochte, dass sie seither die öffentliche Diskussion und die Politik auf allen Ebenen wesentlich beeinflusst; 2020 wurde sie durch die (noch anhaltende) Coronakrise vorläufig in den Hintergrund gedrängt. Im Gefolge derselben hat die nächste Krise schon begonnen, ihren Lauf zu nehmen: die Geldentwertungskrise. Hinzu kommt, dass einige dieser Krisen durch den Ende Februar 2022 von Russland begonnenen Ukraine-Krieg an Schärfe zugenommen und an Aktualität gewonnen haben.

Krisen gab es schon immer, aber dass sie so gehäuft auftreten, ist doch ungewohnt für viele Bürger. Sie sind nicht nur beunruhigt, *dass* es zu diesen (oder anderen) Krisen kommt, sondern auch, *warum* es zu ihnen kommt und *wie* mit ihnen umgegangen wird.

In den letzten Jahren konnten Beobachter der Krisenpolitik immer mehr den Eindruck gewinnen, dass Krisen zumindest leichtfertig in Kauf genommen, in manchen Fällen sogar vorsätzlich herbeigeführt worden sind. Man denke dabei nur an die Eurokrise, zu der der Grundstein durch die unüberlegte Einführung des Euro gelegt wurde, gegen den Willen der überwiegenden Mehrheit der Bevölkerung und gegen den Rat praktisch aller Ökonomen. Ein anderes Beispiel stellt die Flüchtlingskrise dar, die durch die unbedachte und gesetzeswidrige Grenzöffnung im Herbst 2015 vielleicht nicht verursacht, so doch ausgelöst und wesentlich verschärft wurde.

Noch ein anderer Eindruck drängt sich auf: dass nämlich die Krisen, warum auch immer sie ausgebrochen sein mögen, in jedem Fall zu bestimmten politischen Zwecken instrumentalisiert worden sind. Dass Krisen zur Verfolgung anderer, damit nicht unmittelbar zusammenhängender Ziele ausgenutzt werden, zeigt sich vielleicht am deutlichsten in der aktuellen Coronakrise, in der insbesondere die Transfer- und Schuldenunion auf europäischer Ebene einen großen Schritt vorangebracht worden ist. Aber auch die früheren Krisen wurden instrumentalisiert. Nicht zuletzt dadurch lassen sich auch die eklatanten Fehlleistungen bei der Bewältigung und beim Management der verschiedenen Krisen erklären.

Dieses Missmanagement ist nur auf den ersten Blick verwunderlich, da es ein kaum vorstellbares Maß an Inkompetenz vorauszusetzen scheint. Aber auf den zweiten Blick wird es verständlich, wenn man sich klarmacht, dass es häufig eben nicht um eine möglichst rationale und effiziente Bewältigung einer Krise geht, sondern um die Durchsetzung bestimmter Maßnahmen und die Verfolgung bestimmter Ziele, die mit Verweis auf die jeweils akute Krise gerechtfertigt werden. Typischerweise handelt es sich dabei um Maßnahmen und Ziele, die nicht im Interesse der einheimischen Bevölkerung – oder zumindest nicht im Interesse großer Teile dieser Bevölkerung – liegen und die deshalb in Normalzeiten und ohne die durch Krisen scheinbar erzwungene Notwendigkeit kaum durchsetzbar wären.

Auch wenn diese Mechanismen schwer durchschaubar und noch schwerer belegbar sind, bleiben die Nachteile und Kosten einer solchen Vorgehensweise zumindest denjenigen nicht auf Dauer verborgen, die darunter am meisten zu leiden haben. Deren Unwillen wird noch dadurch vergrößert, dass die Verantwortlichen die Folgen ihrer Krisenpolitik nicht selbst ausbaden müssen, sondern im Gegenteil häufig davon profitieren. Beispielhaft sei an dieser Stelle nur die Flüchtlingspolitik genannt, unter der vor allem die Geringverdiener und Geringqualifizierten in der deutschen Bevölkerung zu leiden hatten und haben – und nicht die wohlsituierten und gutgebildeten Verteidiger der Willkommenskultur, die sogar mit Vorteilen für sich rechnen können.

Nicht zuletzt aus diesem Grund ist ein zunehmendes Misstrauen in weiten Teilen der Bevölkerung gegenüber den für diese Politik verantwortlichen Eliten zu beobachten. Politiker und Parteien hatten ja schon immer einen eher schlechten Ruf, aber in jüngerer Zeit hat auch das Ansehen von Regierung, Medien, Justiz und Wissenschaft gelitten.

Es gibt also viele Gründe – die Ineffektivität und Ineffizienz der Krisenpolitik, die Asymmetrie der dadurch verursachten Belastungen, das Misstrauen gegenüber der Politik und anderen Institutionen – dafür, dass Deutschland aus den bisherigen Krisen nicht geeint und gestärkt hervorgegangen ist, sondern jedes Mal gespaltener und geschwächter. Mehr noch: Das Land und dessen Wesen ändern sich von Krise zu Krise immer mehr. Der Einfluss des Staates auf das Leben der Bürger wird immer stärker; die Freiheitsrechte werden immer mehr eingeschränkt; die Regulierung, Überwachung und Reglementierung von Wirtschaft, Gesellschaft und Privatleben wird immer intensiver betrieben; Meinungs- und Wissenschaftsfreiheit leiden zunehmend; die Rechtsstaatlichkeit gerät immer stärker in Gefahr; und die Zentralisierung schreitet vor allem auf der Ebene der EU immer weiter voran.

Diese Tendenzen mögen sich nicht in jeder einzelnen Krise deutlich bemerkbar gemacht haben, aber, wenn man alle Krisen zusammen betrachtet und die Lage vor Beginn dieser Krisen mit der aktuellen Situation vergleicht, so sind die eingetretenen Veränderungen unübersehbar. Wenn jemand vor 20 Jahren in Tiefschlaf gefallen wäre und heute erwachen würde: Würde er Deutschland noch als dasselbe Land wiedererkennen? Oder hätte er vielleicht den Eindruck, dass Deutschland, um den Titel des meistverkauften Sachbuchs der letzten Jahrzehnte zu zitieren, »sich abschafft«?[2]

Aber stimmt das denn wirklich? Geht es tatsächlich mit Deutschland bergab? Schließlich hören wir häufig, zuletzt von Bundespräsident Frank-Walter Steinmeier am 3. Oktober 2020 anlässlich der Feier zum 30. Jahrestag der Deutschen Einheit, dass »wir heute im besten Deutschland leben, das es jemals gegeben hat«.[3] Und wenn man der Union Glauben schenken darf, kann man ja gerade heute in Deutschland »gut und gerne leben«.

Handelt es sich bei dem düsteren Bild, das ich soeben entworfen habe, also nur um Schwarzmalerei? Die Ängste, die Unzufriedenheit, die Sorgen, von denen ich gesprochen habe: Stecken hinter ihnen nur das dumpfe Unbehagen der Ewiggestrigen und die Ressentiments der Zukurzgekommenen? Gibt es dafür aber überhaupt Gründe oder wird dieses Unbehagen, werden diese Ressentiments nur von Populisten, Feinden der Demokratie und ausländischen Mächten geschürt? Ist die angebliche Instrumentalisierung der Krisenpolitik zur Verfolgung bestimmter Ziele, zur Durchsetzung bestimmter Maßnahmen nur ein Hirngespinst von Verschwörungstheoretikern?

Wenn man der Regierung, den etablierten Parteien und den reichweitenstarken Medien glauben darf, dann lautet die Antwort auf jede dieser vier Fragen »ja«. Aber darf man ihnen so ohne Weiteres glauben? Schließlich sind sie alle Akteure und Profiteure dieser Krisenpolitik, die es zu hinterfragen gilt. Man braucht nicht lange zu suchen, um Belege dafür zu finden, dass nicht alles zum Besten steht. Ist es etwa kein Grund zur Sorge, wenn der ehemalige Präsident des Bundesverfassungsgerichts, Hans-Jürgen Papier, vor der Aushöhlung des Rechtsstaats warnt und die »Freiheit in Gefahr« sieht?[4] Und warum kehren in den letzten Jahren mehr und mehr gut ausgebildete junge Leute Deutschland den Rücken zu und wandern aus, um ihr Glück in anderen Ländern zu suchen?[5] Dabei leben wir doch im besten Deutschland, das es je gegeben hat … Wer mit offenen Augen durch die Welt geht, wird unschwer weitere Anzeichen einer bedenklichen Entwicklung entdecken, die gewisse Zweifel am »offiziellen« Deutschlandbild aufkommen lassen.

Mit diesem Buch möchte ich einen bescheidenen Beitrag zur Klärung all dieser Fragen leisten. Es geht mir darum, die Krisenpolitik der letzten fünfzehn Jahre zu analysieren, nach Grundmustern und Gemeinsamkeiten in den verschiedenen Krisen zu suchen, Entwicklungstendenzen zu identifizieren und schließlich zu überlegen, welche weitergehenden Ziele mit der Krisenpolitik verfolgt werden.

Die Rationalitätsannahme der Ökonomie

Diese Diskussion möchte ich aus der Sichtweise der Ökonomie führen. Schließlich bin ich selbst Ökonom. Das soll aber *nicht* heißen, dass es nur um im engeren Sinn wirtschaftliche Fragen gehen wird (wie etwa um die Höhe der Staatsverschuldung, die Stabilität des Euro oder die finanzielle Situation unseres Systems der sozialen Sicherung). Um solche und ähnliche Frage wird es *auch* gehen, da sie sehr wichtig sind. Daneben müssen und werden auch politische, rechtliche, kulturelle und historische Aspekte berücksichtigt. Bei dem Thema, das ich mir gestellt habe, ist dies unverzichtbar. Aber sowohl die wirtschaftlichen als auch die nichtwirtschaftlichen Phänomene sollen durch die Brille der Ökonomie betrachtet werden. Denn mithilfe dieser Brille gewinnt man einen Einblick nicht nur in das wirtschaftliche Handeln der Menschen, sondern in deren Handeln insgesamt, in all seinen Facetten.

Die ökonomische Sichtweise besteht nämlich in nichts anderem als in der Annahme eines bestimmten Menschenbildes. Dem ökonomischen Menschenbild zufolge verhalten sich die Menschen grundsätzlich rational, das heißt, sie sind bemüht, ihre Ziele unter den gegebenen Umständen bestmöglich zu erreichen. Rationalität im ökonomischen Sinn bedeutet also Zweckrationalität. Beispielsweise wird ein Asylsuchender, sofern er verschiedene Zielländer zur Auswahl hat, seinen Asylantrag in dem Land stellen, in dem die Sozialleistungen am höchsten sind. Die jeweils verfolgten Ziele müssen nicht zwangsläufig egoistischer Natur und nur auf das eigene Wohlergehen gerichtet sein. Selbstverständlich können Menschen auch uneigennützige Ziele verfolgen oder die Verwirklichung bestimmter Ideale anstreben. Allerdings geht man in der Ökonomie realistischerweise davon aus, dass im Regelfall der Eigennutz das dominierende Motiv des menschlichen Handelns darstellt – eine Annahme, die der Ökonomie häufig den Vorwurf des Zynismus einträgt, die sich aber bei der Erklärung und Vorhersage des Verhaltens auf den verschiedensten Gebieten als sehr hilfreich erwiesen hat.

Die Rationalitätsannahme impliziert, dass Menschen ihr Verhalten ändern, wenn die Umstände eben nicht mehr gegeben sind, sondern sich ändern oder geändert werden. Sie werden also auf Anreize in vorhersehbarer Weise reagieren – zumindest im

Durchschnitt. So werden Autokäufer bei einer massiven Subventionierung und Privilegierung von Elektroautos ihre Nachfrage nach diesen Fahrzeugen erhöhen. Die Rationalitätsannahme der Ökonomie ist gerade für unser Thema so wichtig, weil sich mit ihrer Hilfe Verhaltensweisen erklären lassen, die auf den ersten Blick unverständlich und nicht nachvollziehbar erscheinen – mithin solche Verhaltensweisen, die in der Krisenpolitik fast schon der Regelfall sind. Denn, um dies nochmals zu betonen, rationales und zielgerichtetes Verhalten wird für *alle* Bereiche menschlichen Handelns unterstellt – auch und gerade für das politische Handeln. Mit anderen Worten: Auch Politiker verfolgen ihre eigenen Ziele und Interessen und haben das Gemeinwohl nur insoweit im Auge, als es mit diesen Zielen und Interessen übereinstimmt.[6]

Das Rationalitätskonzept kann auch auf die Politik selbst übertragen werden. Eine rationale Politik wäre demnach eine Politik, die die gesteckten Ziele bestmöglich erreicht. Dabei bedeutet »bestmöglich« meistens »zu den geringsten Kosten«; es kann aber auch bedeuten »so schnell wie möglich« oder »so sicher wie möglich«. Die Politik, die ein Politiker betreibt, wird nur dann in diesem Sinne rational sein, wenn die der Politik gesteckten Ziele auch tatsächlich von ihm verfolgt werden, das heißt, wenn sie mit seinen eigenen Zielen übereinstimmen.

Im Allgemeinen werden in der Ökonomie politische Fragestellungen vom Standpunkt eines bestimmten Landes aus untersucht: Das heißt, dass politische Empfehlungen mit dem Ziel formuliert werden, den nationalen Interessen zu dienen. Nicht umsonst war früher im deutschsprachigen Raum der Begriff »Nationalökonomie« allgemein gebräuchlich. Diese Auffassung wird, wie ich zu behaupten wage, von den meisten Bürgern geteilt, ja, mehr noch, als Selbstverständlichkeit angesehen. Auch das Grundgesetz verpflichtet die Politik eindeutig auf »das Wohl des deutschen Volkes« (Artikel 56). Wie wir leider feststellen werden, sehen das heute viele Politiker anders und verfolgen in vielen Fällen, und insbesondere in der Krisenpolitik, Ziele, die ganz eindeutig nicht im Interesse Deutschlands liegen.

Zum Inhalt dieses Buches

Nach diesen kurzen Vorbemerkungen zur Art und Weise meines Vorgehens möchte ich nun auch einen kurzen Überblick über den Inhalt dieses Buches geben. Was also erwartet den Leser?

Im ersten Teil (»Die Krisenrepublik Deutschland«) gebe ich einen Überblick über die wichtigsten Krisen der letzten Jahre und deren Konsequenzen: Finanz- und Eurokrise (Kapitel 1), Flüchtlingskrise (Kapitel 2), Klimakrise und Kernenergiekrise (Kapitel 3) und Coronakrise (Kapitel 4). Außerdem wird erläutert, warum wir am Beginn einer weiteren großen Krise stehen: der Geldentwertungskrise (Kapitel 5).

Gegenstand des zweiten Teils (»Die Hintergründe und Abgründe der Krisenpolitik«) ist eine eingehende Analyse der Krisenpolitik. In Kapitel 6 (»Grundmuster und Ziele der Krisenpolitik«) versuche ich zu klären, wie die deutsche Krisenpolitik grundsätzlich abläuft und welche Regelmäßigkeiten es gibt. Außerdem soll die Frage beantwortet werden, ob diese Politik auf ein bestimmtes Ziel hinausläuft und, wenn ja, auf welches. Ohne allzu viel vorwegzunehmen, kann ich schon an dieser Stelle verraten, dass sich ein solches Ziel erkennen lässt – nämlich die Etablierung eines technokratischen und bürokratischen europäischen Einheitsstaats, in dem eine sich moralisch überlegen fühlende Elite für das Wohl der entmündigten Bürger sorgt. Ich werde zeigen, dass dieses Ziel bewusst und absichtlich angestrebt wird und nicht nur das Ergebnis von Zufällen oder der Endpunkt einer zwangsläufigen Entwicklung ist.

Das siebte Kapitel (»1984 – Zurück in die Zukunft«) hat die Diskussion der Strategien und Maßnahmen zum Gegenstand, mit denen das im sechsten Kapitel identifizierte Ziel angestrebt wird. Es wird sich zeigen, dass es sich dabei um Strategien und Maßnahmen handelt, die mehr als nur ein wenig an »1984«, die düstere Zukunftsvision von George Orwell, erinnern. Im achten Kapitel (»Der Weg zur neuen Knechtschaft«) möchte ich mich der Frage zuwenden, wie es so weit kommen konnte, wie wir auf den Weg zu dieser Knechtschaft gelangt sind. Wir werden sehen, dass der politische Moralismus dabei eine zentrale Rolle spielt. Dieser hat dazu geführt, dass nur die gute Absicht und die richtige Gesinnung in der Politik zählen – und nicht Verantwortung, Vernunft und Kompetenz.

Das Buch schließt mit einem Epilog (»Was wollen Sie sein – Bürger oder Untertan?«), in dem gefragt wird, ob und wie eine Umkehr auf dem einmal eingeschlagenen Weg noch möglich ist. Ausschlaggebend dafür ist die Grundentscheidung, ob wir in Zukunft weiter als Bürger oder als Untertanen leben wollen. Wenn wir Bürger bleiben wollen, dann müssen wir uns vom Leitbild des Fürsorgestaates abwenden, der sich um alles und alle kümmert, und uns stattdessen wieder mehr auf Selbständigkeit und Eigenverantwortung besinnen. Sollte es nicht zu dieser Rückbesinnung auf bürgerliche und liberale Werte und Tugenden kommen, wird es eine Umkehr auf dem eingeschlagenen Weg vom Bürger zum Untertan nicht geben. Bestimmt gibt es Menschen, die auch in einem solchen Deutschland »gut und gerne« leben werden. Ich gehöre nicht zu ihnen.

Erster Teil: Die Krisenrepublik Deutschland

»Eine Krise kommt selten allein.«

Neues deutsches Sprichwort

Seit 15 Jahren taumelt unser Land von einer Krise in die nächste. Die jeweils akute Krise beherrscht die öffentliche Situation so sehr, dass es keine anderen Themen, keine anderen Probleme zu geben scheint. Das ist vollkommen verständlich und bis zu einem gewissen Grad sicher notwendig. Schließlich soll eine Krise ja so gut und so schnell wie möglich bewältigt werden – das sollte man zumindest meinen. Erfolgreiches Krisenmanagement scheint also vorauszusetzen, dass man alle Kräfte auf die jeweilige Krise konzentriert. Allerdings läuft man auf diese Weise Gefahr, das große Ganze aus den Augen zu verlieren, die Zusammenhänge zwischen den verschiedenen Krisen nicht zu sehen und mögliche Entwicklungstendenzen nicht zu erkennen – was durchaus beabsichtigt sein kann.

Deshalb wollen wir uns genau mit diesen Zusammenhängen und Tendenzen beschäftigen. Aber dazu ist es notwendig, sich zunächst einen Überblick über all die Krisen der Vergangenheit und der Gegenwart zu verschaffen, die das politische Leben in Deutschland so sehr bestimmt haben und noch bestimmen. Denn wenn man den Wald erkennen will, in dem man sich befindet, muss man in der Lage sein, die verschiedenen Baumarten voneinander zu unterscheiden. Zu diesem Zweck wollen wir nun, im ersten Teil dieses Buches, eine Tour de Force durch die Historie der deutschen Krisenpolitik unternehmen und dabei folgende Krisen betrachten: Finanz- und Eurokrise, Flüchtlingskrise,

Klimakrise und Kernenergiekrise, Coronakrise und die gerade ausgebrochene Geldentwertungskrise.

Und wo bleibt der Ukraine-Krieg? Diese Frage werden sich viele Leser stellen, dominiert doch dieser Krieg gerade die Politik und die öffentliche Diskussion. Man hätte ihn als die neue Krise darstellen können, die er aus geopolitischer Sicht zweifelsohne ist. Aber dann hätte die Gefahr bestanden, dass die engen Zusammenhänge, die zwischen den Folgen dieses Krieges und den schon genannten Krisen bestehen, aus dem Blick geraten. Der Ukraine-Krieg stellt nämlich *auch* ein neues Stadium der bisherigen Krisen dar: Er verstärkt die problematischen Entwicklungen, die im Lauf dieser Krisen aufgetreten sind, und macht so die Schwachstellen der Krisenpolitik überdeutlich. Er ist also einerseits zwar eine eigene Krise, andererseits aber auch eine »Sekundärkrise« verschiedener vorhergegangener oder paralleler »Primärkrisen«. Aus diesem Grund habe ich mich dazu entschlossen, auf den Ukraine-Krieg im Rahmen der Darstellung dieser Primärkrisen einzugehen.

Bei dieser Darstellung werde ich mich, wie gesagt, auf einen Überblick beschränken. Denn die Dokumentation der verschiedenen Krisen in all ihren Einzelheiten ist für uns weder sinnvoll noch notwendig. Über jede dieser Krisen sind ganze Bücher, ja ganze Regale voll von Büchern geschrieben worden und ich werde dem interessierten Leser bei der Beschreibung jeder einzelnen Krise weiterführende Literaturhinweise geben.

Die Früchte unserer Anstrengungen werden wir im zweiten Teil ernten, in dem wir aus unserer Analyse der verschiedenen Krisen Schlussfolgerungen nicht nur auf das Grundmuster der bisherigen Krisenpolitik, sondern auch auf deren weitere Entwicklung und die politischen Hintergründe dieser Krisenpolitik ziehen können. Denn, um nochmals Winston Churchill zu zitieren: »Je weiter man zurückblicken kann, desto weiter wird man vorausschauen.«

Damit soll es genug an Vorbemerkungen sein. Wenden wir uns nun den Krisen selbst zu.

Kapitel 1: Die Große Rezession und die Eurokrise

Das Vorspiel – die Finanz- und Wirtschaftskrise von 2007 bis 2009

Die Finanz- und Wirtschaftskrise, die auch als Große Rezession bezeichnet wird, begann »offiziell« am 9. August 2007, dem Tag, an dem es zu einem sprunghaften Anstieg des Interbankzinssatzes kam.[7] Zu diesem Zinssatz vergeben Banken untereinander Kredite und sein Anstieg signalisierte einen gravierenden Vertrauensverlust zwischen den Banken. Allerdings gab es auch schon im früheren Verlauf des Jahres 2007 deutliche Anzeichen einer Krise im Finanzsektor: Viele Banken erlitten Verluste und einige mussten Konkurs anmelden oder wurden übernommen; verschiedene Hedgefonds gerieten in eine Schieflage und mussten geschlossen werden; Zinsanstiege und Kursverluste spiegelten die zunehmende Skepsis und das abnehmende Vertrauen der Anleger wider. Die Krise verschärfte sich am 14. September 2007, als es zu einem Run auf die britische Bank Northern Rock kam, in dessen Folge diese Bank verstaatlicht werden musste. Nach weiteren Schließungen und Übernahmen von Banken auf der ganzen Welt erreichte die Krise am 15. September 2008 ihren Höhepunkt mit dem Konkurs von Lehman Brothers, einer amerikanischen Investmentbank. Weltweit kam es zu Kursstürzen an den Börsen; das Vertrauen der Banken untereinander sank auf einen neuen Tiefpunkt, sodass die Kreditgewährung zwischen ihnen praktisch vollkommen zum Erliegen kam.

Als Reaktion darauf begannen die Banken extrem vorsichtig zu agieren und die Kreditvergabe generell stark einzuschränken.

Diese »Kreditklemme« führte zusammen mit dem wachsenden Pessimismus von Unternehmen und Konsumenten zu einem deutlichen Rückgang der gesamtwirtschaftlichen Nachfrage und dadurch zu einem Einbruch der Konjunktur. In vielen Ländern schrumpfte das Bruttoinlandsprodukt und stieg die Arbeitslosigkeit stark an. In Deutschland begann das Bruttoinlandsprodukt im letzten Vierteljahr von 2008 zu schrumpfen. Betrug das (reale) Wachstum 2007 noch 3,0 Prozent, so ging es 2008 auf 0,7 Prozent zurück; 2009 kam es zu einem Rückgang des Bruttoinlandsprodukts von 5,6 Prozent.[8] Der angesichts dieser Entwicklung eigentlich zu erwartende starke Anstieg der Arbeitslosigkeit konnte durch die Ausweitung der Kurzarbeit verhindert werden. Die Bankenkrise war in der Realwirtschaft angekommen – aus der Finanzkrise war eine Wirtschaftskrise geworden.

In Deutschland und weltweit kämpfte die Wirtschaftspolitik an drei Fronten gegen die Finanz- und Wirtschaftskrise und ihre unmittelbaren Folgen. *Erstens* stellten die Zentralbanken – häufig in konzertierten Aktionen – den Banken seit Mitte 2007 große Mengen an Liquidität zu günstigen Konditionen zur Verfügung, damit diese ihren Zahlungsverpflichtungen nachkommen konnten. Dadurch konnten zwar die Liquiditätsprobleme des Finanzsektors gelöst werden, nicht jedoch dessen Solvenzprobleme: Viele Banken erlitten – vor allem in Folge hochriskanter Wertpapiergeschäfte – große Verluste, die drohten, ihr Eigenkapital aufzuzehren und diese Institute in die Überschuldung zu treiben: Sie wären dann insolvent gewesen und hätten Konkurs anmelden müssen. Nicht zuletzt aufgrund der Erfahrungen mit der Lehman-Pleite sollte dies unbedingt verhindert werden, da man angesichts der weltweit engen und oft undurchsichtigen Verflechtungen und gegenseitigen Abhängigkeiten im Finanzsektor Dominoeffekte und den Zusammenbruch des gesamten Finanzwesens befürchtete – mit verheerenden Auswirkungen auf die Realwirtschaft.

Deshalb wurden *zweitens* die strauchelnden Banken und anderen Finanzdienstleister (wie vor allem Versicherungen) vom Staat gerettet – indem ihnen Garantien und Bürgschaften gewährt wurden, ihnen ihre verlustbringenden Wertpapiere abgenommen wurden, ihr Eigenkapital durch staatliche Beteiligungen aufgestockt wurde oder sie gleich verstaatlicht wurden. In Deutschland wurden zu diesem Zweck 2008 der Finanzmarktstabilisierungsfonds und die ihn verwaltende Bundesanstalt für Finanzmarktstabilisierung geschaffen.[9] Dieser Fonds hatte ursprünglich ein Volumen von 480 Milliarden Euro. Die größten (und bekanntesten) Problembanken, die er unterstützte, waren die Hypo Real Estate, die verstaatlicht wurde, und die Commerzbank, an deren Eigenkapital sich der Fonds beteiligte. Der Finanzrahmen des Fonds wurde bei Weitem nicht ausgeschöpft; nach Rückzahlung von Krediten bzw. Kapitalbeteiligungen und Auslaufen von Garantien bzw. Bürgschaften verblieb zum 31. Dezember 2019 ein ungedeckter Fehlbetrag von 23,0 Milliarden Euro.[10]

Drittens wurde auch der Realwirtschaft unter die Arme gegriffen. Mit verschiedenen Konjunkturprogrammen wurde weltweit versucht, die Nachfrage zu beleben und das Wirtschaftswachstum zu erhöhen. In Deutschland beschloss die Bundesregierung zu diesem Zweck die beiden Konjunkturpakete I und II (im November 2008 bzw. im Januar 2009) sowie das Wachstumsbeschleunigungsgesetz (im November 2009). Neben zahlreichen Steuervergünstigungen beinhalteten diese Gesetze vor allem die Verlängerung der Bezugsdauer des Kurzarbeitergeldes, die Erhöhung der öffentlichen Investitionen, ein Kredit- und Bürgschaftsprogramm für die Wirtschaft, einen »Kinderbonus« von 100 Euro pro Kind und die berühmt-berüchtigte »Abwrackprämie« für alte Autos (ihr offizieller Name lautet »Umweltprämie«). Diese Programme hatten insgesamt ein Volumen von ca. 84,3 Milliarden Euro (davon entfielen 31,6 Milliarden Euro auf ausgabenseitige und 51,7 Milliarden Euro auf einnahmenseitige Maßnahmen); die Kredite und Bürgschaften, die unter der Bezeichnung »Wirtschaftsfonds Deutschland« zur Verfügung gestellt wurden, umfassten weitere 115 Milliarden Euro.[11]

Diese konjunkturpolitischen Maßnahmen blieben nicht ohne Wirkung: Die Lage auf den Finanzmärkten entspannte sich im Laufe des Jahres 2009 deutlich, die Börsen erholten sich wieder und das Wirtschaftswachstum kehrte zurück. So erzielte Deutschland 2010 bereits wieder ein reales Wachstum von 4,0 Prozent.[12] Allerdings wurde dieser Erfolg um den Preis einer stark gestiegenen Staatsverschuldung erkauft. Die deutsche Defizitquote, die 2007 noch eine Überschussquote von 0,3 Prozent war, betrug 2008 0,1 Prozent und stieg in den beiden Folgejahren zunächst auf 3,2 Prozent und dann auf 4,4 Prozent.[13] Dementsprechend stieg auch die Schuldenstandquote, die 2007 bei 64,2 Prozent lag, 2008 auf 65,7 Prozent und dann weiter auf 73,2 Prozent (2009) und 82,5 Prozent (2010).[14] Damit verstieß Deutschland 2009 und 2010 gegen *beide* Schuldengrenzen des Vertrags von Maastricht.[15] Die Entwicklung in anderen Ländern verlief ähnlich: Von 2007 bis 2010 stieg die durchschnittliche Schuldenstandquote in der EU von 58,1 Prozent auf 79,6 Prozent und im Euroraum von 66,1 Prozent auf 86,0 Prozent.[16]

Die Bekämpfung der Ursachen

Nachdem das Feuer der Finanz- und Wirtschaftskrise gelöscht war, musste es darum gehen, den Ausbruch neuer Brände zu verhindern. Nach der Bekämpfung der unmittelbaren Auswirkungen war also nun die der Ursachen an der Reihe. Im Wesentlichen haben fünf miteinander zusammenhängende Faktoren die Große Rezession verursacht. *Erstens* hatten Banken und andere Finanzdienstleister einen großen Anreiz, hochriskante Geschäfte zu betreiben. Einerseits war dafür die Haftungsbeschränkung verantwortlich. Banken sind meist Kapitelgesellschaften (vor allem Aktiengesellschaften) und deren Eigentümer, die Aktionäre, haften nicht mit ihrem gesamten Vermögen, sondern nur mit dem Eigenkapital der Aktiengesellschaft für eventuelle Verluste. Je riskanter die Geschäfte sind, desto höher sind die möglichen Gewinne, aber auch die möglichen Verluste. Aber während die Gewinne vollständig den Aktionären zugutekommen, müssen sie nur einen Teil der Verluste (nämlich nur bis zur Höhe des Eigenkapitals der Aktiengesellschaft) tragen. Andererseits bestand die Erwartung, dass im Fall existenzbedrohender Verluste die Banken ohnehin vom Staat gerettet werden würden, da sonst eine Kettenreaktion im Finanzsektor mit unabsehbaren Folgen für die Gesamtwirtschaft drohen würde. Aufgrund der weltweiten, engen Verflechtungen innerhalb des Finanzsektors konnten zumindest die größeren Banken davon ausgehen, dass sie als »systemrelevant« gelten würden. Diese Asymmetrie zwischen der Privatisierung der Gewinne und der Sozialisierung der Verluste trug wesentlich zum riskanten Geschäftsgebaren der Banken bei.

Dies führte, *zweitens*, bei vielen Banken zu einer sehr dünnen Eigenkapitaldecke. Die Rendite des Eigenkapitals – und damit der Gewinn der Aktionäre – ist umso größer, je mehr die Geschäfte fremd- und je weniger sie eigenfinanziert werden. Denn ein bestimmter Gewinn entspricht natürlich einer umso höheren Eigenkapitalrendite, je geringer der Betrag des Eigenkapitals ist, auf den dieser Gewinn entfällt. Aber eine geringe Eigenkapitalquote hat den Nachteil, dass sie durch etwaige Verluste sehr schnell aufgezehrt werden kann. Und sobald dies der Fall ist, gilt die Bank als überschuldet und muss Konkurs anmelden – es sei denn, natürlich, sie wird vom Staat gerettet.

Drittens waren die Geschäfte vieler Banken nicht nur hochriskant, sondern auch extrem undurchsichtig – und zwar nicht nur für die Aufsichtsbehörden, sondern auch für die Banken selbst.

Es wurden sehr komplizierte und verschachtelt konstruierte Wertpapiere in Umlauf gebracht (sogenannte Finanzderivate), die in der Theorie dafür hätten sorgen sollen, dass das Risiko von den Investoren getragen wird, die dazu am ehesten bereit und fähig sind, die aber in der Praxis dazu geführt haben, dass Risiken eingegangen wurden, über deren Höhe man sich nicht im Klaren war. Beispielsweise hätte ein Anleger, der in sogenannte »gestaffelte Kreditverbriefungen« investieren wollte, mehr als eine Milliarde (!) Seiten an Dokumenten lesen müssen, um sich umfassend über die damit verbundenen Risiken zu informieren.[17]

Schließlich hat sich *viertens* die Bankenaufsicht als unzureichend erwiesen. Zum einen war sie nicht in der Lage, die mit den vielen Derivaten und anderen Finanzinnovationen verbundenen Risiken richtig einzuschätzen – genauso wenig wie die Schöpfer dieser Wertpapiere. Zum anderen entzogen die Banken einen großen Teil ihrer Geschäfte der Bankenaufsicht, indem sie diese in »Zweckgesellschaften« oder Hedgefonds verlagerten, die nicht als Banken galten und deshalb auch nicht der Bankenaufsicht unterlagen, weil sie keine Einlagen annahmen und keine Kredite vergaben, sondern »nur« Wertpapiertransaktionen durchführten.

Dies alles möglich gemacht hat, *fünftens*, die Jahrzehnte lange Liberalisierung und Deregulierung des Finanzsektors, die diesem sehr große Freiheiten verschaffte – und die Möglichkeit zum Missbrauch derselben.

Auf diese Weise wurde durch Jahre und Jahrzehnte lange Fehlentwicklungen der Boden bereitet für die Finanz- und Wirtschaftskrise. Ausgelöst wurde sie schließlich durch das Platzen der Blase am US-Immobilienmarkt, welches das ganze Kartenhaus zum Einsturz brachte.

Um die Errichtung neuer Kartenhäuser zu verhindern, begann man damit, die Regulierung der Banken zu verschärfen. In einem ersten Schritt wurden die Vorschriften des Baseler Ausschusses der Bank für Internationalen Zahlungsausgleich reformiert. Das neue Regelwerk, das unter dem Namen Basel III bekannt wurde, enthält unter anderem deutlich strengere Vorschriften zur Höhe des erforderlichen Eigenkapitals, zur Offenlegung der eingegangenen Risiken und zur Risikovorsorge. Basel III wurde im Dezember 2010 veröffentlicht und 2013 durch die Eigenkapitalrichtlinie der EU in europäisches Recht umgesetzt (Richtlinie 2013/36/EU). Neben der Verschärfung wurde auch die Zentralisierung der Bankenaufsicht auf Ebene der EU betrieben. Diese Bemühungen hatten schon im September 2010 Erfolg. Das Europäische Finanzaufsichtssystem wurde etabliert, das im Wesentlichen aus drei Aufsichtsbehörden bestand: der Europäischen Bankenaufsichtsbehörde, der Europäischen Versicherungs- und Pensionsfondsaufsichtsbehörde und der Europäischen Wertpapier- und Börsenaufsichtsbehörde.

Als wichtigste langfristige Konsequenzen der Großen Rezession können wir also festhalten: einerseits einen starken Anstieg der Staatsverschuldung, andererseits eine Verschärfung und Zentralisierung der Banken- und Finanzaufsicht. Wie wir gleich sehen werden, wurde diese Zentralisierung im Lauf der nächsten Krise noch wesentlich weiter vorangetrieben, einer Krise, die ihren Auslöser in der erhöhten Staatsverschuldung hatte. Deshalb kann man von der Finanzkrise als dem »Vorspiel« zu dieser nächsten Krise, der Eurokrise, sprechen. Für diese Bezeichnung gibt es aber auch einen anderen Grund. Die zur Bekämpfung der Folgen der Großen Rezession betriebene Politik erwies sich, insgesamt gesehen, als sinnvoll und effektiv – wenngleich man an gewissen Einzelmaßnahmen (wie z. B. der Abwrackprämie oder der Senkung der Mehrwertsteuer für Hotelübernachtungen) durchaus Kritik üben kann. Außerdem blieb die Krisenpolitik auf dem Boden von Recht und Gesetz. Verglichen mit dem, was noch kommen sollte, erscheinen deshalb diese Krise und deren Management nur als ein Vorspiel zur Politik in den folgenden Krisen.

Ein erster Höhepunkt – die Eurokrise ab 2009

Die Große Rezession mündete im Oktober 2009 in die Eurokrise, als der neugewählte Ministerpräsident Griechenlands, Giorgos Papandreou, bekanntgab, dass die Defizitquote seines Landes für 2009 nicht 3,7 Prozent wie ursprünglich gemeldet, sondern tatsächlich 12,7 Prozent betragen werde.[18] Dieses Eingeständnis, zusammen mit der Veröffentlichung weiterer schlechter Wirtschaftsdaten, führte zu einem rapiden Vertrauensverlust bei den Kapitalgebern Griechenlands und dazu, dass das Land seine Schulden gar nicht mehr oder doch nur zu erheblich ungünstigeren Konditionen refinanzieren konnte. Ein Zahlungsausfall und damit ein Staatsbankrott drohten. Sehr schnell wurden andere, hochverschuldete Länder in die krisenhafte Entwicklung hineingezogen: Auch der Kapitalmarktzugang von Irland, Italien, Portugal und Spanien wurde wesentlich erschwert und deren Staatsfinanzen gerieten zunehmend unter Druck. Als unmittelbare Ursache hierfür ist die Finanzkrise der Vorjahre zu nennen: Sie führte gerade in den erwähnten Ländern zu einem starken Anstieg der Staatsverschuldung, weil Konjunkturprogramme finanziert und Banken gestützt bzw. gerettet werden mussten; durch die Bankenrettung wurden viele ursprünglich private Schulden gewissermaßen »verstaatlicht«, sodass sich auch Länder, die, anders als Griechenland, früher eine solide Haushaltspolitik betrieben hatten, mit nicht mehr tragfähigen Staatsschulden konfrontiert sahen. Insofern ist die Eurokrise nicht nur eine Staatsschuldenkrise, sondern auch eine Finanz- und Wirtschaftskrise.[19]

In dieser Situation sah sich die EU zum Eingreifen genötigt. Zahlungsausfälle und Staatsbankrotte sollten unbedingt verhindert werden, da man befürchtete, dass schon durch die Insolvenz auch nur eines Landes andere Länder in Mitleidenschaft gezogen werden würden. Insbesondere durch die europaweit drohenden Verluste bei den ohnehin durch die Finanzkrise geschwächten Banken, hätte es zu einer neuen Finanz- und Wirtschaftskrise und zum Zusammenbruch des Eurosystems kommen können.

Zur Krisenbewältigung wurden einerseits fiskal-, andererseits geldpolitische Maßnahmen ergriffen. Anfänglich spielten die fiskalpolitischen Maßnahmen die Hauptrolle, bei denen es um die Umschuldung bzw. Verlängerung bestehender und die Gewährung neuer Kredite ging, wodurch die öffentlichen Finanzen der betroffenen Länder entlastet werden sollten. Zu diesen, unter dem Begriff »Euro-Rettungsschirm« zusammengefassten Maßnahmen gehörten zunächst Kredite an das »Hauptsorgenkind« Griechenland im Umfang von 110 Milliarden Euro, die im Frühjahr 2010 von EU-Mitgliedstaaten (80 Milliarden Euro) und vom Internationalen Währungsfonds (30 Milliarden Euro) gewährt wurden. Im Mai 2010 wurden sowohl der Europäische Finanzstabilisierungsmechanismus (EFSM) als auch die Europäische Finanzstabilisierungsfaszilität (EFSF) ins Leben gerufen. Diese konnten von allen Krisenstaaten in Anspruch genommen werden. Mittels des EFSM konnte die EU-Kommission Kredite bis zu einem Gesamtvolumen von 60 Milliarden Euro vergeben; die EFSF verfügte über einen Rahmen von 440 Milliarden Euro für Kreditgarantien.

Beide wurden im September 2012 durch den Europäischen Stabilitätsmechanismus (ESM) ersetzt, der ein Stammkapital von 704,8 Milliarden Euro hat. Deutschland hat daran einen Anteil von 189,6 Milliarden Euro (21,7 Milliarden Euro eingezahltes und 167,9 Milliarden Euro abrufbares Kapital).[20] Beim ESM handelt es sich um eine rechtlich selbständige, internationale Finanzinstitution, die von den Euroländern gegründet wurde und die sowohl Kredite als auch Bürgschaften bzw. Garantien an diese Länder und deren Banken vergeben kann.[21] Diese Hilfen können nur Staaten erhalten, die den Europäischen Fiskalpakt unterzeichnet haben (siehe dazu weiter unten); außerdem sind die Hilfen an die Einhaltung bestimmter wirtschaftspolitischer Auflagen geknüpft.[22] Hilfen des ESM nahmen bisher Griechenland, Irland, Portugal, Spanien und Zypern in Anspruch; das Gesamtvolumen der Finanzhilfen belief sich bisher (einschließlich der von der EFSF übernommenen Programme) auf 295 Milliarden Euro.[23] Es ist klar, dass durch den Euro-Rettungsschirm gegen Artikel 125 des Vertrags über die Arbeitsweise der Europäischen Union (AEUV) verstoßen wird, nach welchem »ein Mitgliedstaat (...) nicht für die Verbindlichkeiten (...) eines anderen Mitgliedstaates« haftet »und (...) nicht für derartige Verbindlichkeiten« eintritt.[24]

Die Krise wurde (und wird) auch mit geldpolitischen Maßnahmen bekämpft. Im Lauf der Zeit kam es dabei zu einer deutlichen Verschiebung der Gewichte von Fiskalpolitik und Geldpolitik. Während am Anfang der Krise das Hauptaugenmerk der Fiskalpolitik galt, spielte später die Geldpolitik eine immer größere Rolle und dominiert heute den Umgang mit der Krise. Zwischen Mai 2010 und September 2012 führte die Europäische Zentralbank (EZB) ein Anleihekaufprogramm (»Programm für Wertpapiermärkte«) mit dem Ziel durch, sowohl die Liquidität der Banken als auch die Finanzierungskonditionen der Krisenstaaten zu verbessern. Insgesamt wurden Anleihen im Wert von ca. 218 Milliarden Euro erworben, meistens Staatsanleihen der Krisenländer, daneben auch Unternehmensanleihen.[25] Dieses Programm wurde um September 2012 durch die sogenannten »Outright Monetary Transactions« (OMTs) abgelöst; damit hat sich die EZB den unbegrenzten Ankauf von Staatsanleihen derjenigen Krisenstaaten selbst genehmigt, die auch im Rahmen des ESM Hilfen erhalten. Allein die Ankündigung dieser OMTs hat dazu geführt, dass sich die Staatsanleihenmärkte beruhigten und die Finanzierungskonditionen auch der Krisenländer verbesserten.

Seit Anfang 2015 betreibt die EZB sehr intensiv die Politik der »quantitativen Lockerung« (Quantitative Easing), die darauf hinausläuft, große Mengen von Staats- und Unternehmensanleihen anzukaufen, vorgeblich, um die Geldmenge zu erhöhen und dadurch eine moderate Inflation zu bewirken, welche notwendig für die Belebung der Konjunktur sei.[26] Zu diesem Zweck seien unkonventionelle Maßnahmen, wie eben die quantitative Lockerung, erforderlich, da eine effektive Geldpolitik mittels der traditionellen zinspolitischen Maßnahmen nicht mehr möglich sei; denn der Zins liege ja schon (fast) bei null und weitere Zinssenkungen seien deshalb ausgeschlossen. Tatsächlich wurde der EZB-Leitzins (der Zinssatz für Hauptrefinanzierungsgeschäfte) seit Ende 2011 kontinuierlich gesenkt und beträgt seit März 2016 null Prozent.[27] Parallel zu Zinssenkungen und quantitativer Lockerung fand auch eine »qualitative Lockerung« statt: Die Bonitätserfordernisse für Wertpapiere wurden Schritt für Schritt gesenkt, sodass heute neben erstklassigen Staatsanleihen auch Staatsanleihen von Krisenländern, Unternehmensanleihen und andere Wertpapiere akzeptiert werden – und zwar sowohl als Sicherheiten für die von der EZB den Geschäftsbanken gewährten Kredite als auch beim Wertpapierankauf im Rahmen der quantitativen Lockerung.

Mit den verschiedenen Maßnahmen der EZB ging eine beträchtliche Aufblähung der Geldmenge einher: Die Geldmenge M3 stieg von 9335 Milliarden Euro (31. Dezember 2009) auf 13 003 Milliarden Euro (31. Dezember 2019), d. h. um 39,2 Prozent.[28] Im selben Zeitraum stieg die Summe der Zentralbankgeldmenge des Eurosystems sogar um 159,2 Prozent, nämlich von 1202 Milliarden Euro auf 3116 Milliarden Euro, vor allem durch den Ankauf von Wertpapieren.[29] Die Zentralbankgeldmenge des EZB-Systems besteht aus dem Bargeldumlauf und aus den Verbindlichkeiten der Zentralbank gegenüber den Geschäftsbanken. Sie stellt die Grundlage für die Kreditvergabe der Geschäftsbanken und damit für deren Geldschöpfung dar. Sie wird deshalb auch Geldbasis genannt. Also hat das Potential für eine (weitere) Ausdehnung der Geldmenge wesentlich stärker zugenommen, als dies die Geldmenge selbst (bisher) getan hat. Das Ausmaß der Erhöhung von Geldmenge und Geldbasis wird beim Vergleich der Entwicklung des realen Bruttoinlandsprodukts in der Eurozone deutlich: Dieses wuchs in den Jahren 2010 bis 2019 lediglich um 14,9 Prozent.[30] Das bedeutet, dass zur Versorgung der Wirtschaft der Eurozone mit Geld bei Preisniveaustabilität ein Geldmengenwachstum von nur 14,9 Prozent ausgereicht hätte.[31]

Die Maßnahmen von EU und EZB waren insofern erfolgreich, als es zu keinen Staatspleiten kam, der Euro nicht zusammenbrach und sich die Finanzierungskonditionen auch für die Krisenländer deutlich verbesserten. Für letzteres war vor allem die Politik der EZB verantwortlich: Zum einen sank durch die Nullzinspolitik das Zinsniveau allgemein; zum anderen hat der Ankauf von Staatsanleihen bei denselben zu einem starken Kursanstieg und einem entsprechenden Zinsrückgang geführt. So betrug die durchschnittliche Rendite langfristiger deutscher Staatsanleihen im Jahr 2019 nur –0,3 Prozent; für Italien und Griechenland beliefen sich die entsprechenden Werte auf 2,0 Prozent bzw. 2,6 Prozent.[32] Auf dem Höhepunkt der Eurokrise waren sowohl das Zinsniveau als auch die Zinsdifferenz zwischen deutschen Anleihen und denen der Krisenstaaten wesentlich höher.

Herumkurieren an Symptomen

Neben den aktuellen Symptomen der Krise versuchte man auch, deren Ursachen zu bekämpfen – wenngleich, wie wir sehen werden, nicht die eigentlich ausschlaggebenden Ursachen. Um die Staatsverschuldung in Zukunft in Grenzen zu halten, wurde der Europäische Fiskalpakt ins Leben gerufen, der im März 2012 in Kraft trat. In ihm verpflichteten sich die Euroländer und weitere

EU-Mitglieder zu einer strengen Haushaltsdisziplin in Anlehnung an den Vertrag von Maastricht und den Stabilitäts- und Wachstumspakt. Neu gegenüber diesen ist, neben der Pflicht, bei Nichteinhaltung der Haushaltsregeln ein Reformprogramm vorzulegen (Artikel 5), vor allem die Möglichkeit, bei Verstößen finanzielle Sanktionen zu verhängen (Artikel 8 Absatz 2). Allerdings sind Ausnahmen von den Haushaltsregeln bei »außergewöhnlichen Umständen« vorgesehen (Artikel 3 Absatz 1[c]).

Außerdem wurden die Bemühungen um eine einheitliche europäische Bankenaufsicht weiter vorangetrieben. Denn in der Eurokrise zeigte sich, dass die Banken immer noch sehr instabil und anfällig für krisenhafte Entwicklungen waren. Vor allem der enge Risikoverbund zwischen Banken und staatlichen Schuldnern erwies sich als problematisch. Ursächlich hierfür war der sehr hohe Bestand von Staatsanleihen im Portfolio vieler Banken, der zum Teil regulatorisch bedingt war. Staatsanleihen wurden nämlich pauschal als sicher eingestuft und mussten deshalb nicht mit Eigenkapital abgesichert werden. Aus der Schuldenkrise eines Staates konnte so sehr schnell eine europaweite Banken- und Finanzkrise werden.

Um dem in Zukunft vorzubeugen, wurde im Mai 2014 die Europäische Bankenunion beschlossen. Diese sollte aus drei Säulen bestehen: *Erstens* wurde ein einheitlicher Bankenaufsichtsmechanismus in Form einer Aufsicht der EZB über die systemrelevanten Großbanken der Eurozone etabliert. Er ergänzt die weiter bestehende Europäische Bankenaufsichtsbehörde, die einheitliche Standards und Regeln für die Bankenaufsicht erarbeitet, welche aber von den nationalen Bankenaufsichtsbehörden angewandt und umgesetzt werden. Im Unterschied dazu übt die EZB die Bankenaufsicht unmittelbar selbst aus.

Zweitens wurde der Einheitliche Bankenabwicklungsmechanismus geschaffen, der für die von der EZB überwachten Großbanken gilt und der dafür sorgen soll, dass im Ernstfall Banken so liquidiert werden, dass keine Steuergelder dafür in Anspruch genommen werden müssen und keine anderen Banken gefährdet werden. Als dritte Säule war (und ist) ein gemeinsamer Einlagensicherungsfonds vorgesehen, der bislang noch nicht realisiert werden konnte – vor allem wegen des Widerstands der deutschen Banken, die sich gegen eine mögliche Inanspruchnahme für die von den Banken anderer Länder eingegangenen Risiken wehren. Schon gegen die Etablierung der ersten beiden Säulen der Bankenunion bestehen gravierende rechtliche Bedenken. Es lässt sich argumentieren, dass es sich hier um sogenannte »Ultra-vires-Akte« handelt, dass sich die EU-Kommission also damit Kompetenzen angemaßt hat, die ihr gemäß AEUV gar nicht zustehen.[33]

Die eigentliche Ursache für die Eurokrise ist jedoch eine andere: Sie besteht in der Existenz des Euro an sich. Dieser stellt aus ökonomischer Sicht eine Fehlkonstruktion ersten Ranges dar, die zwei schwerwiegende Mängel aufweist: Zum einen erzwingt er für die Eurozone eine einheitliche Geldpolitik, obwohl der Konjunkturverlauf, die Betroffenheit von externen Schocks (wie z. B. eine Änderung der Rohstoffpreise), die außenwirtschaftliche Verflechtung, die Wettbewerbsfähigkeit und deren Entwicklung, das Spar- und das Investitionsverhalten, die Lage der öffentlichen Finanzen und weitere ökonomische Umstände jeweils vollkommen unterschiedlich sein können. Von daher kann die Geldpolitik der EZB bestenfalls für die Eurozone im Durchschnitt richtig sein, aber sie wird es nie für jedes einzelne Land sein. Vielmehr ist davon auszugehen, dass eine bestimmte Geldpolitik für einige Länder durchaus angemessen, für andere zu locker und wieder für andere zu restriktiv ist – was natürlich zu wirtschaftlichen Problemen in den Ländern führen wird, für die die jeweilige Geldpolitik gerade nicht angemessen ist.

Zum anderen gibt es bei einer gemeinsamen Währung natürlich keine Wechselkurse mehr – und damit weder das Risiko von

Wechselkursänderungen noch die Kosten für Devisen- und Sortengeschäfte (Ökonomen sprechen bei diesen Kosten von Transaktionskosten). Dies ist zwar von Vorteil für exportierende bzw. importierende Unternehmen, internationale Kapitalanleger und nicht zuletzt auch für Touristen, hat aber den großen Nachteil, dass keine Ab- bzw. Aufwertungen mehr möglich sind. Zu denselben kam es in der Vor-Euro-Zeit sehr häufig in Europa. Länder, die in ihrer Wettbewerbsfähigkeit zurückfielen (z. B. durch zu hohe Löhne, zu hohe Steuern oder zu geringe Investitionen in Sach- oder Humankapital) werteten ihre Währung ab, was auf Seiten der wettbewerbsfähigeren Länder einer Aufwertung ihrer Währung entsprach. Auf diese Weise wurden die Exporte der abwertenden Länder in der Währung der Importländer billiger und damit konkurrenzfähiger. Genau umgekehrt wirkte sich die Wechselkursänderung auf die wettbewerbsfähigeren Länder aus: Ihre Exporte wurden in der Währung der Importländer teurer und damit weniger konkurrenzfähig. Dadurch wurden bestehende Leistungsungleichgewichte tendenziell wieder abgebaut. Auf diese Weise konnten realwirtschaftliche Divergenzen durch Wechselkursanpassungen gewissermaßen kompensiert werden. Mit der Einführung des Euro fiel diese Möglichkeit weg, sodass realwirtschaftliche Divergenzen zu andauernden Unterschieden in der Wettbewerbsfähigkeit und zu andauernden Ungleichgewichten im Handel und im Kapitalverkehr zwischen den an der Währungsunion beteiligten Ländern führen können.

Kurzfristig hat sich die Einführung des Euro zunächst auf den Kapitalverkehr ausgewirkt: Mit dem Wegfall des Wechselkursrisikos glichen sich die Zinsen der bisherigen Weichwährungsländer nach unten an die der bisherigen Hartwährungsländer an, da die Kapitalanleger keine Zinsaufschläge für das Risiko von Abwertungen mehr verlangten. Das Risiko von Zahlungsausfällen wurde an den Kapitalmärkten vernachlässigt, da man trotz des Beistandsverbots des Artikels 125 AEUV davon ausging, dass die Euroländer im Ernstfall gegenseitig für ihre Schulden einstehen würden – in welcher Form auch immer. Diese Erwartung konnte sich darauf stützen, dass es keine Regeln zum Austritt aus dem Euro und für den Zahlungsausfall eines Landes gab, dass also keine »Konkursordnung« für die Euroländer existierte.

In dieser Erwartung wurden auch wirtschaftlich weniger leistungsfähigen Staaten Kredite (fast) ohne Risikozuschläge gewährt – und zwar sowohl privaten als auch öffentlichen Schuldnern. Die so finanzierten Konsum- und Investitionsausgaben führten in Ländern wie Griechenland, Italien oder Spanien zu einem »künstlichen« Wirtschaftsboom (vor allem im Immobiliensektor), der bestehende und sich allmählich verschärfende Probleme mit der Wettbewerbsfähigkeit zunächst überdeckte, sich aber als nicht nachhaltig erwies. Mit Ausbruch der Finanzkrise 2007, in deren Verlauf viele Banken gerettet werden mussten, nahm die Staatsverschuldung in allen Ländern stark zu, was zusammen mit dem gestiegenen Risikobewusstsein vieler Anleger zu einer massiven Verschlechterung der Finanzierungskonditionen der schon vorher hoch verschuldeten Staaten und einer damit einhergehenden Belastung ihrer öffentlichen Haushalte führte: Die Eurokrise war da.

Die von den Staaten der Eurozone und der EZB ergriffenen Maßnahmen ändern nichts an den zugrunde liegenden Problemen, sondern stellen nur ein Herumkurieren an Symptomen dar. Ja mehr noch: Vor allem durch die Politik der EZB wird die Belastung durch die bestehenden Schulden vermindert und die Neuverschuldung erleichtert, sodass die Problemländer weiterhin den bequemen Weg der Schuldenfinanzierung gehen können, anstatt durch höhere Zinsen und den Druck der Kapitalmärkte zu Reformen und zu Bemühungen um eine Erhöhung ihrer Wettbewerbsfähigkeit veranlasst zu werden. Auf diese Weise wird die Schuldenproblematik nicht nur nicht gelöst, sondern auf Dauer sogar verschärft.

Problematisch ist dabei nicht nur die nicht nachhaltige Höhe der Staatsverschuldung in vielen Ländern, sondern auch und vor allem wie diese Verschuldung zustande kam und kommt. Aufgrund der massiven Staatsanleihekäufe der EZB erfolgt die Staatsverschuldung heute zum Großteil durch eine indirekte Kreditaufnahme bei der EZB. Die Staatsanleihen werden zwar zunächst von Banken und anderen Kapitalanlegern vom Staat erworben, dann aber an die EZB weiterverkauft, die diese mit selbstgeschaffenem Geld bezahlt. Es kommt dadurch zur Geldschöpfung: Die EZB druckt gewissermaßen frisches Geld, das sie den Schuldnerstaaten auf dem Umweg über die Anleihemärkte zur Verfügung stellt. Dieses Vorgehen birgt durch die damit einhergehende Aufblähung der Geldbasis ein gefährliches inflationäres Potential. Vor allem aus diesem Grund ist schließlich auch der EZB gemäß Artikel 123 AEUV die Gewährung von Krediten an Mitgliedstaaten und der »unmittelbare Erwerb« von Staatsanleihen verboten. Die aktuelle Politik der EZB umgeht dieses Verbot, da ja die Staatsanleihen nur mittelbar erworben werden, was deshalb einen Verstoß zumindest gegen Geist und Zweck von Artikel 123 AEUV darstellt.

In der Target-Falle

In diesem Zusammenhang spielt das sogenannte Target-2-System eine wichtige Rolle. Dabei handelt es sich um den Clearing-Mechanismus des Eurosystems. Es dient zur Abwicklung des Zahlungsverkehrs zwischen den verschiedenen nationalen Zentralbanken.[34] Für das Eurosystem als Ganzes muss der Target-Saldo immer null betragen, doch werden bei den nationalen Zentralbanken im Regelfall Target-Verbindlichkeiten bzw. -Forderungen entstehen, da sich bei jeder einzelnen Zentralbank die ein- und die ausgehenden Zahlungen nicht immer ausgleichen werden. Bei einem reinen Clearing-System sollten aber auch diese Salden nur von geringer Höhe und kurzfristiger Natur sein. Bis zum Ausbruch der Eurokrise war dies auch der Fall beim Target-System. Seither hat sich dessen Charakter aber deutlich geändert. Es ist heute eben nicht mehr nur ein harmloses Verrechnungssystem, das zur Verbuchung bestimmter im Eurosystem zwangsläufig anfallender Transaktionen dient, sondern auch und vor allem ein Mechanismus zur automatischen Kreditgewährung und zur Verschiebung von Kreditrisiken zwischen den Euroländern. Target-Salden repräsentieren demnach nicht nur Abgrenzungsposten eines Überweisungssystems, sondern auch Kreditbeziehungen.

Auf die teils sehr technischen Details des Target-Systems kann hier nicht näher eingegangen werden. Ein einfaches Beispiel mag zur Illustration dienen: Nehmen wir an, ein Italiener kauft eine Wohnung in Deutschland. Er erteilt seiner italienischen Bank den Auftrag, den Kaufpreis an den Verkäufer in Deutschland zu überweisen. Seine Bank überweist diesen Betrag von seinem Konto an die italienische Zentralbank, die Banca d'Italia, welche wiederum die Deutsche Bundesbank anweist, den entsprechenden Betrag auf das Konto des Wohnungsverkäufers bei dessen deutscher Bank zu überweisen. Da im Zuge dieser Transaktion keine Einlagen oder sonstigen Vermögensgegenstände zwischen den beteiligten Zentralbanken übertragen werden, entsteht eine offene Position: Die Deutsche Bundesbank hat eine Target-Forderung gegen die Banca d'Italia, der die entsprechende Target-Verbindlichkeit der Banca d'Italia gegenübersteht.

Da auch Transaktionen in umgekehrter Richtung zwischen Italien und Deutschland stattfinden, sollten sich diese Salden eigentlich im Durchschnitt ausgleichen – so zumindest war die Erwartung bei Schaffung des Target-Systems. Aber es kam anders. Mit Beginn der Eurokrise fand in großem Umfang Kapitalflucht aus den Krisenländern statt: Ausländische Kreditgeber verlängerten die gewährten Kredite nicht, sondern verlangten deren

Rückzahlung; und inländische Anleger transferierten hohe Kapitalsummen in als sicher geltende Länder, also vor allem nach Deutschland und in andere mitteleuropäische Staaten. Beides führte zu hohen Überweisungen nach Deutschland und zu einem Anstieg der deutschen Target-Forderungen, die zum 31. Dezember 2012 655 Milliarden Euro betrugen und damit 64 Prozent (!) der Bilanzsumme der Deutschen Bundesbank ausmachten.[35] In der Bilanz werden sie unter der harmlosen und nichtssagenden Bezeichnung »sonstige Forderungen innerhalb des Eurosystems« geführt. Im Endeffekt wurde so von den Schuldnerländern an den Kapitalmärkten aufgenommenes privates Kapital durch öffentliches Kapital des EZB-Systems ersetzt – öffentliches Kapital, das im Wesentlichen aus unfreiwilligen Krediten der Deutschen Bundesbank bestand, die in diesem Umfang Geldschöpfung betreiben (also neues Geld drucken) musste.

Nach 2012 gingen die Target-Salden zunächst wieder zurück, als im Zuge der Etablierung des Eurorettungsschirms einerseits Hilfskredite der Euroländer an die Krisenländer gewährt wurden und andererseits die privaten Kapitalgeber wieder Mut fassten. Das öffentliche Kapital des Eurosystems wurde so zum Teil durch öffentliches Kapital der Euroländer und privates Kapital ersetzt. Die Target-Forderungen der Bundesbank beliefen sich zum 31. Dezember 2014 auf »nur« noch 461 Milliarden Euro (oder 59,8 Prozent der Bilanzsumme).[36] Der Rückgang der Target-Salden hielt aber nicht lange an. Sie stiegen durch die Wertpapierkäufe im Rahmen der quantitativen Lockerung ab Anfang 2015 wieder stark an. Zum 31. Dezember 2019 hatten die Target-Forderungen der Deutschen Bundesbank mit 895 Milliarden Euro (50,0 Prozent der Bilanzsumme) einen neuen, vorläufigen Höchststand erreicht.[37] Damit war es wieder zu einer Umschuldungsaktion im großen Stil gekommen: Die nationalen Zentralbanken der Krisenländer kauften deren Staatsanleihen an, wodurch die privaten Anleger ihr Kapital in Form von neugedrucktem Geld zurückerhielten und die Staatsschulden in den Bilanzen der nationalen Zentralbanken landeten. Die privaten Investoren legten dieses Geld umgehend in sicheren Ländern an, also vor allem in Deutschland, wodurch es zu einem Wiederanstieg der Target-Forderungen der Deutschen Bundesbank kam.

Wieder wurde privates Kapital durch unfreiwillige Kredite der Bundesbank ersetzt. Diese Target-Salden müssen nicht ausgeglichen werden; sie müssen zwar prinzipiell verzinst werden, doch der Zins liegt infolge der Nullzinspolitik der EZB schon seit Längerem bei (oder sogar unter!) null Prozent. Sie stellen daher einen Kredit ohne jede Verpflichtung zum Schuldendienst dar, der der Höhe nach unbegrenzt ist und dessen Inanspruchnahme völlig im Belieben der Kreditnehmer steht. Für diese, also die hoch verschuldeten Krisenstaaten, ist diese Konstruktion natürlich von großem Vorteil – weniger dagegen für den Kreditgeber, also die Deutsche Bundesbank und die Gesamtheit der deutschen Steuerzahler. Denn diese tragen das Risiko, dass bei einem Ausscheiden einzelner Länder aus dem Euro oder dem Zusammenbruch des Eurosystems die Target-Forderungen nicht ausgeglichen werden. Das würde bedeuten, dass es im Umfang der in Deutschland von Ausländern erworbenen Immobilien, Wertpapiere und anderen Vermögensgegenstände endgültig zu einem realen Vermögenstransfer von Deutschland ins Ausland kommen würde. Die deutschen Verkäufer bekamen zwar ihr Geld, aber sie bekamen es von der Bundesbank, die den ausländischen Käufern Kredit gewährte – einen Kredit, dessen Rückzahlung höchst unsicher erscheint.[38]

Nicht nur die quantitative Lockerung der EZB ist von Nachteil für Deutschland; dies gilt auch für die Nullzinspolitik im Allgemeinen. Sparer, die für ihre Ersparnisse keine Zinsen mehr erhalten und deren Altersvorsorge dadurch gefährdet wird, werden belastet. Es stimmt zwar, dass andererseits Schuldner entlastet werden, doch da Deutschland aufgrund seiner Exportüberschüsse Nettogläubiger ist, verliert es per Saldo. Gewinner sind auch hier die Nettoschuldnerländer mit ihren Importüberschüssen. Abgesehen davon leiden europaweit Banken und Versicherungen unter den extrem niedrigen Zinsen, was gerade angesichts der kaum überwundenen Bankenkrise nicht unproblematisch ist.

Die ultralockere Geldpolitik der EZB ermöglicht nicht nur die Finanzierung der Krisenländer mit der Notenpresse, sie führt infolge des Target-Systems auch dazu, dass diese Länder sich bei Deutschland selbstbedienen können, welches deshalb die Hauptlast der mit dieser Politik verbundenen Risiken tragen muss.

Die EZB überschreitet damit ihre Kompetenzen erheblich. Laut Artikel 127 Absatz 1 AEUV besteht das »vorrangige Ziel des Europäischen Systems der Zentralbanken« darin, »die Preisstabilität zu gewährleisten«. Die EZB betreibt aber heute nicht mehr eine vorrangig an diesem Ziel orientierte Geldpolitik, sondern eine Geldpolitik mit dem Ziel, die Staatsverschuldung zu erleichtern und zu verbilligen – also de facto eine Art Fiskalpolitik. Damit einher geht eine indirekte Umverteilungspolitik zugunsten der Schuldner- und zulasten der Gläubigerländer. Hier zeigt sich eine weitere Schwachstelle des Eurosystems: Die Stimmgewichte im EZB-Rat und im EZB-Direktorium entsprechen nicht den Kapital- und Haftungsanteilen der Euroländer; große Länder wie Deutschland sind unter-, kleine Länder wie Zypern sind überrepräsentiert. Das war so lange unproblematisch, wie Einigkeit über die Priorität der Geldwertstabilität bestand. Sobald sich aber durch die Eurokrise Interessenkonflikte zwischen hoch verschuldeten Krisenländern und den anderen Ländern zeigten, konnte eine Koalition der tatsächlichen und der potentiellen Krisenländer eine Geldpolitik zu ihren Gunsten gegen die Interessen der anderen Länder durchsetzen.

Zur Eurokrise und zur Rolle der EZB gäbe es noch viel zu sagen. Für unsere Zwecke soll aber dieser kurze Überblick genügen. Näher interessierte Leser verweise ich auf die zitierte Literatur.

Lassen Sie uns die wesentlichen Konsequenzen der Eurokrise zusammenfassen: *Erstens* wurden die eigentlichen Ursachen nicht angegangen, sondern nur mit Unmengen neugedruckten Geldes überdeckt. Dadurch entstand *zweitens* ein erhebliches Potential für künftige inflationäre Entwicklungen und es kam *drittens* zu einer verdeckten Umverteilung zwischen Gläubiger- und Schuldnerländern, die insbesondere zulasten Deutschlands ging. *Viertens* hat die EZB ihre Kompetenzen ausgeweitet und ist so zum Hauptakteur in der Krise geworden. *Fünftens* wurde die Zentralisierung der Bankenaufsicht weiter vorangetrieben. *Sechstens* wurden im Zuge sowohl der fiskal- bzw. der geldpolitischen Rettungsmaßnahmen als auch der regulatorischen Reformen zentrale Vorschriften gebrochen, umgangen oder äußerst einseitig ausgelegt: das Verbot des gegenseitigen Schuldeintritts, das Verbot der Staatsfinanzierung mit der Notenpresse, die Begrenzung der Kompetenzen der EU-Kommission und die Festlegung der EZB auf das vorrangige Ziel der Geldwertstabilität.

Im Laufe dieser Krise wurden Schranken niedergerissen, die als unumstößlich galten. Tabubrüche wurden fast selbstverständlich – und sollten so in den kommenden Krisen umso leichter fallen. Vor allem deshalb stellt die Eurokrise einen ersten Höhepunkt in der Reihe der Krisen dar, die Deutschland heimgesucht haben.

Kapitel 2: Die Mutter aller Probleme – die Flüchtlingskrise

Es gibt nicht nur »echte« Flüchtlinge

Mehr noch als die Kernenergiekrise (siehe dazu Kapitel 3) kann man die Flüchtlingskrise als »hausgemacht« bezeichnen: Sie wurde nicht nur durch die Unterstützung Deutschlands für das Gemeinsame Europäische Asylsystem mit verursacht, sondern durch die Entscheidung Angela Merkels, die Grenzen für Flüchtlinge zu öffnen, bewusst ausgelöst. Wenn wir mit Horst Seehofer die Flüchtlingskrise als »die Mutter aller Probleme« bezeichnen, dann kann Angela Merkel als »die Großmutter aller Probleme« gelten.[39]

Wie die Finanz-, die Euro-, die Kernenergie- und die Klimakrise hat auch die Flüchtlingskrise eine lange Vorgeschichte.[40] In den 1990er Jahren erlebte Deutschland in der Folge der Balkankriege einen Vorgeschmack auf das, was noch kommen sollte; später erfuhr vor allem die Fluchtbewegung über das Mittelmeer die Aufmerksamkeit der Öffentlichkeit. Zum Ausbruch der eigentlichen Flüchtlingskrise kam es dann im Sommer 2015, als aufgrund des Bürgerkriegs in Syrien die Zahl der Flüchtlinge massiv zunahm.

Werfen wir zunächst einen Blick auf die Zahlen.

Abbildung 1 zeigt, wie sich die Zahl der jährlichen Asylerstanträge seit 2010 entwickelt hat.[41]

2021 waren die Hauptherkunftsländer Syrien, Afghanistan und Irak. Aus ihnen stammten 63,3 Prozent aller Asylerstantragsteller. Seit 2015 gehören diese drei Länder zu den Hauptherkunftsländern, zusammen mit der Türkei, Eritrea und Nigeria.[42] Im Jahr 2021 war der typische Asylbewerber – genau wie in den Vorjahren – männlich, jung und muslimischen Glaubens: 59,1 Prozent der Asylerstanträge wurden von Männern gestellt; 76,4 Prozent der Antragsteller waren jünger als 30 Jahre; und 74,7 Prozent waren Anhänger des Propheten Mohammed.[43]

Es kann keine Rede davon sein, dass die Flüchtlingskrise schon vorbei ist. Die Zahl der Asylerstantragsteller war 2021 (148 233) immer noch mehr als dreimal so hoch wie 2010 (41 332).[44] Hinzukommt, dass in den obigen Zahlen die »Familiennachzügler« nicht enthalten sind, da diese keinen Asylantrag stellen müssen. 2016 wurden ca. 51 000 Familiennachzugsvisa ausgestellt, 2017 ca. 54 000, 2018 ca. 33 000, 2019 ca. 25 000 und 2020 ca. 13 000.[45] Nach Aufhebung der durch die Coronakrise bedingten Reiseeinschränkungen wird es zu einem Wiederanstieg der Zahlen kommen – sowohl der der Erstantragsteller als auch der der Familiennachzügler. Schließlich bestehen die Gründe für die Flüchtlingskrise unverändert fort – und zwar auch dann, wenn der Bürgerkrieg in Syrien endgültig beendet werden sollte. Denn die Ursachen der Flüchtlingskrise liegen tiefer und sind wesentlich vielschichtiger. So betrug der Anteil der Flüchtlinge aus Syrien immer weniger als 45 Prozent.[46]

Es sind eben nicht nur Kriege, Konflikte und Katastrophen (die sogenannten »Push-Faktoren«), die Menschen dazu bringen, ihr Heimatland zu verlassen. Auch die Aussicht, in einem anderen Land bessere Lebensbedingungen und größeren Wohlstand zu genießen, spielt eine große Rolle (wohl der wichtigste der sogenannten »Pull-Faktoren«). Oder anders ausgedrückt: Es gibt nicht nur »echte« Flüchtlinge, also Flüchtlinge, die einen Asylgrund haben, sondern auch Wirtschaftsflüchtlinge. Vor allem der Zuwanderungsdruck durch Wirtschaftsflüchtlinge kann durch die Politik der Zielländer wesentlich beeinflusst werden. Und genau hier liegt das Problem: Im Vorfeld der Flüchtlingskrise wurde nicht nur von Deutschland, sondern von der gesamten EU eine Asylpolitik betrieben, die Wirtschaftsflüchtlinge geradezu anlockt. Hierfür lassen sich im Wesentlichen zwei Faktoren anführen: die hausgemachten Anreize für Wirtschaftsflüchtlinge und der mangelhafte Schutz der europäischen bzw. deutschen Grenzen.

Sozialleistungen und Asylrecht

Große ökonomischen Anreize gehen allein schon von dem enormen Wohlfahrtsgefälle zwischen Deutschland bzw. Europa und den Hauptherkunftsländern aus. Betrug das durchschnittliche Bruttoinlandsprodukt pro Kopf (was in etwa dem Volkseinkommen pro Kopf entspricht) zwischen 2015 und 2020 in Deutschland 44 001 US-Dollar und in der Europäischen Union (einschließlich Deutschlands) 33 074 US-Dollar, so belief es sich im selben Zeitraum in Nordafrika und dem Nahen Osten (ohne die erdölexportierenden Länder) auf nur 3921 US-Dollar und in Subsahara-Afrika sogar nur auf 1586 US-Dollar.[47] In reicheren Ländern gibt es nicht nur bessere Verdienstmöglichkeiten, sondern auch die Versorgung mit öffentlich bereitgestellten Gütern (z. B. Schulwesen, medizinische Versorgung oder Infrastruktur) ist wesentlich besser. Dieser unvermeidbare, »natürliche« Wanderungsanreiz wird allerdings noch durch »künstliche«, nämlich die von mir als hausgemacht bezeichneten Anreize wesentlich verstärkt. Unter diesen verstehe ich die großzügigen Sozialleistungen und das »Deluxe-Asylrecht«, die beide, wie wir gleich sehen werden, eng zusammenhängen.[48]

Das in Deutschland geltende Asylrecht resultiert aus dem Ineinandergreifen von nationalem Recht, europäischem Recht und Völkerrecht. 1999 wurde das Gemeinsame Europäische Asylsystem mit dem Ziel der Harmonisierung der Schutz- und Aufnahmenormen innerhalb der EU etabliert und seitdem ständig weiterentwickelt. Heute bestimmt es wesentlich das Asylrecht in Deutschland und den anderen EU-Mitgliedstaaten. Im Zentrum dieses Systems steht die Anerkennungs- bzw. Qualifikationsrichtlinie 2011/95/EU, in der festgelegt ist, wer ein Flüchtling im Sinn der Genfer Flüchtlingskonvention ist, wer subsidiär schutzberechtigt ist und welchen Schutz diese beiden Gruppen genießen. Zu ersten Gruppe gehören Menschen, die sich wegen staatlicher oder nichtstaatlicher Verfolgung auf der Flucht befinden; zur zweiten solche, denen »ernsthafter Schaden« droht, z. B. wegen eines Krieges oder Bürgerkrieges. Neben diesem »internationalen« Schutz gibt es in Deutschland auch einen »nationalen« Schutz in Form des Asylrechts für politisch Verfolgte gemäß Artikel 16a Grundgesetz und des Abschiebungsverbots gemäß § 60 Absatz 5, 6 Aufenthaltsgesetz. Letzteres hat insofern auch einen »internationalen« Charakter, als es sich auf die Europäische Menschenrechtskonvention bezieht: Es greift nämlich dann, wenn eine Rückkehr in das Herkunftsland eine Verletzung der in dieser Konvention garantierten Rechte nach sich ziehen würde.

Der vom Gemeinsamen Europäischen Asylsystem gewährte Schutz ist sehr großzügig. So müssen die Mitgliedstaaten anerkannten Schutzberechtigten denselben Zugang zu ihrem Bildungssystem, dieselben Sozialleistungen und dieselbe medizinische Versorgung wie ihren eigenen Staatsangehörigen gewähren (Richtlinie 2011/95/EU, Artikel 27, 29, 30). Deutschland hat die europäischen Vorgaben vor allem im Rahmen des Asylgesetzes umgesetzt. Dementsprechend haben in Deutschland beispielsweise anerkannte Schutzberechtigte, die arbeitsfähig und arbeitswillig sind, Anspruch auf Arbeitslosengeld II (also Hartz IV). Mehr noch, nach einem Urteil des Bundesverfassungsgerichts aus dem Jahr 2012 müssen auch Asylbewerbern Leistungen in dieser Höhe gewährt werden – und zwar auch denen, deren Antrag abgelehnt wurde.[49]

Aufgrund solcher und ähnlicher Regelungen ist die EU für Flüchtlinge ein sehr attraktives Ziel, wobei die Mitgliedstaaten umso attraktiver sind, je großzügiger die von ihnen gewährten Sozialleistungen ausfallen. Deshalb bemühen sich Flüchtlinge nicht nur, nach Europa zu gelangen, sondern gezielt in den Ländern Asyl zu beantragen, deren Sozialsysteme am besten ausgebaut und am großzügigsten sind; und das sind vor allem Deutschland und einige wenige andere Länder wie z. B. Schweden. Die

Attraktivität gerade unseres Sozialstaats wird überdeutlich, wenn man die Pro-Kopf-Einkommen in den Hauptherkunftsländern mit dem Hartz-IV-Regelsatz für Alleinstehende vergleicht. Dieser betrug im Durchschnitt der Jahre 2015 bis 2020 pro Monat 414 Euro, also 4968 Euro pro Jahr und war damit (wenn man einen Wechselkurs von 1,15 US-Dollar pro Euro annimmt) fast 50 Prozent höher als das durchschnittliche Pro-Kopf-Einkommen in Nordafrika und dem Nahen Osten und mehr als drei Mal so hoch wie das in Afrika südlich der Sahara. Und das ist nur der Regelsatz, zu dem ja noch einmalige und laufende Zuschüsse (z. B. für Wohnungsmiete) hinzukommen.[50]

Es ist klar, dass solche Sozialleistungen nicht nur auf Asylberechtigte, sondern auch auf nicht Asylberechtigte, also auf Wirtschaftsflüchtlinge, wie ein Magnet wirken und zu einem Missbrauch des Asylrechts einladen – vor allem, weil die meist schlecht oder gar nicht qualifizierten Wirtschaftsflüchtlinge nur auf diese Weise eine Aufenthaltserlaubnis in Deutschland bzw. in der EU erlangen können. Denn so haben sie zum einen die Chance, als Asylberechtigte anerkannt zu werden, auch wenn eigentlich keine Schutzbedürftigkeit vorliegt, und zum anderen, selbst wenn ihr Asylantrag letztlich abgelehnt werden würde, haben sie Aussicht darauf, die Leistungen für Asylbewerber relativ lange genießen zu können. Asylverfahren sind (selbstverständlich) nicht fehlerfrei: So wie ein Flüchtling seine Schutzbedürftigkeit nur in den seltensten Fällen zweifelsfrei beweisen kann, so können auch die zuständigen Behörden die Angaben des Antragstellers praktisch nie eindeutig widerlegen.

Wirtschaftsflüchtlinge haben also immer eine Chance, als »echte« Flüchtlinge anerkannt zu werden. Selbst wenn ihnen dies (zunächst) nicht gelingt, können sie während des langwierigen Asylverfahrens die Sozialleistungen in Anspruch nehmen. Verantwortlich für die lange Dauer der Asylverfahren sind die umfangreichen Rechte, die den Asylantragstellern im Asylverfahren gewährt werden. So haben sie, wenn die Behörde ihrem Antrag nicht stattgibt, das Recht auf eine gerichtliche Überprüfung der behördlichen Entscheidung. Dies ist kaum mit einem Kostenrisiko verbunden, da in Asylverfahren (und zwar in allen Instanzen!) keinerlei Gerichtskosten erhoben (§ 83b Asylgesetz) und die Anwaltskosten in vielen Fällen von der Prozesskostenhilfe übernommen werden. So überrascht es nicht, dass etwa im Jahr 2020 73,3 Prozent aller ablehnenden Asylbescheide angefochten wurden.[51]

Zudem kann, selbst wenn der Rechtsweg schließlich erschöpft ist, der Aufenthalt in Deutschland noch weiter verlängert werden:[52] *Erstens* kann man sich auf die Europäische Menschenrechtskonvention und das Abschiebungsverbot gemäß § 60 Aufenthaltsgesetz berufen. *Zweitens* gibt es die Möglichkeit der »Duldung« (§ 60a Aufenthaltsgesetz), der zufolge eine Abschiebung auszusetzen ist, weil sie z. B. wegen fehlender Reisedokumente nicht möglich ist oder weil »dringende humanitäre oder persönliche Gründe« dagegensprechen. *Drittens* kann man auf dem Umweg über eine Duldung auch dadurch eine Aufenthaltserlaubnis erlangen, dass man nach einer gewissen Zeit als »gut integriert« gilt (§§ 25a, 25b Aufenthaltsgesetz). Es verwundert deshalb nicht, dass zum 31. Dezember 2020 in Deutschland 243 140 (!) abgelehnte Asylbewerber lebten – und Sozialleistungen bezogen.[53] 2021 dürfte diese Zahl weiter gestiegen sein, da die Coronakrise nicht nur die Einreise von Flüchtlingen, sondern auch die Abschiebung abgelehnter Asylbewerber erschwert hat.

Das »Deluxe-Asylrecht« und unser Sozialsystem können natürlich nur in Anspruch genommen werden, wenn man es schafft, seinen Fuß auf deutschen Boden zu setzen und einen Asylantrag zu stellen. Und damit wären wir beim Versagen von Deutschland und von Europa bei der Sicherung der Grenzen. Ein wirksamer Schutz der Seegrenze und eine Bekämpfung des Schlepperunwesens ist seit einem Urteil des Europäischen Gerichtshofs für Menschenrechte aus dem Jahr 2012 praktisch unmöglich. Gemäß dieses Urteils dürfen gerettete oder abgefangene Migranten, die auf dem Seeweg illegal nach Europa einreisen wollen, nicht an den Ausgangspunkt ihrer Fahrt, also in den meisten Fällen die nordafrikanische Küste, zurückgebracht werden, sondern müssen die Gelegenheit erhalten, in einem EU-Mitgliedstaat einen Asylantrag zu stellen.[54]

Die deutsche Binnengrenze wurde auch ohne ein solches Gerichtsurteil aufgegeben. Angela Merkel entschied am 5. September 2015, die deutschen Grenzen für Flüchtlinge zu öffnen – und zwar gegen geltendes Recht: Denn gemäß § 18 Absatz 2, 3 Asylgesetz sind Flüchtlinge an der Grenze zurückzuweisen oder, nach erfolgter Einreise, zurückzuschieben, wenn sie »aus einem sicheren Drittstaat« einreisen.[55] Da Deutschland nur von sicheren Drittstaaten umgeben ist, stellt die Tolerierung der Einreise von Flüchtlingen auf dem Landweg einen klaren Rechtsbruch dar – einen Rechtsbruch, der bis heute anhält.[56]

Die Folgen für Deutschland

Welche Konsequenzen hat die Flüchtlingskrise bislang für Deutschland gehabt – und welche wird sie in Zukunft noch haben? Es ist sinnvoll, zwischen kurz-, mittel- und langfristigen Konsequenzen zu unterscheiden. Kurzfristig machen sich zuallererst die hohen Ausgaben für die Flüchtlinge bemerkbar: einerseits direkte Ausgaben für deren Versorgung mit Nahrung, Kleidung, Unterkunft etc., andererseits indirekte Ausgaben, die nicht den einzelnen Flüchtlingen zurechenbar sind, wie z. B. die Ausgaben für zusätzliche Asylsachbearbeiter, Polizisten, Lehrer oder Verwaltungsrichter. Die »flüchtlingsbezogenen Ausgaben des Bundeshaushalts« beliefen sich zwischen 2016 und 2021 auf 131,8 Milliarden Euro.[57] Dazu kommen diejenigen Ausgaben von Ländern und Kommunen, die nicht vom Bund erstattet wurden und deshalb nicht in diesem Betrag enthalten sind. Eine verlässliche »offizielle« Zahl zu den Gesamtausgaben gibt es bis heute nicht, sodass man auf Schätzungen angewiesen ist. Als realistische Größenordnung für die Gesamtkosten im Zeitraum von 2015 bis 2021 wird man von etwa 230 Milliarden Euro ausgehen müssen.[58] Als wichtigste nichtökonomische Folgewirkung des starken Zuzugs von Flüchtlingen in der kurzen Frist ist die Zunahme der Zahl der Straftaten zu nennen. Diese Zahl hat nicht proportional zum zuzugsbedingten Anstieg der Bevölkerungsgröße, sondern überproportional zugenommen: So sind im Jahr 2020 (2019) 7,3 Prozent (8,0 Prozent) der Flüchtlinge im Zusammenhang mit Straftaten als Verdächtige in Erscheinung getreten, obwohl ihr Anteil an der Gesamtbevölkerung zum 31. Dezember 2020 (ebenso wie zum selben Zeitpunkt im Vorjahr) »nur« 2,2 Prozent betrug.[59]

In der mittleren Frist machen sich die Auswirkungen der Flüchtlingskrise am Arbeits- und am Wohnungsmarkt bemerkbar, dann nämlich, wenn die Flüchtlinge die Erstaufnahmeeinrichtungen verlassen und beginnen, am Arbeitsmarkt als Anbieter und am Wohnungsmarkt als Nachfrager aufzutreten. Die Flüchtlinge sind im Durchschnitt schlecht qualifiziert und haben kaum Deutschkenntnisse.[60] Deshalb dauert es nicht nur lange, bis sie in den Arbeitsmarkt integriert werden, sie haben auch überwiegend geringqualifizierte und niedrigbezahlte Jobs und sind häufig und lange arbeitslos. Dementsprechend ist der Anteil derjenigen, der Leistungen nach Sozialgesetzbuch II (SGB II) bezieht, sehr hoch.[61] Qualifizierungsmaßnahmen werden hier kaum Abhilfe schaffen können, da die kognitive Kompetenz der Flüchtlinge im Durchschnitt deutlich unter der der einheimischen Bevölkerung liegt.[62] Aus Pizzaboten und Gebäudereinigern kann man keine Techniker und Ingenieure machen.

Flüchtlinge konkurrieren deshalb am Arbeitsmarkt hauptsächlich mit den einheimischen Geringverdienern; aufgrund des erhöhten Arbeitskräfteangebots in diesem Sektor des Arbeitsmarkts ist mit Lohndruck und tendenziell sinkenden Löhnen für geringqualifizierte Tätigkeiten zu rechnen. Auch was die Nachfrage nach Wohnungen angeht, stehen die Flüchtlinge vor allem mit den einheimischen Geringverdienern in Konkurrenz, da sich die Nachfrage beider Gruppen hauptsächlich auf kleine, weniger gut ausgestattete, schlechter gelegene und deshalb billigere Wohnungen richtet. Am Wohnungsmarkt kommt es besonders in diesem Bereich zu steigenden Mieten, vor allem in Großstädten. Außerdem nimmt die Konkurrenz um Sozialwohnungen ebenfalls zu.

Einen weiteren Nachteil durch die Flüchtlinge erleiden die einheimischen Geringverdiener mit Bezug auf das Schulwesen. Da Kinder wohnortnah zur Schule gehen und sich Flüchtlinge tendenziell in denselben Vierteln wie die einheimischen Geringverdiener ansiedeln, werden die Kinder der Flüchtlinge auf dieselben Schulen wie die der einheimischen Geringverdiener gehen und dort aufgrund ihrer schlechten Sprachkenntnisse und der durch sie verursachten Zunahme der Klassengrößen für eine Verschlechterung der Unterrichtsbedingungen sorgen.

Diese mittelfristigen Effekte haben offensichtlich eine regressive Verteilungswirkung: Es sind nämlich vor allem die einheimischen Geringverdiener, die unter der Flüchtlingskrise zu leiden haben, während die hochqualifizierten Gutverdiener nicht nur kaum Nachteile zu gewärtigen haben, sondern sogar mit Vorteilen rechnen können: Schließlich werden hochqualifizierte Arbeitskräfte durch den Zustrom Geringqualifizierter relativ knapper, was zu einer Verbesserung ihrer Verdienstsituation führen wird.[63] Die Einkommensverteilung wird also ungleichmäßiger. In diesem Zusammenhang habe ich vom »Dilemma der Integration« gesprochen, da diese negativen Verteilungswirkungen umso stärker ausfallen, je besser sich die Flüchtlinge integrieren, also je mehr von ihnen am Markt Arbeit anbieten und Wohnraum nachfragen.[64]

Langfristig sind fiskalische und soziokulturelle Probleme zu befürchten. Die anfänglichen Hoffnungen, dass die Flüchtlinge einen Beitrag zur Lösung der mit dem demographischen Wandel einhergehenden Probleme leisten können, haben sich schnell zerschlagen. Wegen des geringen Qualifikationsniveaus und des geringen Qualifizierungspotentials der Flüchtlinge ist von ihnen keine spürbare Linderung des Fachkräftemangels zu erwarten. Aus denselben Gründen werden sie auch unser System der sozialen Sicherung nicht entlasten. Im Gegenteil, da Flüchtlinge im Durchschnitt mehr Sozialleistungen in Anspruch nehmen, als sie Steuern und Sozialversicherungsbeiträge zahlen, kommt es zu einer großen zusätzlichen Belastung der öffentlichen Haushalte und der Kassen der gesetzlichen Sozialversicherung.[65]

Selbst unter optimistischen Annahmen ist damit zu rechnen, dass jeder Flüchtling im Laufe seines Lebens den Staatshaushalt mit 207 000 Euro belastet – also in Höhe dieses Betrags mehr Leistungen in Anspruch nimmt, als er Abgaben zur Finanzierung derselben zahlt.[66] Für die von 2015 bis 2021 in Deutschland angekommenen (oder hier geborenen) 1,92 Millionen Flüchtlinge ergibt das eine Gesamtsumme von 397 Milliarden Euro – und zwar zusätzlich zu den kurzfristigen Kosten von bisher 230 Milliarden Euro.[67] Addiert man beide Zahlen, so kommt man auf eine Summe von 627 Milliarden Euro. Zum Vergleich: Dies entspricht über einem Viertel der gesamten Staatsverschuldung zum 31. Dezember 2021.[68] An dieser Misere vermag eine noch so gute Integration kaum etwas zu ändern, obwohl diese von Seiten der Politik immer als Allheilmittel beschworen wird. Aber wenn Hunderttausende von Flüchtlingen als Mindestlohnempfänger in den Niedriglohnsektor integriert werden, dann ist das keine Quelle des Wohlstands, sondern eine Quelle sozialer und politischer Konflikte und wirtschaftlicher Verluste.

Diversität – Fluch oder Segen?

Neben der finanziellen Belastung wird langfristig vor allem die deutlich gestiegene Diversität eine Rolle spielen. Zum 31. Dezember 2009 betrug der Anteil der Flüchtlinge an der Bevölkerung 0,6 Prozent, zum 31. Dezember 2020 schon 2,2 Prozent.[69] Selbst wenn ab sofort keine Flüchtlinge mehr zuwandern sollten, womit nicht zu rechnen ist, würden deren Zahl und deren Bevölkerungsanteil weiter zunehmen, weil Flüchtlinge im Durchschnitt früher eine Familie gründen und mehr Kinder haben als die einheimische Bevölkerung. Von daher werden Flüchtlinge wesentlich dazu beitragen, dass der Anteil der Bevölkerung mit Migrationshintergrund, der 2020 schon 26,7 Prozent betrug, noch weiter steigen wird. 2009 belief sich dieser Wert auf 18,8 Prozent und 2013, zwei Jahre vor Beginn der Flüchtlingskrise, auf 20,8 Prozent.[70]

Diversität ist nicht grundsätzlich ein Problem – aber sie kann zu einem Problem werden, wenn sie ein zu großes Ausmaß annimmt. Am offensichtlichsten äußert sich dieses Problem in steigenden Kriminalitätsraten. Aber es hat auch andere, weniger offensichtliche Seiten. Der Zusammenhalt einer Gesellschaft kann beeinträchtigt werden, wenn diese zu heterogen wird, wenn es also zu viele Zuwanderer aus Ländern mit einer großen kulturellen Distanz gibt. Das gegenseitige Vertrauen, vor allem die gegenseitige Erwartung regelkonformen Verhaltens, kann dann beeinträchtigt werden, wodurch ein »reibungsloses« Zusammenleben und Zusammenarbeiten innerhalb der Gesellschaft zunehmend schwieriger wird.

Ökonomen sprechen in einem solchen Fall vom Verlust an »Sozialkapital«. Dies kann zum einen zu einer Abnahme der wirtschaftlichen Leistungsfähigkeit führen, da, wie Ökonomen sagen würden, die »Transaktionskosten« steigen. Empirische Untersuchungen zeigen, dass mit zunehmender Heterogenität eines

Landes dessen Wirtschaftswachstum signifikant abnimmt.[71] Zum anderen leidet die gesellschaftliche Solidarität. Die Bereitschaft, Umverteilung zu unterstützen und Sozialausgaben zu finanzieren, wird in dem Maße abnehmen, in dem Anzahl und kulturelle Distanz der Zuwanderer zunehmen und in dem die Wahrscheinlichkeit steigt, dass diese die Sozialleistungen in Anspruch nehmen, also in dem Maße, in dem deren Qualifikation abnimmt. Auch hierfür gibt es schon empirische Belege.[72]

Schließlich kann die Zunahme der Diversität auch das politische System eines Landes an sich gefährden und destabilisieren – dann nämlich, wenn die Wertvorstellungen und politischen Überzeugungen der Zuwanderer denen in ihrer neuen Heimat diametral entgegenstehen.[73] Denn »[e]in hinreichend konfliktfreies Zusammenleben ist«, wie der Philosoph und Politikwissenschaftler Lothar Fritze schreibt, »nicht vorstellbar ohne einen Vorrat an allgemein akzeptierten Überzeugungen sowie eine in Bezug auf Grundmerkmale gemeinsam geteilte Lebensform.«[74]

Helmut Schmidt hatte also gute Gründe, als er 2005, zehn Jahre vor Beginn der Flüchtlingskrise, vor zu großer Diversität warnte:

> »Wir müssen die weitere Zuwanderung aus fremden Kulturen unterbinden.«[75]

Leider wurde seine Warnung in den Wind geschlagen und seinem Rat nicht gefolgt.

Nichts gelernt?

Die Flüchtlingskrise und ihre Konsequenzen haben bis heute nicht zu einem Umdenken geführt. Ganz im Gegenteil – die neue Bundesregierung hat vor, das Asylrecht noch liberaler und permissiver zu gestalten. Abgelehnte und geduldete Asylbewerber sollen nicht etwa abgeschoben werden, sondern ein Aufenthalts- und später auch ein Bleiberecht erhalten; der Familiennachzug soll ausgeweitet und die Einbürgerung soll erleichtert werden; »alle Menschen, die nach Deutschland kommen«, sollen Integrationskurse besuchen, unabhängig davon, ob sie asylberechtigt sind oder nicht; der Zugang zu den Sozialleistungen soll erleichtert werden; und die »Seenotrettung« soll intensiviert werden.[76] Dadurch werden die Anreize für den Zuzug Geringqualifizierter massiv erhöht. Man muss keine hellseherischen Fähigkeiten haben, um einen weiteren Anstieg der Zahl der Flüchtlinge vorauszusagen. Dass damit auch eine weitere Zunahme der Belastung der einheimischen Bevölkerung einhergehen wird, ist offensichtlich.

Dies ist vor allem deswegen problematisch, weil es durch die Kriegsflüchtlinge aus der Ukraine ohnehin zu weiteren Belastungen in erheblichem Umfang kommen wird. Die Flüchtlingskrise ist mit dem Ukraine-Krieg in ein neues Stadium eingetreten, ein Stadium, in dem die Notwendigkeit einer Reform der aktuellen Flüchtlingspolitik überdeutlich geworden ist. Hunderttausende von Kriegsflüchtlingen sind schon in der EU angekommen, davon bis Ende März 2022 ungefähr 260 000 in Deutschland.[77] Wie viele noch kommen werden, ist nicht absehbar und hängt wesentlich davon ab, wie lange der Krieg noch dauern wird. Realistischerweise wird man mit einer Gesamtzahl rechnen müssen, die zwischen 500 000 und einer Million liegt. Genau für eine solche Situation ist das Asylsystem vor allem gedacht – für Menschen, die wegen eines Krieges in Lebensgefahr geraten sind. Genau dieser Situation ist aber unser Asylsystem kaum gewachsen, weil Kapazitäten, die man für »echte« Flüchtlinge bräuchte, durch die Wirtschaftsflüchtlinge blockiert werden, die in den letzten Jahren in großer Zahl ins Land gekommen sind.

Bis jetzt hat die Verschärfung der Probleme der Flüchtlingspolitik durch den Ukraine-Krieg noch nicht zu einem Überdenken dieser Politik und einer Reform derselben geführt. Ganz im

Gegenteil, es sieht so aus, als ob diese Politik nur umso entschiedener fortgeführt werden soll. Das äußert sich am deutlichsten – und paradoxerweise – in der Kritik an der »Willkommenskultur«, mit der die ukrainischen Flüchtlinge in Deutschland, aber auch in anderen europäischen Ländern empfangen werden. Denn eine solche Willkommenskultur hat man im Fall der »Flüchtlinge« aus Afrika und Asien vermisst und wird nun umso stärker auch für diese eingefordert. Es dürften keine Unterschiede gemacht werden zwischen ukrainischen Kriegsflüchtlingen und »Flüchtlingen« aus anderen Ländern. Letztere müssten genauso bedingungslos und wohlwollend aufgenommen werden wie erstere. Alles andere wäre »rassistisch« und »diskriminierend«.[78]

Es besteht die Gefahr, dass der Ukraine-Krieg als Türöffner für eine noch unkontrolliertere Zuwanderung missbraucht wird: unmittelbar, indem über die Ukraine Pseudo-Kriegsflüchtlinge in die EU und nach Deutschland »einsickern«; mittelbar, indem mit Verweis auf das Willkommen für die Ukrainer auch die Grenzen für alle anderen »Flüchtlinge« noch weiter geöffnet werden. Dass diese Gefahr höchst real ist, zeigt sich an der Weigerung der Innenministerin Nancy Faeser, die aus der Ukraine Ankommenden zu registrieren und so zwischen »echten« und »unechten« Flüchtlingen zu unterscheiden – obwohl etwa fünf Prozent aller dieser Ankommenden gar keine Ukrainer sind.[79] Die *Junge Freiheit* spricht von »Chaos mit Ansage« und schreibt:

> »Die Rechnung dafür bezahlen Bürger und Steuerzahler – mit Wohlstandsverlusten und mit der weiteren Erosion von innerer Sicherheit und Ordnung. Wenn die Gefahr vorbei ist, wird die Masse der echten Kriegsflüchtlinge in ihre ukrainische Heimat zurückkehren. Die Trittbrettfahrer, die sich in ihrem Windschatten eingeschlichen haben, werden bleiben, auch und gerade die niemals identifizierten Gefährder.«[80]

Wieder einmal wird ein Warnzeichen ignoriert, wieder einmal wird eine Chance zur Umkehr vertan. Eine solche Umkehr müsste auf eine ökonomisch rationale Flüchtlingspolitik gerichtet sein, die sich an den Interessen der deutschen Bevölkerung orientiert. Wie eine solche Politik aussehen müsste, ist offensichtlich:[81] Zuallererst wäre eine Obergrenze für die Aufnahme von Flüchtlingen festzulegen.[82] Die Deutschen sind zwar gerne bereit, Flüchtlingen Hilfe zu leisten und dafür gewisse Kosten zu tragen, was sich gerade im Fall der Kriegsflüchtlinge aus der Ukraine zeigt. Aber man muss davon ausgehen, dass diese altruistischen Präferenzen nicht so stark ausgeprägt sind, dass sie das Eigeninteresse dominieren und die Bevölkerung zu Opfern in praktisch unbegrenzter Höhe zugunsten der Flüchtlinge bereit wäre. Bei der Festlegung einer Obergrenze könnte es natürlich nicht bleiben. Ohne weitere Maßnahmen wäre dies nur Symbolpolitik. Diese weiteren Maßnahmen müssten darauf abzielen, dass sich möglichst nur »echte« Flüchtlinge und möglichst keine Wirtschaftsflüchtlinge auf den Weg machen. Es müssten also solche Anreize geschaffen werden, dass einerseits Wirtschaftsflüchtlinge abgehalten und andererseits Menschen mit einem legitimen Fluchtgrund nicht ferngehalten werden.

Zu diesem Zweck sollten *erstens* die Sozialleistungen für Flüchtlinge deutlich gesenkt werden – auf das zur Sicherung des Existenzminimums notwendige Niveau – und außerdem dadurch unattraktiver gemacht werden, dass sie überwiegend als Sachleistungen gewährt werden. *Zweitens* müsste alles unternommen werden, um die Asylverfahren zu beschleunigen. Denn bei gegebener Höhe der Sozialleistungen sind diese umso attraktiver, je länger sie voraussichtlich in Anspruch genommen werden können. *Drittens* müssten Flüchtlinge, wenn das Asylverfahren mit der Nichtanerkennung endet, so schnell wie möglich in ihre Herkunftsländer zurückkehren. Eine »Duldung« abgelehnter Asylbewerber dürfte es nicht geben.

Und wenn das Asylverfahren mit der Anerkennung endet? Dann müsste dafür gesorgt werden, dass Flüchtlinge nach Wegfall des Fluchtgrundes unverzüglich heimkehren. Aus diesem Grund müssen Flüchtlinge auch nicht integriert werden – ja mehr noch: *Sie dürfen nicht integriert werden.* Sie zu integrieren wäre vollkommen widersinnig und würde dem Sinn und Zweck der Flüchtlingspolitik diametral zuwiderlaufen. Es würde bedeuten, Einwanderungspolitik mittels des Asylrechts zu betreiben. Das soll nicht heißen, dass ein »Spurwechsel« vom Asyl zur Einwanderung grundsätzlich ausgeschlossen werden muss. Aber die Voraussetzungen, um als Einwanderer akzeptiert zu werden, müssen stets dieselben sein – gleichgültig, ob der »Umweg« über einen Asylantrag eingeschlagen wurde oder eben nicht. Selbstverständlich darf auch der Schutz der Grenzen nicht vernachlässigt werden. Nur so kann man die Einreise von Flüchtlingen wirksam kontrollieren und nur so kann man verhindern, dass offensichtliche Wirtschaftsflüchtlinge überhaupt erst ins Land gelangen.

Kapitel 3: Der Dauerbrenner – die Klimakrise

Klima und Klimawandel

Der Klimawandel beschäftigt die Politik in Deutschland seit den 1990er Jahren, ist aber erst in den letzten Jahren zur Klimakrise geworden und so ins Zentrum der Politik gerückt. Untrennbar mit der Klimapolitik verbunden ist die Energiepolitik. Denn die energiepolitischen Entscheidungen wirken sich wesentlich auf das Erreichen oder Nichterreichen klimapolitischer Ziele aus, welche wiederum die Energiepolitik in hohem Maße beeinflussen. Während früher bei der Energiepolitik die Bezahlbarkeit und die Sicherheit der Versorgung im Vordergrund standen, spielt heute die Klimaverträglichkeit die größte Rolle – zumindest so lange, wie man glaubt, sich um Bezahlbarkeit und Versorgungssicherheit keine Sorgen machen zu müssen. Die Zielkonflikte, die sich hier ergeben können, sind im Fall der Kernenergie besonders deutlich. Aus diesem Grund soll auch der Ausstieg aus der Kernenergie im Rahmen der Klimakrise behandelt werden – gewissermaßen als eine Krise in der Krise.

Unter Klima versteht man den durchschnittlichen Zustand des Wettergeschehens über mehrere Jahrzehnte hinweg.[83] Es wird durch viele Faktoren beeinflusst, wie etwa die Intensität der Sonneneinstrahlung, das Ausmaß der Wolkenbildung, die Aktivität von Vulkanen, die Ausdehnung der Vegetation und der polaren Eiskappen oder die Zusammensetzung der Atmosphäre. Als dynamisches System unterliegt das Klima prinzipiell dem Wandel. Einen solchen hat es im Verlauf der Erdgeschichte immer gegeben – und zwar nicht nur in der Vorzeit. Allein in den letzten 1000 Jahren kam es einerseits zur mittelalterlichen Warmzeit, die auf der Nordhalbkugel ihren Höhepunkt zwischen 1000 und 1300 erreichte und während der in England Wein angebaut wurde und die Wikinger Grönland besiedelten, andererseits zur »kleinen Eiszeit«, die zwischen 1600 und 1750 auf der Nordhalbkugel am stärksten ausgeprägt und durch lange und harte Winter sowie viele Missernten gekennzeichnet war.

Seit Beginn der industriellen Revolution in der zweiten Hälfte des 18. Jahrhunderts wird das Klima auch durch menschliche Aktivitäten beeinflusst. Denn der Einsatz fossiler Brennstoffe (Öl, Gas und Kohle), den »Treibstoffen« der Industrialisierung, der im 20. Jahrhundert ein nie zuvor dagewesenes Ausmaß erreichte, führte zu einem starken Anstieg der Emission von Kohlendioxid (CO_2) und im Lauf der Zeit zu einer allmählichen Zunahme der CO_2-Konzentration in der Atmosphäre. CO_2 ist ein Treibhausgas; je mehr CO_2 in der Atmosphäre vorhanden ist, desto mehr Sonnenenergie kann diese in Form von Wärme speichern und desto höher wird tendenziell die Durchschnittstemperatur auf der Erde sein.[84] Tatsächlich ist die Durchschnittstemperatur seit dem Jahr 1870, also seit dem Beginn des eigentlichen Industriezeitalters, um 1,2 Grad Celsius gestiegen. Der Großteil dieses Anstiegs fand in den Jahrzehnten seit 1970 statt. Seit Beginn des 21. Jahrhunderts macht er sich zunehmend in Form des Anstiegs des Meeresspiegels und der größeren Häufigkeit meteorologischer Extreme wie Stürmen, Dürren oder Hitzesommern bemerkbar.

Als Hauptursache für diesen Klimawandel wird nach der in der Klimawissenschaft heute herrschenden Meinung der anthropogene, d.h. der durch menschliche Aktivitäten verursachte Treibhauseffekt angesehen. Die weitaus größte Rolle unter diesen menschlichen Aktivitäten spielt dabei die Nutzung fossiler Brennstoffe und der damit verbundene CO_2-Ausstoß. Mit großer Wahrscheinlichkeit würde die fortgesetzte Emission von Treibhausgasen in der bisherigen Größenordnung zu einem weiteren Temperaturanstieg um mindestens 4 Grad Celsius bis zum Ende dieses Jahrhunderts führen. Über diese Zusammenhänge ist sich die Mehrheit der Klimawissenschaftler weitgehend einig. Stimmen, die das Ausmaß des Klimawandels oder den Anteil menschlicher Aktivitäten an demselben für geringer halten, gibt es zwar, doch sie sind in der Minderheit. Der vorhergesagte weitere Anstieg der Temperatur könnte gravierende Konsequenzen zur Folge haben, die von einer Zerstörung von Ökosystemen und einer Zunahme von Umweltkatastrophen über die Gefährdung der Nahrungsmittelversorgung und der menschlichen Gesundheit bis zu einem verstärkten Migrationsdruck und militärischen Konflikten um natürliche Ressourcen reichen.[85]

Der Aufstieg der Klimapolitik

Schon seit den 1970er Jahren warnen deshalb Klimawissenschaftler vor den Gefahren des Klimawandels. Diese Warnungen führten schließlich dazu, dass 1988 von den Vereinten Nationen der »Weltklimarat« IPCC (Intergovernmental Panel on Climate Change) ins Leben gerufen wurde, welcher den jeweils aktuellen Stand der Klimawissenschaft für Öffentlichkeit und Politik aufbereiten und zusammenfassen und so Grundlagen für klimapolitische Entscheidungen liefern soll. Spätestens mit dem »Erdgipfel«, der Konferenz der Vereinten Nationen zu Umwelt und Entwicklung, die im Jahr 1992 in Rio de Janeiro stattfand und in deren Mittelpunkt das Konzept der »nachhaltigen Entwicklung« stand, rückte das Problem des Klimawandels ins Bewusstsein der Öffentlichkeit. Damit hatte sich das neue Gebiet der Klimapolitik endgültig etabliert.

Nach mehreren Anläufen wurden 1997 im Rahmen des »Kyoto-Protokolls« erstmals verbindliche Zielwerte für die Reduktion des Treibhausgasausstoßes festgesetzt. Die Industrieländer verpflichteten sich, zwischen 2008 und 2012 ihren jährlichen Treibhausgasausstoß um durchschnittlich 5,2 Prozent gegenüber den Werten von 1990 zu reduzieren. Für Entwicklungs- und

Schwellenländer gab es keine entsprechenden Verpflichtungen. Die Verhandlungen über eine Nachfolgevereinbarung zum Kyoto-Protokoll scheiterten aufgrund der Weigerung von großen Schwellenländern wie China und Indien, sich ebenfalls zur Reduktion ihres Treibhausgasausstoßes zu verpflichten – und der von wichtigen Industriestaaten, wie vor allem den USA, weiterhin eine Vorreiterrolle zu spielen.

Die Weltgemeinschaft einigte sich stattdessen auf das »Übereinkommen von Paris«, das am 12. Dezember 2015 verabschiedet wurde.[86] Dieses Abkommen hat die Begrenzung der Erderwärmung auf deutlich unter 2,0 Grad Celsius zum Ziel, wenn möglich, auf unter 1,5 Grad Celsius (jeweils gegenüber dem Jahr 1870, dem Basisjahr des IPCC). Erreicht werden soll dies durch nationale Klimaaktionspläne, die alle am Abkommen teilnehmenden Länder aufstellen müssen. Diese müssen auch regelmäßig über die tatsächlich erreichten Fortschritte bei der Reduktion der Treibhausgasemissionen Bericht erstatten. Auf Grundlage dieser Berichte sollen regelmäßige globale Bestandsaufnahmen erfolgen, die wiederum Ausgangspunkt für die Aufstellung neuer nationaler Aktionspläne sein sollen.

Nach ersten Anfängen in den 1990er Jahren schaffte die Klimapolitik in Deutschland mit der Verabschiedung des Erneuerbare-Energien-Gesetzes (EEG) im März 2000 endgültig ihren Durchbruch. Dass EEG sichert den erneuerbaren Energien die Vorrangeinspeisung und eine garantierte Mindestvergütung. Seither genießt die Energiewende, also die Abkehr von fossiler und nuklearer Energie und deren Ersatz durch erneuerbare Energien, hohe politische Priorität.

Auch auf europäischer Ebene nahm die Klimapolitik Fahrt auf. 2005 wurde das Europäische Emissionshandelssystem ETS (European Union Emissions Trading System) eingeführt, um die Verpflichtungen zur Reduktion der Treibhausgasemissionen, die die EU im Rahmen des Kyoto-Protokolls eingegangen war, möglichst kostengünstig zu erfüllen. Es betrifft den CO_2-Ausstoß großer Emittenten aus den Bereichen Energieerzeugung und Industrie, die für jede Tonne CO_2, die sie emittieren, ein Zertifikat vorlegen müssen. Da die Menge an Zertifikaten begrenzt ist, ist die Gesamtmenge der CO_2-Emissionen der unter das ETS fallenden Unternehmen ebenfalls begrenzt. Entscheidend dabei ist, dass die Zertifikate handelbar sind. Sie werden von den Emittenten erworben, die eine Emissionsreduktion relativ teuer käme und die deshalb lieber ein Zertifikat erwerben, als die Kosten für die Senkung des CO_2-Ausstoßes in Kauf zu nehmen; dagegen werden diejenigen Emittenten, die ihren Ausstoß zu relativ geringen Kosten senken können, dies tun, anstatt einen höheren Preis für Zertifikate zu zahlen. Auf diese Weise wird der CO_2-Ausstoß zu den geringstmöglichen gesamtwirtschaftlichen Kosten reduziert. Seit 2012 unterliegt auch der Luftverkehr dem ETS, welches heute ca. 45 Prozent aller Treibhausgasemissionen der EU abdeckt.[87]

Im April 2009 erließ die EU die Verordnung EG-443/2009, mit der erstmals Obergrenzen für die CO_2-Emission (und damit auch für den Kraftstoffverbrauch) von Personenkraftwagen und leichten Nutzfahrzeugen festgesetzt wurden. Dieser Grenzwert betrug 2012, im ersten Jahr seiner Geltung, 130 Gramm CO_2 pro Kilometer und sank bis 2020 auf 95 Gramm CO_2 pro Kilometer. Kraftfahrzeugherstellern, deren Fahrzeugflotten den jeweiligen Grenzwert überschreiten, drohen hohe Strafzahlungen.

Auch dem Elektrizitätsverbrauch schenkte die EU ihre Aufmerksamkeit: Im April 2009 trat das phasenweise Verbot von Glühlampen in Kraft (Verordnung EG-244/2009) und im Juli 2013 wurde die Leistungsaufnahme von Staubsaugern begrenzt (Verordnung EU-666/2013).

Zwischenspiel – der Ausstieg aus der Kernenergie

Im März 2011 geriet die Kernenergie in Deutschland in eine Krise, deren Folgen in engem Zusammenhang mit der Klimakrise stehen. Auslöser war der GAU des Atomkraftwerks von Fukushima in Japan, welcher wiederum durch das Erdbeben vom 11. März vor der japanischen Ostküste und den anschließenden Tsunami verursacht wurde. Die Kernenergiekrise unterscheidet sich in zweierlei Hinsicht von den anderen in diesem Buch behandelten Krisen: Obwohl sie im weit entfernten Japan ausgelöst wurde, ist es doch eine spezifisch deutsche, ja sogar, wie wir sehen werden, eine »hausgemachte« Krise. Außerdem hatte die Krisenpolitik in diesem Fall keine unmittelbaren und sofort für die Bevölkerung wahrnehmbaren Konsequenzen; diese manifestierten sich (und manifestieren sich noch) erst im Lauf der Zeit.[88] Dennoch gehört auch der Ausstieg aus der Kernenergie in unsere Abfolge der Krisen, weil die Politik in diesem Fall viele Gemeinsamkeiten mit der Politik in den anderen Krisen hat.

Das Aus für die Kernenergie im Jahr 2011 hat eine lange Vorgeschichte. Diese begann mit den Anti-Atomkraft-Protesten der 1970er und 1980er Jahre und trat mit der Regierungsübernahme von Rot-Grün im Jahr 1998 in ein entscheidendes Stadium. Seither wird die »Energiewende«, also die Abkehr von fossiler und nuklearer Energie und deren Ersatz durch erneuerbare Energien, immer stärker vorangetrieben, insbesondere durch das bereits erwähnte Erneuerbare-Energien-Gesetz (EEG) aus dem Jahr 2000. Im selben Jahr begannen die Verhandlungen mit den Energieversorgungsunternehmen über einen Ausstieg aus der Kernenergie, die in den sogenannten »Atomkonsens« mündeten. Dieser sah zwar keine bestimmten Abschalttermine, aber Reststrommengen vor, die einen Betrieb der Kernkraftwerke bis voraussichtlich zum Jahr 2020 ermöglicht hätten. Diese Vereinbarung fand im April 2002 Eingang in die zehnte Novelle des Atomgesetzes. Nach dem Regierungswechsel von 2009 gewährte die Koalition von Union und FDP den Energieversorgungsunternehmen im Oktober 2010 mit der elften Novelle des Atomgesetzes eine Laufzeitverlängerung von acht bis vierzehn Jahren, indem die Reststrommengen entsprechend erhöht wurden. Im Gegenzug sollten die Betreiber von Kernkraftwerken eine neue Steuer auf Brennelemente zahlen, die ab 1. Januar 2011 erhoben wurde.

Und dann kam Fukushima. Innerhalb von nur vier Tagen (!) wurde die politische Entscheidung zum schnellen und endgültigen Ausstieg aus der Kernenergie getroffen.[89] Diese wurde in zwei Schritten vollzogen: In einem ersten Schritt wurde am 14. März 2011 das sogenannte »Atom-Moratorium« verkündet, dem zufolge alle 17 deutschen Kernkraftwerke einer Sicherheitsüberprüfung unterzogen und die sieben ältesten Kraftwerke sowie das Kernkraftwerk Krümmel stillgelegt wurden. In einem zweiten Schritt wurde am 30. Juni 2011 die 13. Novelle des Atomgesetzes verabschiedet, die einen stufenweisen Ausstieg aus der Kernenergie bis Ende 2022 vorsieht. Die Regierung setzte zur Rechtfertigung ihres Vorgehens die »Ethikkommission für eine sichere Energieversorgung« ein, die explizit den Auftrag hatte, Argumente zugunsten des Atomausstiegs zu liefern. Genau das tat diese Kommission auch in ihrem Abschlussbericht, nachdem sie von April bis Mai 2011 getagt hatte.[90]

Die Klagen der Kernkraftwerksbetreiber zeigten sehr bald, dass es die Regierung bei ihrem überstürzten Atomausstieg mit Recht und Gesetz nicht so genau genommen hatte. 2013 bestätigte das Bundesverwaltungsgericht in zwei Beschlüssen zur Abschaltung der Kraftwerksblöcke Biblis A und Biblis B, dass das Atom-Moratorium formal und materiell rechtswidrig gewesen sei und dem Kläger RWE Schadensersatz zustünde.[91] 2016 segnete das Bundesverfassungsgericht zwar die 13. Atomgesetznovelle und damit den Atomausstieg ab. Da im Zuge desselben aber die in der zehnten Novelle erlaubten Reststrommengen nicht richtig berücksichtigt wurden, erkannte das Gericht eine Verletzung von Eigentumsgarantien, aufgrund der die Kernkraftwerksbetreiber Anspruch auf Schadensersatz hätten.[92]

2017 wurde die Brennelementesteuer vom selben Gericht als verfassungswidrig gekippt und der Bund musste alle bisher angefallenen Einnahmen zuzüglich Zinsen zurückerstatten, insgesamt 6,3 Milliarden Euro.[93] Nicht zuletzt aufgrund dieser juristischen Niederlagen schloss der Bund mit den Kernkraftwerksbetreibern am 26. Juni 2017 einen Vertrag ab, in dem sich diese durch den Verzicht auf Schadensersatzklagen gegen das Atom-Moratorium und die Zahlung von 24 Milliarden Euro von der Verantwortung und Haftung für die Endlagerung des Atommülls befreien konnten.[94] Da die Endlagerkosten allein bis 2100 auf 169 Milliarden Euro geschätzt werden, ist dieser Vertrag für die Kraftwerksbetreiber ein gutes Geschäft, nicht dagegen für die deutschen Steuerzahler.[95]

Von dieser Vereinbarung unberührt waren jedoch die Schadensersatzklagen wegen der nicht korrekt berücksichtigten Reststrommengen. Als das Bundesverfassungsgericht deswegen erneut angerufen wurde, kritisierte dieses die Bundesregierung in dem Beschluss vom 29. September 2020 dafür, dass die schon 2016 angemahnten Ausgleichs- und Schadensersatzzahlungen noch immer nicht erfolgt seien.[96] Im März 2021 einigte sich der Bund schließlich mit den Kernkraftwerksbetreibern auf die Zahlung von 2,4 Milliarden Euro zum Ausgleich für die nicht mehr nutzbaren Reststrommengen und die dadurch entgangenen Gewinne – fast genau zehn Jahre nach der Entscheidung zum Atomausstieg.[97]

Die politische Entscheidung zum endgültigen Atomausstieg wurde zwar innerhalb von nur vier Tagen getroffen, aber nicht umgehend, sondern schrittweise in einem Zeitraum von über zehn Jahren umgesetzt. Deswegen machten sich die Konsequenzen des Atomausstiegs auch nicht sofort, sondern erst im Lauf der Zeit bemerkbar. Im Jahr 2011 lieferte die Kernenergie 19,8 Prozent der Nettostromerzeugung in Deutschland.[98] Da Kernkraftwerke – wie Kohlekraftwerke – ihre Leistung stetig abgeben und geringe variable Kosten aufweisen, deckten sie einen Großteil der Grundlast der Stromversorgung ab. Außerdem emittieren sie im Betrieb kein CO_2, sind also – anders als Kohlekraftwerke – klimaneutral.

Der Verzicht auf diese Energieform gefährdet einerseits die Versorgungssicherheit, andererseits erschwert er die Erreichung von CO_2-Reduktionszielen. In Deutschland sind zwar bislang keine Lichter ausgegangen, aber die Abhängigkeit von teuren Stromimporten hat zugenommen, weil die Kernenergie von den erneuerbaren Energien aufgrund deren Schwankungsanfälligkeit nur unzureichend ersetzt werden konnte.[99] Da erneuerbare Energien zudem einen Kostennachteil haben (nicht zuletzt aufgrund der Ineffizienzen des EEG), kam es zu einem deutlichen Anstieg des Strompreises. Tatsächlich ist dieser heute in Deutschland so hoch wie nirgendwo sonst in Europa. Diese Konsequenzen machen es verständlich, warum Deutschland weltweit das einzige Land ist, das auf Fukushima mit einem Ausstieg aus der Kernenergie reagiert hat. Sowohl in Europa als auch weltweit kommt es dagegen zu einer Art Renaissance der Kernkraft – vor allem im Zusammenhang mit den Bemühungen um eine Reduktion der Treibhausgasemissionen.

Der Alleingang Deutschlands ist nicht nur energie- und klimapolitisch problematisch; auch die von der Politik ins Feld geführten sicherheitspolitischen Argumente sind nicht nachvollziehbar. Die Sicherheit der deutschen Kernkraftwerke, die im Jahr 2010 noch als so hoch angesehen wurde, dass man ihnen eine Laufzeitverlängerung zugestanden hat, hat sich ja durch die Ereignisse in Fukushima nicht geändert. Die Wahrscheinlichkeit, dass hierzulande ein Kernkraftwerk von einem Tsunami in Mitleidenschaft gezogen wird, beträgt nach wie vor null Prozent. Es gibt zwar Gründe, die gegen die Kernenergie (zumindest die Kernspaltungsenergie) und für einen Ausstieg aus derselben sprechen, aber es ist nicht einsichtig, warum diese Gründe nach Fukushima plötzlich eine entscheidende Rolle spielen sollten, obwohl sie dies davor nicht getan haben.

Insofern kann man diese Krise als hausgemacht bezeichnen; sie ist weniger eine Krise der Kernenergie als eine Krise der Energiepolitik. Ein wesentliches Charakteristikum des Atomausstiegs besteht darin, dass dieser ohne eine sorgfältige Abwägung aller Vor- und Nachteile und aller möglichen Folgen durchgesetzt wurde. Das zeigt sich einerseits daran, dass nicht nur Versorgungssicherheit und Strompreishöhe, sondern auch Klimaverträglichkeit kaum eine Rolle spielten. Andererseits wurden auch rechtliche Probleme ignoriert und das Prinzip der Rechtstaatlichkeit missachtet; fehler- und lückenhafte Gesetze und Verordnungen wurden verabschiedet, die Anlass zu Schadenersatzforderungen und anderen Kosten in Milliardenhöhe gaben. Diese »Koste es was es wolle«-Mentalität ist eines der wichtigsten gemeinsamen Merkmale der deutschen Politik in allen von uns betrachteten Krisen.

Vom Klimawandel zur Klimakrise

Durch das Klimaabkommen von Paris aus dem Jahr 2015 gewann die Klimapolitik sowohl in Deutschland als auch in Europa weiter an Stellenwert. Beispielsweise wird in Deutschland seit 2016 die Elektromobilität in Form von Kaufzuschüssen für die Anschaffung von Elektroautos, Steuerbefreiungen und anderen Anreizen massiv subventioniert. Auf europäischer Ebene wurde die sogenannte »Lastenteilungsverordnung« (EU-2018/842) im Mai 2018 verabschiedet, in der den Mitgliedstaaten verbindliche

Ziele für die Reduktion der nicht dem ETS unterliegenden Treibhausgasemissionen vorgegeben wurden. Bis zum Jahr 2030 müssen die genannten Emissionen insgesamt um 30 Prozent gegenüber 2005 gesenkt werden, wobei den einzelnen Ländern je nach wirtschaftlicher Leistungsfähigkeit unterschiedlich strenge Vorgaben gemacht wurden. Deutschland ist mit einer Reduktionsverpflichtung von 38 Prozent überproportional betroffen.

Im Sommer 2018 wurde der Klimawandel endgültig zur Klimakrise.[100] Zwar wurde das Thema »Klima« in der Politik auch schon in den Jahren zuvor immer wichtiger, doch seit 2018 gilt es als das zentrale politische Thema schlechthin. Die Klimakrise stellt seither die alles entscheidende »Überlebensfrage der Menschheit« dar und der Klimaschutz wird als das höchste, wichtigste und dringlichste Ziel angesehen. Ausgelöst wurde dieser Übergang vom Wandel zur Krise, von einer (zumindest noch teilweise) sachlichen zu einer (rein) emotionalen Behandlung dieses Themas, durch die Proteste und Demonstrationen von vor allem jugendlichen »Aktivisten«, die im Gefolge von Greta Thunberg auf die Straße gingen und lautstark konsequenten Klimaschutz sowie einen Umbau des Wirtschaftssystems und eine Neuausrichtung der Wirtschaftspolitik forderten. Dadurch und durch die sehr emotionale Berichterstattung in den Medien, die den nahenden Weltuntergang an die Wand malten, nahm das Thema »Klima« eine nie zuvor dagewesene Dramatik an – und gewann die Klimapolitik eine ungeahnte Dynamik. Denn in der Politik stießen die Rufe nach einer rigorosen Klimapolitik sowohl in Deutschland als auch in Europa auf offene Ohren.

In Deutschland wurde auf Grundlage der Arbeit der sogenannten »Kohle-Kommission« im Juli 2019 das Kohleausstiegsgesetz beschlossen, welches das Ende der Kohleverstromung für das Jahr 2038 festschrieb. Im Oktober desselben Jahres wurde von der Bundesregierung das Klimaschutzprogramm 2030 verabschiedet, welches die Verringerung des Treibhausgasausstoßes bis zum Jahr 2030 um mindestens 55 Prozent (im Vergleich zum Jahr 1990) und Klimaneutralität für das Jahr 2050 vorsieht. Dieses Ziel soll durch Emissionsvorgaben für die einzelnen Wirtschaftssektoren (Gebäude, Verkehr, Industrie, Landwirtschaft) erreicht werden.

Um wiederum diese sektoralen Ziele zu erreichen, wurde eine Vielzahl von Maßnahmen auf den Weg gebracht. Unter denselben ist vor allem die Einführung eines nationalen CO_2-Handelssystems für die Bereiche Verkehr und Gebäude zu nennen. Dabei handelt es sich de facto um eine CO_2-Steuer, die Heizöl, Benzin, Diesel und Gas in Abhängigkeit von ihrem Kohlenstoffgehalt verteuert. Denn der Zertifikatspreis wurde für die Zeit von 2021 bis 2025 fixiert (auf 25 bis 55 Euro pro Tonne CO_2) und auch nach 2025 darf der Preis nur innerhalb enger Grenzen schwanken. 2020 wurden mit dem Gebäudeenergiegesetz die Anforderungen an die Gebäudedämmung und die Vorschriften für Heizungs- und Kühlungsanlagen erheblich verschärft. Zum 1. Januar 2022 trat die Pflicht zur Installation von Photovoltaikanlagen bei Neubauten in Baden-Württemberg und Nordrhein-Westfalen in Kraft. Ähnliche Regelungen wurden auch in vielen anderen Bundesländern verabschiedet; diese gelten aber erst ab 2023 oder später.

Auch für die EU-Klimapolitik war das Jahr 2019 ein Meilenstein: Im April wurden zunächst die Grenzwerte für den Flottenverbrauch ab dem Jahr 2020 stark gesenkt, sodass im Jahr 2030 der CO_2-Ausstoß nur noch 59,4 Gramm pro Kilometer betragen darf (Verordnung EU-2019/631), was einem Durchschnittsverbrauch von 2,5 Liter Benzin bzw. 2,2 Liter Diesel pro 100 Kilometer entspricht – und de facto das Ende des Verbrennungsmotors bedeutet. Den großen klimapolitischen Wurf landete aber die EU-Kommission. Im Dezember 2019 stellte sie den »European Green Deal« vor. Dabei handelt es sich »um eine neue Wachstumsstrategie, mit der die EU zu einer fairen und wohlhabenden Gesellschaft mit einer modernen, ressourceneffizienten und wettbewerbsfähigen Wirtschaft werden soll, in der im Jahr 2050 keine Netto-Treibhausgasemissionen mehr freigesetzt werden und das Wirtschaftswachstum von der Ressourcennutzung abgekoppelt ist«.[101] Bis zum Jahr 2050 soll also die EU klimaneutral werden, d.h. nicht mehr Treibhausgase emittieren, als von der Natur absorbiert werden können.

Als Zwischenschritt zu diesem Ziel soll der Treibhausgasausstoß der EU bis zum Jahr 2030 um 55 Prozent sinken (gegenüber dem Jahr 1990). Die Europäische Kommission hält hierfür allein bis 2030 zusätzliche private und öffentliche Investitionen von 260 Milliarden Euro pro Jahr für notwendig. Nach der politischen Einigung auf den Green Deal erfolgte dessen rechtliche Umsetzung in Form eines europäischen Klimagesetzes, das auf der Grundlage eines Vorschlags der EU-Kommission schließlich im April 2021 von den EU-Mitgliedstaaten und dem EU-Parlament beschlossen wurde. Schon früher, im Juni 2020, wurde eine für die wirtschaftspolitische Umsetzung des Green Deal wichtige Maßnahme verabschiedet: die »Taxonomie-Verordnung« (EU-2020/852). Diese definiert Kriterien für »eine ökologisch nachhaltige Wirtschaftstätigkeit«, mit deren Hilfe öffentliche und private Investitionen in Richtung Klimaneutralität gesteuert werden sollen.

Der »Fahrplan« des Green Deal umfasst zahlreiche weitere Maßnahmen, die in den nächsten Jahren realisiert werden sollen: eine »Überarbeitung« der Energiebesteuerungsrichtlinie, eine neue Strategie zur Anpassung an den Klimawandel, ein Aktionsplan für die Kreislaufwirtschaft, eine »Industriestrategie für eine saubere und kreislauforientierte Wirtschaft«, eine Anpassung der Lastenteilungsverordnung etc.[102] Es wird in den nächsten Jahren und Jahrzehnten zu sehr weitreichenden Eingriffen in die Wirtschaft und das Leben der Bürger kommen, die in ihrer Tragweite gar nicht überschätzt werden können.

Wer daran bisher noch zweifelte, wurde spätestens mit der Vorstellung des unter dem Titel »Fit for 55« bekannt gewordenen Maßnahmenpakets der EU-Kommission eines Besseren belehrt. Darin wird nichts weniger als »die Neuausrichtung von Wirtschaft und Gesellschaft in der EU« gefordert, um die Treibhausgasemissionen bis zum Jahr 2030 um 55 Prozent (gegenüber dem Stand von 1990) zu reduzieren. Dementsprechend weitgehend sind die vorgeschlagenen Maßnahmen, die vom Verbot des Verbrennungsmotors in Kraftfahrzeugen über höhere Steuern auf fossile Brennstoffe bis zu Höchstverbrauchsgrenzen für Schiffe reichen.[103]

Neuen Schub erhielt der Green Deal durch die Coronakrise. Einerseits wurde der EU-Haushalt deutlich ausgedehnt, hauptsächlich aufgrund der Programme zum wirtschaftlichen Wiederaufbau nach der Coronakrise, andererseits wurde der Budgetanteil des Klimaschutzes erhöht. Für die Zeit von 2021 bis 2027 hat der Haushalt ein Volumen von 2018 Milliarden Euro, von denen ca. 30 Prozent der Finanzierung klimaschutzrelevanter Maßnahmen dienen sollen. Das Budget für die Periode 2014 bis 2020 hatte dagegen noch ein Volumen von »nur« 960 Milliarden Euro, von denen ca. 20 Prozent dem Klimaschutz gewidmet waren.[104] In absoluten Zahlen bedeutet das eine Steigerung der Klimaschutzausgaben von 192 Milliarden Euro (2014 bis 2020) um 413 Milliarden Euro auf 605 Milliarden Euro (2021 bis 2027).

In Deutschland gewann die klimapolitische Diskussion zusätzliche Brisanz durch den Beschluss des Bundesverfassungsgerichts vom 24. März 2021.[105] Darin wird das aktuelle Klimaschutzgesetz als teilweise verfassungswidrig eingestuft. Es verlagere den Großteil der für die Klimaneutralität Deutschlands erforderlichen Emissionsreduktion auf die Zeit nach 2030 und gefährde so die künftige Freiheit, weil dann sehr einschneidende Maßnahmen unausweichlich seien. Die Bundesregierung reagierte sehr rasch und verschärfte umgehend das Klimaschutzgesetz im Rahmen eines »Sofortprogramms für den Klimaschutz«: Die Klimaneutralität soll jetzt schon 2045 erreicht werden und die Treibhausgasemissionen sollen bis 2030 nicht um 55 Prozent, sondern um 65 Prozent sinken (im Vergleich zum Jahr 1990).[106] Die neue Bundesregierung unter Olaf Scholz hat sich nicht nur auch zu diesen Zielen bekannt, sondern strebt eine weitere Intensivierung des Klimaschutzes an. So sollen der Kohleausstieg von 2038 auf 2030 vorgezogen werden sowie Elektromobilität und der Ausbau der erneuerbaren Energien noch stärker als bisher gefördert werden.[107]

Alles nur Symbolpolitik?

Was ist nun von all dem zu halten? Sind all diese Maßnahmen wirklich sinnvoll und notwendig oder handelt es sich eher um Alarmismus und Symbolpolitik als um eine rationale Politik zur Bewältigung und Bekämpfung des Klimawandels?

Vor der Beantwortung dieser Fragen muss man sich zunächst einmal klarmachen, dass die Klimawissenschaft keine deterministischen, sondern nur probabilistische Aussagen erlaubt – und auch diese nur auf Grundlage des jeweils aktuellen Wissenstandes, der sich noch weiterentwickelt. Dieser Unterschied lässt sich am besten durch die Gegenüberstellung der Klimawissenschaft mit einer deterministischen Wissenschaft erläutern: Die klassische Newtonsche Mechanik ermöglicht z. B. die genaue Vorausberechnung der Position des Planeten Jupiter für 1000 oder 10 000 Jahre; hier gibt es keinerlei Unsicherheiten.

Im Gegensatz dazu liefert die Klimawissenschaft nur Wahrscheinlichkeitsverteilungen. Diese sind das Resultat von Computermodellen, durch die das Weltklima simuliert und dessen Entwicklung in den kommenden Jahrzehnten prognostiziert wird. Diese Simulationsmodelle sind mit erheblichen Unsicherheiten behaftet: Zum einen sind die Simulationen als solche ungenau, da sie die klimatischen Verhältnisse nie exakt, sondern nur ungefähr abbilden können, was dazu führt, dass die Verlässlichkeit der Prognosen umso stärker abnimmt, je weiter man in die Zukunft schaut. Zum anderen sind nicht alle klimarelevanten Faktoren und deren Zusammenhänge bekannt, sodass die verwendeten Klimamodelle nur vorläufiger Natur sind und im Licht neuer Erkenntnisse revidiert werden müssen – mit entsprechenden Auswirkungen auf die mit ihrer Hilfe erstellten Prognosen.[108] Beispielsweise bestehen immer noch Unsicherheiten bezüglich der Interaktion von Klimawandel und Wolkenbildung oder des Einflusses von Schwankungen der Sonnenaktivität auf das Klima. Und trotz Jahrzehnte langer Forschungen ist das Ausmaß der CO_2-Klimasensitivität (also der Zusammenhang zwischen der atmosphärischen CO_2-Konzentration und der Durchschnittstemperatur) immer noch nicht genau bekannt. Gerade die Ergebnisse von Klimasimulationen dürfen also nicht als absolute und sichere Wahrheiten angesehen werden. Denn Klimamodelle sind, wie der Physiker André Thess meint, nur »teilweise validiert«.[109] Wissenschaftler der DFG-Kolleg-Forschungsgruppe »Medienkulturen der Computersimulation« kommen zu einem ähnlichen Schluss:

> »Bei Klimasimulationen (…) ist nicht nur die Datenlage schon wesentlich prekärer. Auch die Interdependenzen und Relevanzen möglicher Einflussfaktoren liegen hier oft im Dunkeln, so dass bei der Modellierung ein hoher Grad an Parametrisierungen und sogar an fiktionalen und physikalisch schlicht falschen Elementen Einzug hält.«[110]

Aus diesem Grund empfiehlt es sich, die Berichte des IPCC in ihrer ausführlichen Fassung zu lesen – und sich nicht nur auf die »Zusammenfassungen für politische Entscheider« (»Summaries for Policy Makers«) zu beschränken, in denen der aktuelle Stand der Klimaforschung nur sehr verkürzt und sehr einseitig dargestellt wird. Schaut man sich beispielsweise den viel zitierten Report zu den Konsequenzen einer Erwärmung um 1,5 Grad Celsius und den Maßnahmen zur Verhinderung eines darüber hinaus gehenden Temperaturanstiegs genau an, so finden sich am Ende der Kapitel 1 bis 4 Abschnitte mit Titeln wie »Confidence, Uncertainty and Risk«, »Knowledge Gaps« oder »Knowledge Gaps and Key Uncertainties«, deren Lektüre höchst aufschlussreich ist – und die Relativierung der Schlussfolgerungen und Forderungen des Reports nahelegt.[111]

Das soll nun nicht heißen, dass es keinen anthropogenen Klimawandel gibt, dass kein Grund zur Sorge besteht oder dass keine klimapolitischen Maßnahmen notwendig sind. Auch wenn die aktuellen klimawissenschaftlichen Ergebnisse mit (mehr oder weniger großen) Unsicherheiten behaftet sind, ist es im Sinn des Vorsichtsprinzips sinnvoll und notwendig, etwas gegen den Klimawandel zu unternehmen. Denn schließlich ist es zwar möglich, dass sich der Klimawandel nicht so katastrophal wie befürchtet auswirken wird, es ist aber auch möglich, dass die Konsequenzen des Klimawandels noch gravierender als heute vorhergesagt ausfallen werden. Zu warten, bis man vollkommene Sicherheit hat, erscheint angesichts der möglichen, ja sogar wahrscheinlichen Konsequenzen keine angemessene Vorgehensweise.

Genauso wenig ist es aber angezeigt, in Alarmismus zu verfallen, den Weltuntergang an die Wand zu malen und Klimapolitik ohne jede Rücksicht auf die damit verbundenen Kosten zu betreiben. Weil es immerhin möglich ist, dass die heute ergriffenen klimapolitischen Maßnahmen gar nicht notwendig sind, sollte man, ja muss man Klimapolitik mit Augenmaß betreiben. Das heißt, *erstens*, sich realistische Ziele zu setzen und *zweitens*, darauf zu achten, dass diese ohne unnötigen Kosten erreicht werden. Letzteres impliziert natürlich, dass die Klimapolitik grundsätzlich dazu geeignet sein muss, den Klimawandel zu beeinflussen; wenn das nicht der Fall ist, stellt sie ohnehin nur Geldverschwendung dar.

Wie eine solche Klimapolitik aussehen muss, ist aus umweltökonomischer Sicht eindeutig.[112] Das Klimaproblem lässt sich aus ökonomischer Sicht als globaler negativer externen Effekt auffassen. Jede Emission von Treibhausgasen, unter denen CO_2 die größte Rolle spielt, erhöht die Konzentration dieser Gase in der Atmosphäre und trägt so zur Destabilisierung des Klimas bei. Dieser Effekt ist *extern* in Bezug auf das Marktsystem, weil der Emittent dafür keinen Preis bezahlen muss; er ist *negativ*, da die Klimadestabilisierung zu Nutzeneinbußen und Kostensteigerungen führen wird; und er ist *global*, da es keine Rolle spielt, wer wo wie viel emittiert, sondern die Höhe der weltweiten Gesamtemission entscheidend ist. Dieser externe Effekt muss *internalisiert* werden, indem man einen Preis für die Emission von Treibhausgasen einführt. Dies kann direkt durch eine Emissionssteuer oder indirekt durch ein Emissionsrechte- bzw. Zertifikatshandelssystem geschehen.

Im ersten Fall würde der Steuersatz festgelegt und die Emissionsmenge würde sich gemäß den Reaktionen der Emittenten ergeben; im zweiten Fall würde die Zertifikats- bzw. Emissionsmenge bestimmt und der Zertifikatspreis würde sich durch Angebot und Nachfrage am Markt bilden (»cap and trade«). Ein solcher Preis führt dazu, dass Prozesse und Güter im Verhältnis ihrer Emissionsintensität verteuert werden und auf diese Weise die Kosten des Klimawandels den Verursachern angerechnet werden. Diese haben dadurch einen Anreiz zur Vermeidung von Treibhausgasemissionen und zur Suche nach möglichst günstigen Vermeidungsmöglichkeiten. Dabei werden die Emittenten ihre Emissionen umso stärker reduzieren, je niedriger ihre Reduktionskosten sind, sodass insgesamt die Emissionsreduktion zu den geringstmöglichen gesamtwirtschaftlichen Kosten erfolgt.

Entscheidend ist, dass sowohl im Fall der Steuer als auch im Fall des Zertifikatssystems einheitlich vorgegangen wird: Alle Emissionen aller Emittenten in allen Wirtschaftsbereichen aller Länder müssen in gleicher Weise belastet werden, damit alle Emittenten denselben Anreiz zur Emissionsreduktion haben und so Markt und Wettbewerb für den Klimaschutz mobilisiert werden können. Auf diese Weise *und nur auf diese Weise* lässt sich sowohl eine effektive als auch eine kosteneffiziente Klimapolitik durchführen.

Die Ökonomie zeigt aber nicht nur, *auf welche Weise* Klimapolitik betrieben werden sollte, sie liefert auch wichtige Hinweise darauf, *mit welchem Ziel* sie verfolgt werden sollte. Bei der Festlegung des Ziels müssen nicht nur die in Abhängigkeit vom Temperaturanstieg zu erwartenden Schäden berücksichtigt werden, sondern auch die Kosten, die für eine Begrenzung des Temperaturanstiegs entstehen. Es ist klar, dass diese Kosten umso höher sein werden, je stärker der Temperaturanstieg gebremst werden soll. Die Festlegung eines bestimmten Temperaturziels, wie dies im Rahmen des Pariser Klimaabkommens geschehen ist, mag zwar aus klimawissenschaftlicher Sicht gerechtfertigt und aus politischer Sicht attraktiv sein, vernachlässigt aber die Kosten für die Erreichung dieses Ziels.

In der Ökonomie bedient man sich der Kosten-Nutzen-Analyse zum Zweck der Abwägung von Kosten und Nutzen und der Identifizierung der optimalen Politik. Im Fall des Klimawandels legen etwa die Modelle des Nobelpreisträgers William Nordhaus nahe, dass das Kosten-Nutzen-Optimum bei einem Temperaturanstieg von etwa 3,5 Grad Celsius bis zum Jahr 2100 liegt (im Vergleich zum Jahr 2000).[113] Bezogen auf das Jahr 1870 entspricht dies einem Anstieg um 4,2 Grad Celsius – also deutlich mehr als das 1,5- bzw. 2,0-Grad-Celsius-Ziel des Pariser Klimaabkommens.

Wie ist die deutsche und die europäische Klimapolitik vor diesem Hintergrund zu beurteilen? Zunächst einmal ist festzustellen, dass es nicht, wie eigentlich notwendig, eine weltweit koordinierte Klimapolitik gibt. Im Pariser Klimaabkommen hat sich nämlich jedes Land unabhängig voneinander zu den Maßnahmen verpflichtet, die es für sinnvoll und im eigenen Interesse hält; es überrascht deshalb nicht, dass diese Maßnahmen nicht mit dem 1,5-Grad-Celsius-Ziel, zu dem man sich bekannt hat, vereinbar sind; denn auch bei Einhaltung aller Selbstverpflichtungen würde dieses Ziel nicht erreicht werden. Ganz abgesehen davon gibt es keinerlei Sanktionen bei Nichterreichung des Klimaziels oder bei Nichterfüllung der Selbstverpflichtungen – oder bei einem Ausstieg eines Landes aus dem Übereinkommen von Paris. Letztlich wurde nur das bisherige unkoordinierte Nebeneinander nationaler Klimapolitiken institutionalisiert – und das Versagen der internationalen Staatengemeinschaft in der Klimafrage durch wohlklingende Zielvereinbarungen bemäntelt.

Ob man die Schwächen des Pariser Klimaabkommens beklagen sollte, ist freilich fraglich, da dessen Temperaturziele übertrieben ehrgeizig sind und die damit verbundenen Kosten in keinem vernünftigen Verhältnis zum erwarteten Nutzen stehen. Dennoch haben sich die EU und Deutschland diese Ziele zu eigen gemacht und betreiben auf dieser Grundlage Klimapolitik. Der entscheidende Einwand gegen diese Klimapolitik besteht jedoch nicht im Inhalt des verfolgten Ziels, sondern dass überhaupt ein solches Ziel ohne eine internationale Koordination verfolgt wird. Denn es ist sinnlos, wenn sich einzelne Länder im Interesse des Klimaschutzes ambitionierte nationale Emissionsziele setzen und unabhängig vom Verhalten der anderen Länder als Vorreiter vorangehen. Schaut man sich die Zahlen zu den weltweiten Treibhausgasemissionen an, so wird schnell klar, dass die EU oder gar Deutschland allein bei weitem nicht in der Lage ist, für eine spürbare Reduktion der Gesamtemissionen und damit für eine Stabilisierung des Weltklimas zu sorgen. Im Jahr 2018 betrug laut Bundesministerium für Umwelt der Anteil Deutschlands an den weltweiten Treibhausgasemissionen lediglich 1,8 Prozent, der Anteil der EU-28 (ohne Deutschland) 7,0 Prozent. Zum Vergleich dazu betrug der Anteil der USA 13,9 Prozent und der von

China 27,5.[114] Angesichts der absoluten Zunahme an Treibhausgasemissionen in China und Indien sinkt der Anteil der EU und Deutschlands Jahr für Jahr.

Selbst wenn die EU oder Deutschland sich ambitioniertere Emissionsziele setzt und diese – im günstigsten Fall – auch erreicht, wird das auf globaler Ebene nicht ausreichen, den gegenwärtigen Trend der Erwärmung zu stoppen oder gar umzukehren. Die Vorstellung, dass ein Land beim Klimaschutz vorangeht und die anderen Länder ihm folgen werden, ignoriert die grundlegenden ökonomischen Zusammenhänge: Je klimapolitisch aktiver ein Land ist, desto geringer ist der Anreiz für andere Länder, selbst eine teure Klimapolitik zu betreiben, und desto größer ist der Anreiz, abzuwarten und klimapolitisch nichts zu tun. Mit dem Kyoto-Protokoll aus dem Jahr 1997 ist schon früher ein erster Versuch von Vorreiterländern, mit einseitigen Maßnahmen andere zum Mitmachen zu überzeugen, gescheitert.

Es ist sogar möglich, dass andere Länder von den Klimaschutzmaßnahmen eines Landes in zweifacher Weise profitieren. Das ist dann der Fall, wenn emissionsintensive Industrien aus dem klimapolitisch ambitionierteren Land in Drittländer aufgrund deren klimapolitischer Standortvorteile abwandern (»carbon leakage«). Außerdem kann es sein, dass der in einem klimapolitisch aktiven Land erreichte Rückgang der Nachfrage nach fossilen Brennstoffen zu einem Sinken der Preise derselben und in der Folge zu einem Anstieg der Nachfrage in anderen Ländern führt (»green paradox«). In diesen Fällen werden die einseitigen Maßnahmen des einen Landes nicht nur nicht zu einer aktiveren Klimapolitik in anderen Ländern, sondern sogar zu höheren Treibhausgasemissionen in diesen führen – und dann wäre der Nettoeffekt von nationalen Emissionszielen sogar noch geringer, als es dem Anteil dieses Landes an den Emissionen entspricht. Unter diesen Umständen wäre es besser, knappe Ressourcen in die Anpassung an den Klimawandel zu investieren (z. B. in die

Verstärkung der Nordseedeiche oder den Waldumbau), anstatt diese für wirkungslose Anstrengungen zur Emissionsreduktion zu verschwenden.

Es bleibt festzuhalten, dass einseitige Klimaschutzmaßnahmen einzelner Länder weder sinnvoll noch zielführend sind: Sie sind es nicht in klimapolitischer Hinsicht, weil sie keinen signifikanten Beitrag zur weltweiten Emissionsreduzierung leisten; und sie sind es aber auch nicht in wirtschaftspolitischer Hinsicht, weil sie enorme Kosten und Wettbewerbsverzerrungen verursachen.

Aber selbst, wenn man das politische Ziel einer Emissionsreduktion auf der Ebene von Deutschland oder der EU akzeptiert, vielleicht, weil man naiverweise auf die Vorreiter- und Vorbildfunktion setzt – selbst dann muss man die aktuelle Politik als vollkommen verfehlt bezeichnen. Wie wir gesehen haben, müssen alle Emittenten die gleichen Anreize bzw. alle Emissionen den gleichen Preis haben, wenn eine kostenminimale Emissionsreduktion erreicht werden soll. Das Gegenteil ist sowohl in Deutschland als auch in Europa der Fall: Es dominiert eine kleinteilige, sektorale und dirigistische Politik, die in großem Umfang volkswirtschaftliche Ressourcen verschwendet. In Deutschland gilt das vor allem für das EEG, aber auch für den Kohleausstieg, die massive Förderung der Elektromobilität und die verschiedenen Maßnahmen im Rahmen des Klimaschutzprogramms 2030.

Angesichts dieses Vorgehens überraschen die enormen Ineffizienzen bei der Reduktion des CO_2-Ausstoßes nicht. Eine Studie der Initiative CO_2-Abgabe beziffert die spezifischen CO_2-Vermeidungskosten der Windenergie auf ca. 1900 Euro und die der Photovoltaik auf 1874 Euro pro Tonne CO_2.[115] Für den Bereich der Elektromobilität sind die spezifischen Vermeidungskosten auf 1100 bis 1200 Euro zu veranschlagen.[116] Für den Kohleausstieg, dessen Gesamtkosten mindestens 100 Milliarden Euro betragen werden, lassen sich die spezifischen Vermeidungskosten noch nicht genau beziffern, aber es deutet viel darauf hin, dass die Abschaltung moderner Kohlekraftwerke nicht die kostengünstigste Möglichkeit zur Reduktion von CO_2-Emissionen darstellt.[117] Wenn man diese hohen Vermeidungskosten dem derzeitigen Marktpreis im ETS von ca. 80 Euro pro Tonne CO_2-Emissionen gegenüberstellt, so ergibt sich ein Faktor von ca. 14 bis 24, um den die aufgeführten CO_2-Vermeidungsmaßnahmen bzw. -technologien teurer sind als der ETS-Preis. Es ist klar, dass wir mit diesen verschiedenen Maßnahmen genau das Gegenteil einer volkswirtschaftlich effizienten Klimapolitik betreiben. Die damit verbundenen Kosten sind enorm: Allein von 2000 bis 2025 werden sich die Kosten für die Energiewende nur im Bereich der Stromerzeugung auf 520 Milliarden Euro belaufen.[118]

Eine Konsequenz dieser Politik sind die europaweit höchsten Strompreise; eine andere ist die Gefährdung der Versorgungssicherheit durch den Ausstieg aus Kern- und Kohleenergie – ein Wagnis, das kein anderes Land weltweit eingeht. Auf beide Probleme weist der Bundesrechnungshof seit Jahren eindringlich hin – freilich ohne Gehör in der Politik zu finden.[119]

Als ob dies alles nicht genug wäre, hat diese Politik, insoweit sie die Stromerzeugung zum Gegenstand hat, auf Ebene der EU *keinerlei Auswirkungen* auf den CO_2-Ausstoß. Denn da die Elektrizitätserzeugung dem ETS unterliegt (siehe oben), führt sowohl die Förderung erneuerbarer Energien durch das EEG als auch der Kohleausstieg zu keiner Reduktion der CO_2-Emissionen auf europäischer Ebene, sondern nur zu deren Verlagerung in andere Länder. Durch die sinkende Nachfrage nach Emissionszertifikaten in Deutschland sinkt deren Preis und steigt die Nachfrage in anderen Ländern, die dann die CO_2-Mengen emittieren, die Deutschland eingespart hat. Per Saldo ist also der Effekt all dieser viele Milliarden Euro teuren Maßnahmen gleich null!

Deshalb kommt auch der Wissenschaftliche Beirat beim Bundesministerium für Wirtschaft und Energie zu einem vernichtenden Urteil über das EEG. Er fordert, »das EEG in seiner bisherigen Form abzuschaffen, weil die direkte Förderung erneuerbarer Energien im Zusammenspiel mit dem ETS zu teuer ist und keinen Beitrag zur Reduktion von Treibhausgas-Emissionen leistet«.[120] Zu ähnlich negativen Bewertungen des EEG im Besonderen und der deutschen Energie- und Klimapolitik im Allgemeinen gelangen auch andere wissenschaftliche Gutachten.[121] In seinem neuesten Sonderbericht kommt auch der Bundesrechnungshof zu einem vernichtendem Urteil: Der Bund setze »Haushaltsmittel in Milliardenhöhe (...) für wirkungslose und ineffiziente Programme« ein.[122] Am deutlichsten formulierte es freilich das Wall Street Journal, das die deutsche Energiepolitik als »die dümmste Energiepolitik der Welt« bezeichnete.[123] In absehbarer Zeit wird die deutsche Klima- und Energiepolitik nicht intelligenter werden. Auch die neue Bundesregierung will an dieser ineffektiven und ineffizienten Politik festhalten, ja diese sogar noch intensivieren.[124]

Auf europäischer Ebene sieht die Sache nicht viel besser aus. Hier gibt es zwar mit dem ETS ein Instrument, das effektiv und effizient zugleich ist. Anlass zu Kritik gibt nicht das System als solches, sondern die Tatsache, dass es bislang nicht konsequent genug angewendet wurde und deshalb sein Potential, die CO_2-Emissionen effektiv und effizient zu reduzieren, nur zum Teil genutzt wurde. *Einerseits* wird in verschiedenen Wirtschaftssektoren mit unterschiedlichen Instrumenten Klimapolitik betrieben: Beispielsweise gelten im Verkehrssektor Verbrauchs- bzw. CO_2-Emissionsvorschriften für Kraftfahrzeuge (»Flottengrenzwerte«) und, damit verbunden, Strafzahlungen für deren Hersteller. Da es beim Klimaproblem um die absolute Menge an Emissionen geht, macht es aber keinen Sinn, auf die relativen Emissionen (CO_2-Ausstoß pro Kilometer) und nicht auf die absoluten Emissionen abzustellen.

Wesentlich sinnvoller wäre es, das CO_2-Zertifikatssystem auf den gesamten Verkehrssektor (und auch den Gebäudesektor) auszudehnen. Dann würden sich auch die verschiedenen Anreize auf nationaler Ebene zum Erwerb von Elektrofahrzeugen erübrigen, die – wie schon das EEG – eine technologie- und sektorspezifische, mithin also ineffiziente Subventionierung darstellen. Mit der Verteuerung von konventionellen Kraftstoffen würden stattdessen alle alternativen Antriebsformen attraktiver und das beste Konzept würde sich im Wettbewerb durchsetzen – sei es das Elektroauto, der Wasserstoffantrieb, ein optimierter Verbrennungsmotor oder eine Mischung von allen.

Ähnlich könnte man hinsichtlich der Vorgaben zur Wärmedämmung und zum Energieverbrauch von Gebäuden argumentieren: Diese könnten dadurch überflüssig werden, dass man das CO_2-Zertifikatssystem auf alle fossilen Brennstoffe für die Wärmeerzeugung anwendet (also Heizöl und Erdgas). Und dann hätte auch die in Deutschland und den anderen EU-Mitgliedstaaten auf fossile Brennstoffe erhobene Energiesteuer, die ja vor allem mit der Klimaschädlichkeit dieser Energieträger begründet wird, keine Daseinsberechtigung mehr – genauso wenig wie die als Teil des deutschen »Klimapakets 2030« eingeführte CO_2-Steuer auf Benzin, Diesel, Heizöl und Erdgas. *Andererseits* werden auch in den schon jetzt unter das EU-ETS fallenden Sektoren zusätzliche Maßnahmen ergriffen (z. B. das berühmt-berüchtigte Glühlampenverbot oder die Effizienzanforderungen für Staubsauger und andere Elektrogeräte). Diese zusätzlichen Restriktionen sind im Rahmen des übergreifenden EU-ETS nicht nur überflüssig, sondern verursachen auch unnötige Kosten und bewirken letztlich nur eine Verlagerung der CO_2-Emissionen in andere Sektoren.

Es ist nicht zu erkennen, dass es im Zuge des ambitionierten und kostenintensiven Green Deal zu einer grundsätzlichen Reform der bisherigen ineffektiven, ineffizienten und teuren Klimapolitik kommen wird – ganz im Gegenteil. Auch der Green Deal ist sektorbezogen und dirigistisch angelegt, so dass mit enormen Kosten gerechnet werden muss. Allein für Deutschland belaufen sich die für die Klimaneutralität bis 2050 notwendigen Investitionen auf ca. 5 Billionen Euro;[125] für die gesamte EU ist mit Kosten in einer Größenordnung von 15 Billionen Euro zu rechnen – ein stolzer Preis für einen minimalen Klimaeffekt.

Außerdem wird der Green Deal höchstwahrscheinlich Handelskonflikte heraufbeschwören, unter denen vor allem die exportorientierte deutsche Wirtschaft zu leiden haben wird. Andere Länder werden kaum dem Beispiel der EU folgen, sodass die in der EU ansässigen Unternehmen erhebliche Wettbewerbsnachteile durch höhere Energie- und Produktionskosten haben werden. Dies wird zu Produktionsverlagerungen oder zu Marktanteilsverlusten führen. Um dem entgegenzusteuern, schlägt die EU-Kommission ein CO_2-Grenzausgleichssystem vor, mit dem die Belastungen durch den Green Deal mittels eines Preises auf den Kohlenstoffgehalt von Importen ausgeglichen werden sollen.[126]

Dieses Vorhaben ist mit zahlreichen Schwierigkeiten und Unwägbarkeiten verbunden. Der geplante Grenzausgleich ist asymmetrisch, da nur eine Belastung von Importen, nicht dagegen die zur Herstellung von Wettbewerbsneutralität ebenfalls notwendige Entlastung von Exporten erfolgen soll. Zudem wird er enorme Kosten bei der Umsetzung verursachen und ein großes Potential zum Missbrauch für industriepolitische Zwecke haben. Besonders problematisch ist aber, dass ein Grenzausgleich in der von der EU geplanten Form höchstwahrscheinlich nicht mit den Regeln der Welthandelsorganisation (WTO) konform ist. Die EU muss deshalb mit Gegenmaßnahmen ihrer Handelspartner rechnen. Falls diese Vergeltungszölle erheben, kann es zu gravierenden Handelskonflikten und großen Wachstums- und Wohlstandseinbußen weltweit kommen.[127]

Mit dem Kopf durch die Wand

Die Klimakrise ist (bis jetzt) diejenige Krise, bei der das Missverhältnis zwischen Kosten und Nutzen der schon ergriffenen und noch geplanten Maßnahmen am größten ist. Die deutsche und die europäische Klimapolitik ist einerseits extrem teuer und ineffizient, andererseits praktisch wirkungslos und deshalb ineffektiv. Sie beruht auf drei Grundannahmen, die allesamt falsch sind: *erstens* der Annahme, Deutschland bzw. Europa könnte allein den Klimawandel aufhalten oder gar umkehren; *zweitens* der Annahme, die erneuerbaren Energien könnten grundsätzlich eine sichere Energieversorgung gewährleisten; und *drittens* der Annahme, eventuell in der Phase des Übergangs zu erneuerbaren Energien auftretende Versorgungslücken könnten problemlos durch Importe von Energie geschlossen werden.

So wirkungslos diese Politik im Hinblick auf das eigentliche Ziel, die Stabilisierung des Klimas, auch ist, so große Wirkungen entfaltet sie in anderer Hinsicht: Sowohl Regelungsdichte als auch Steuerbelastung haben durch die verschiedenen klimapolitischen Maßnahmen bereits deutlich zugenommen und werden in Zukunft noch wesentlich mehr zunehmen. Außerdem ist eine große Ausdehnung des Einflusses der EU unverkennbar. Die im Rahmen des Green Deal vorgesehenen Maßnahmen sind derart weitreichend und schwerwiegend, dass diese einem Umbau des Wirtschaftssystems gleichkommen; sie werden zu einer radikalen Änderung der Wirtschaftsweise und der Lebensgewohnheiten der Europäer führen. Das gilt schon für das bis 2030 geplante Klimaschutzprogramm »Fit for 55«. Wo das alles bis zum Jahr 2050, dem Zeithorizont des Green Deal, enden wird, ist noch nicht abzusehen, aber die Richtung ist schon jetzt eindeutig: Der Einfluss des Staates im Allgemeinen und der europäischen Bürokratie im Besonderen wird zunehmen und die Freiheiten der Bürger werden eingeschränkt werden. Dieser Entwicklung hat in Deutschland schon das Bundesverfassungsgericht den Weg bereitet, da gemäß des Beschlusses vom 24. März 2021 »selbst gravierende Freiheitseinbußen künftig zum Schutz des Klimas verhältnismäßig und gerechtfertigt sein« können.[128]

Dass man fest entschlossen ist, diesen Weg weiterzugehen, zeigt nicht zuletzt die Reaktion auf den Ukraine-Krieg. Die Regierung musste zwar einsehen, dass die oben erwähnte dritte Grundannahme falsch ist und Energieimporte immer mit Risiken für die Versorgungssicherheit verbunden sind. Dies hat freilich nicht zu einem Umdenken und einer Neukonzeption der Energie- und Klimapolitik geführt – ganz im Gegenteil: Anfängliche Überlegungen, den Kernenergieausstieg aufzuschieben, wurden schnell verworfen; auch am Kohleausstieg bis 2030 soll festgehalten werden. Die einzige Reaktion besteht in dem Versuch, Russland als Lieferant von Öl und Gas durch andere Länder zu ersetzen; doch auf diese Weise werden nur bestehende Abhängigkeiten durch neue ersetzt. Offensichtlich werden die beiden ersten Grundannahmen der Energie- und Klimapolitik weiterhin nicht hinterfragt und immer noch als in Stein gemeißelte Glaubenssätze behandelt. Es soll auf dem eingeschlagenen Weg weitergehen – nur schneller: An den klimapolitischen Zielen wird festgehalten und der Ausbau erneuerbarer Energien soll forciert werden.[129]

Die bisherige Entwicklung wird sich also nicht nur fortsetzen, sondern sogar beschleunigen – mit all ihren Konsequenzen für Wirtschaft und Gesellschaft. Ob man 2050 noch zu Recht von einer freiheitlichen Ordnung und einer Marktwirtschaft in Deutschland und in Europa sprechen können wird, erscheint aus heutiger Sicht höchst zweifelhaft. Nur eines ist sicher: Die Klimakrise und die mit ihr einhergehende Klimapolitik werden uns die nächsten Jahrzehnte begleiten. Ja mehr noch: Da die bisher ergriffenen und noch geplanten Maßnahmen den Klimawandel nicht aufhalten werden können, ist damit zu rechnen, dass die Krise und die Krisenstimmung sich nicht nur fortsetzen, sondern sich sogar verschärfen werden – und dass auch die Klimapolitik immer »krisenhafter« und radikaler werden wird. Die Klimakrise ist zweifelsohne der Dauerbrenner unter den Krisen; mit ihr wird man noch sehr lange alle auch nur denkbaren Maßnahmen rechtfertigen können.

Kapitel 4: Der Traum jedes Krisenpolitikers – die Coronakrise

Der Verlauf der Pandemie

Ende 2019 trat in der chinesischen Provinzhauptstadt Wuhan eine neuartige, in vielen Fällen schwer, mitunter sogar tödlich verlaufende Atemwegserkrankung auf. Es stellte sich bald heraus, dass es sich um eine Infektionskrankheit handelte, die durch das zuvor unbekannte Coronavirus SARS-CoV-2 verursacht und von der Weltgesundheitsorganisation (WHO) später als COVID-19 bezeichnet wurde.[130] Ausgehend von China verbreiteten sich Virus und Krankheit sehr schnell weltweit. Am 11. März erklärte die WHO die Viruserkrankung zur Pandemie.

Spätestens Ende Januar 2020 war das Virus auch in Deutschland angekommen, wurde zunächst aber als wenig gefährlich eingestuft. So bewertete das Robert-Koch-Institut (RKI) das Risiko für die Bevölkerung noch am 28. Februar als »gering bis mäßig«; im März wurde von einem »hohen bis sehr hohen Risiko« gesprochen; und seit Dezember gilt das Risiko »insgesamt als sehr hoch«.[131] Angesichts einer starken Zunahme der Infektionen im März (»erste Welle«) stufte die Bundesregierung die Lage als sehr gefährlich ein und beschloss im Einvernehmen mit den Bundesländern am 17. März weitgehende Einschränkungen des öffentlichen Lebens. Dieser erste Lockdown umfasste Reiseeinschränkungen, die Schließung von Schulen und Kindergärten, Hotels und Gaststätten, Kultureinrichtungen sowie vielen Einzelhandels- und Dienstleistungsbetrieben. Am 23. März wurden Kontaktbeschränkungen und Abstandsregeln eingeführt. Erst danach, am 25. März, stellte der Bundestag »eine epidemische Lage von nationaler Tragweite« fest und am 27. März beschloss er das »Gesetz zum Schutz der Bevölkerung bei einer epidemischen Lage von nationaler Tragweite« (Bevölkerungsschutzgesetz), welches insbesondere dem Bundesgesundheitsminister zusätzliche Kompetenzen einräumte. Im April folgten eine weitgehende Maskenpflicht und weitere Reisebeschränkungen sowie Quarantänepflichten für Reiserückkehrer.

Parallel zu den polizei- und ordnungsrechtlichen Maßnahmen wurden Anstrengungen unternommen, um die Behandlungskapazitäten in Kliniken zu erhöhen, die notwendige medizinische Ausrüstung zu beschaffen und die Entwicklung eines Impfstoffs voranzutreiben. Im Mai wurde das zweite Bevölkerungsschutzgesetz verabschiedet, das die im März beschlossenen Regelungen ergänzte. Aufgrund abnehmender Fallzahlen traten verschiedene Lockerungen im Mai und während des Sommers in Kraft. Als im Herbst die Fallzahlen wieder anzusteigen begannen (»zweite Welle«), einigten sich Bundesregierung und Landesregierungen auf einen zweiten Lockdown, der am 2. November in Kraft trat und mit Wirkung zum 16. Dezember deutlich verschärft wurde.

Zwischenzeitlich, im November, wurde das dritte Bevölkerungsschutzgesetz beschlossen, durch das in das Infektionsschutzgesetz der neue § 28a eingefügt wurde, der eine Reihe von Maßnahmen beschreibt, welche bei einer »epidemischen Lage von nationaler Tragweite« angewendet werden können (z. B. Maskenpflicht, Ausgangs- und Kontaktbeschränkungen, Untersagung von Kultur-, Sport- und Freizeitveranstaltungen, Beherbergungsverbot, Reiseverbot, Schulschließungen). Erst mit diesem Gesetz wurde auch in § 5 Infektionsschutzgesetz diese »epidemische Lage von nationaler Tragweite« definiert, obwohl man dieselbe schon ein halbes Jahr vorher ausgerufen hatte – offensichtlich ohne sich darüber im Klaren zu sein, was damit eigentlich gemeint sein soll.

Nach einem Rückgang der Fallzahlen zu Beginn des Jahres 2021 begannen diese Anfang März 2021 wieder zu steigen

(»dritte Welle«). Im April 2021 wurde deshalb das vierte Bevölkerungsschutzgesetz beschlossen, in dessen Rahmen die »Bundesnotbremse« in Form des neuen § 28 b Infektionsschutzgesetz eingeführt wurde. Diese sieht vor, dass ab einer Sieben-Tages-Inzidenz von 100 Neuinfektionen pro 100 000 Einwohnern bundesweit verbindliche Maßnahmen zur Pandemieeindämmung (z. B. nächtliche Ausgangssperren, Schließungen von Ladengeschäften und Gaststätten, Beherbergungsverbote) ergriffen werden müssen, die Länder also insoweit keinen Entscheidungsspielraum haben. Außerdem wurde die Bundesregierung mit dem neuen § 28c Infektionsschutzgesetz ermächtigt, »besondere Regelungen für Geimpfte, Getestete und vergleichbare Personen« zu treffen. Diese »Notbremse« trat am 24. April erstmalig in Kraft.

Seit Anfang Mai sanken die Infektions- und Fallzahlen stetig, sodass die Vorschriften der »Notbremse« bis Ende Mai in ganz Deutschland aufgehoben werden konnten. In welchem Ausmaß diese Entspannung auf saisonale Einflüsse, auf die »Notbremse« oder auf die steigende Zahl der Geimpften zurückzuführen war, ist stark umstritten. Die Coronapolitik wurde am 10. August 2021 mit einem gemeinsamen Beschluss von Bund und Ländern an die geänderte Situation angepasst. Seit dem 23. August 2021 galt ab einer Sieben-Tages-Inzidenz von 35 in vielen Bereichen des öffentlichen Lebens die sogenannte »3G-Regel«, wonach nur Geimpfte, Genesene und (negativ) Getestete Zugang zu Restaurants, Hotels, Friseuren, Fitnessstudios, Kulturveranstaltungen etc. hatten. Geschäftsinhaber bzw. Veranstalter konnten auch die »2G-Regel« anwenden und nur Geimpfte und Genesene einlassen. Parallel dazu wurde die Impfkampagne intensiviert, indem einerseits für zusätzliche Bevölkerungsgruppen (insbesondere Jugendliche zwischen 12 und 18 Jahren) eine Impfempfehlung ausgesprochen, andererseits massiv Werbung für die Impfung gemacht wurde.

Die »epidemische Lage von nationaler Tragweite« wurde am 25. August 2021 ein weiteres Mal um drei Monate verlängert, obwohl die Fallzahlen inzwischen stark zurückgegangen waren. Seither sind sie im Zuge der vierten Welle wieder sehr stark angestiegen – und das angesichts einer Impfquote von über 70 Prozent. Dies lässt gewisse Zweifel an der Effektivität der Impfung aufkommen. Davon zeigte sich die Politik unbeeindruckt, die den Druck auf Ungeimpfte weiter erhöhte. Dies war vor allem seit Dezember 2021 der Fall, als sich die neue Omikron-Variante des Virus in Deutschland zu verbreiten begann und die vierte nahtlos in die fünfte Welle überging. Kontaktbeschränkungen wurden verschärft (und zwar auch für Geimpfte und Genesene), die 3G-Regel wurde in vielen Bereichen durch die 2G-Regel ersetzt und eine Impfpflicht für bestimmte Berufsgruppen wurde verabschiedet. Auch eine allgemeine Impfpflicht sollte kommen – obwohl dies die Politik zuvor unisono ausgeschlossen hatte. Die »epidemische Lage von nationaler Tragweite« wurde nicht noch einmal verlängert. Das war aber reine Symbolpolitik, da das Infektionsschutzgesetz am 18. November dergestalt geändert wurde, dass der Großteil der bisher möglichen Maßnahmen auch weiterhin von den Bundesländern angeordnet werden konnte.

Diese Maßnahmen waren bis zum 19. März 2022 befristet und sind nach einer Übergangsfrist schließlich am 2. April 2022 ausgelaufen. Seither gibt es nur noch wenige bundeseinheitliche Vorschriften zum Schutz besonders gefährdeter Personengruppen. Zuständig für darüber hinaus gehende Maßnahmen sind gemäß dem Änderungsgesetz zum Infektionsschutzgesetz vom 18. März 2022 die Bundesländer. Diese können »erweiterte Schutzmaßnahmen« beschließen, falls eine Überlastung des Gesundheitswesens oder das Entstehen einer »bedrohlichen Infektionslage« zu befürchten ist. Die Lockerung der Coronapolitik wurde damit gerechtfertigt, dass trotz sehr hoher Sieben-Tages-Inzidenzen von deutlich über 1500 nur eine relativ geringe Zahl von Hospitalisierungen zu verzeichnen war und sich die inzwischen vorherrschende Omikron-Variante des Virus als wenig gefährlich erwiesen hat. Nicht zuletzt aus diesen Gründen fand sich auch am 7. April 2022 im Deutschen Bundestag keine Mehrheit für die geplante allgemeine Impfpflicht.

Seit Beginn der Coronakrise in Deutschland meldete das Robert-Koch-Institut bis Mitte April 2022 ca. 23,2 Millionen »COVID-19-Fälle« und ca. 133 000 »COVID-19-Todesfälle«.[132] Diese Zahlen und deren Zustandekommen sollen im Folgenden noch hinterfragt werden.

Ökonomische Konsequenzen

Aber zunächst wollen wir uns mit den Konsequenzen der Coronakrise für die Wirtschaft beschäftigen. Durch die Corona-Pandemie wurde die Weltwirtschaft in eine nie zuvor dagewesene Krise gestürzt. Denn nicht nur Deutschland, sondern die meisten entwickelten Länder haben vergleichbar rigorose und das Wirtschaftsleben lähmende Maßnahmen ergriffen. Neu an dieser Krise war, dass sie gleichzeitig durch einen Angebots- und einen Nachfrageschock ausgelöst wurde. Das Angebot wurde durch Betriebs- und Geschäftsschließungen sowie die Unterbrechung globaler Liefer- und Produktionsketten stark in Mitleidenschaft gezogen; die Nachfrage litt unter Reise- und Kontaktverboten, den durch Arbeitslosigkeit bzw. Kurzarbeit bedingten Einkommenseinbußen und der mit der Krise einhergehenden allgemeinen Verunsicherung der Verbraucher. Während sich Industrieproduktion, Bau- und Bauhandwerk relativ schnell wieder erholten und die medizintechnische und pharmazeutische Industrie sogar profitierte, litten Einzelhandel, Gast- und Beherbergungsgewerbe, der Kultursektor sowie die Reise- und Touristikbranche besonders stark. Ursächlich für diese Wirtschaftskrise war weniger COVID-19 an sich, also weniger der durch die Erkrankungen angerichtete Schaden als vielmehr die zur Bekämpfung und Eindämmung der Pandemie ergriffene Politik. Wie keine andere Wirtschaftskrise zuvor wurde diese Krise durch den Staat verursacht.

Besonders im ersten Halbjahr 2020 kam es zu einem Einbruch der wirtschaftlichen Aktivität: Handelsvolumen, Produktion und Volkseinkommen gingen weltweit stark zurück; die Arbeitslosenzahlen stiegen deutlich. Der Rückgang des weltweiten Bruttoinlandsprodukts hat 2020 insgesamt 3,3 Prozent betragen; in der Eurozone kam es zu einem Rückgang um 6,4 Prozent.[133]

In Deutschland kam es zu einer vergleichbaren Entwicklung: Nach einem historischen Einbruch des Bruttoinlandsprodukts um 9,7 Prozent im zweiten Vierteljahr von 2020 setzte im weiteren Verlauf des Jahres eine Erholung ein, sodass im Jahresvergleich das Bruttoinlandsprodukt 2020 insgesamt um 4,6 Prozent zurückging. Die Arbeitslosenquote stieg nur leicht, von 5,0 Prozent im Jahr 2019 auf 5,9 Prozent im Jahr 2020, was vor allem an der Ausweitung des Kurzarbeitergeldes lag. Für 2021 (2022) rechnet der Sachverständigenrat zur Begutachtung der gesamtwirtschaftlichen Entwicklung (SVR) mit einem Wachstum des Bruttoinlandsprodukts von 2,9 Prozent (1,8 Prozent) und einer Arbeitslosenquote von 5,7 Prozent (5,1 Prozent).[134] Die Verlangsamung des Wirtschaftsaufschwungs im Jahr 2022 ist allerdings nicht auf die Coronakrise, sondern auf die Auswirkungen des Ukraine-Kriegs zurückzuführen. In absoluten Zahlen kam es seit Ausbruch der Coronakrise bis Ende 2021 zu einer Wohlstandseinbuße von gewaltigen 335 Milliarden Euro; für das erste Quartal 2022 wird mit weiteren Verlusten in Höhe von 50 Milliarden Euro gerechnet.[135] Rund 16 300 Unternehmen mussten Insolvenz anmelden, zu denen weitere 5000 hinzukommen werden, deren Insolvenz bislang lediglich durch die zeitweise Aussetzung der Insolvenzanmeldungspflicht in bestimmten Fällen verhindert wurde (»Zombieunternehmen«).[136]

Durch die Krise wurden die öffentlichen Haushalte sehr in Mitleidenschaft gezogen. Der Finanzierungssaldo des Staates, also die Nettokreditaufnahme von Bund, Ländern und Gemeinden und der Gesetzlichen Sozialversicherung in Relation zum Bruttoinlandsprodukt, ist regelrecht explodiert: Wurde 2019 noch ein Überschuss von 1,5 Prozent erzielt, so betrug das Defizit 2020 4,3 Prozent; dementsprechend stieg die Schuldenstandquote von 58,7 Prozent (2019) auf 68,7 Prozent (2020). Für 2021 (2022) erwartet der SVR einen defizitären Finanzierungssaldo von 3,7 Prozent (2,6 Prozent) und eine Schuldenstandquote von 69,4 Prozent (68,6 Prozent).[137] Diese katastrophale Verschlechterung der Haushaltssituation ist einerseits den durch die Krise einbrechenden Steuer- und Beitragseinnahmen geschuldet; andererseits sind die Ausgaben des Staates, und zwar vor allem die des Bundes, krisenbedingt stark angestiegen. Abgesehen von den Ausgaben für die Beschaffung medizinischer Ausrüstung, für die Entwicklung von Impfstoffen und für die Durchführung von Tests und Impfungen schlagen vor allem die Ausgaben zu Buche, die der Staat getätigt hat (und zum Teil noch tätigt), um die Auswirkungen der Krise zu mildern.

Schon im März 2020 wurde der Wirtschaftsstabilisierungsfonds mit einem Volumen von 600 Milliarden Euro ins Leben gerufen, um in Schieflage geratene Unternehmen durch Kapitalmaßnahmen und Garantien zu unterstützen.[138] Dieser Fonds ist vor allem für große Unternehmen gedacht und wurde beispielsweise von Lufthansa und TUI in Anspruch genommen. Kleinen und mittelständischen Unternehmen sollte durch ein zur gleichen Zeit beschlossenes Sonderkreditprogramm der Kreditanstalt für Wiederaufbau geholfen werden, das volumenmäßig nicht begrenzt ist. Ebenfalls im März wurde die Pflicht zur Insolvenzanmeldung ausgesetzt, falls die betroffenen Unternehmen bestimmte Bedingungen erfüllen. Diese Aussetzung galt bis Ende April 2021. Daneben wurden die Bedingungen für den

Bezug von Kurzarbeitergeld wesentlich gelockert und steuerliche Erleichterungen gewährt.

Im Juni 2020 beschloss die Bundesregierung ein Konjunkturpaket im Umfang von 150 Milliarden Euro, welches unter anderem die Deckelung der EEG-Umlage mit dem Ziel der Begrenzung des Anstiegs der Strompreise, einen Kinderbonus, die Deckelung der Höhe der Sozialversicherungsbeiträge auf 40 Prozent, die bis zum Jahresende befristete Senkung der Mehrwertsteuer von 19 Prozent auf 16 Prozent (Regelsatz) bzw. von 7 Prozent auf 5 Prozent (ermäßigter Satz), die Erhöhung der Anschaffungszuschüsse für Elektroautos, die Erhöhung der Investitionen des Bundes und Transferzahlungen an Länder und Gemeinden beinhaltete. Und schließlich wurden seit Beginn der Krise verschiedene Programme zur Unterstützung von Kleinunternehmen und Selbständigen aufgelegt: die Corona-Soforthilfe, die Überbrückungshilfen I, II, III, III Plus und IV, die Neustarthilfe, die Neustarthilfe plus und die außerordentliche Wirtschaftshilfe.

Zur Finanzierung all dieser Ausgaben wurden 2020 allein auf Bundesebene zwei Nachtragshaushalte nötig. Das Gesamtvolumen des Bundeshaushaltes für dieses Jahr belief sich schließlich auf 443,4 Milliarden Euro (bei ursprünglich geplanten 362,0 Milliarden Euro); die Nettoneuverschuldung erreichte eine Höhe von 130,5 Milliarden Euro. Der Haushalt 2021 wurde erstmals am 24. März 2021 durch einen Nachtragshaushalt erweitert und sah Ausgaben in Höhe von insgesamt 547,7 Milliarden Euro vor, wobei mit einer Nettoneuverschuldung von 240,2 Milliarden Euro geplant wurde.[139] Am 13. Dezember 2021 wurde ein zweiter Nachtragshaushalt für das Jahr 2021 von der neuen Bundesregierung unter Olaf Scholz beschlossen, der die geplanten Ausgaben auf 572,7 Milliarden Euro erhöhte. Aufgrund gestiegener Einnahmen musste dafür die Nettoneuverschuldung nicht angehoben werden; es blieb bei 240,2 Milliarden Euro. Sie wurde allerdings auch nicht gesenkt, obwohl dies infolge niedriger als erwartet ausgefallener Corona-Mehrausgaben möglich gewesen wäre; stattdessen wurde der entstandene Kreditspielraum für eine Zuführung von 60 Milliarden Euro in den »Energie- und Klimafonds« genutzt.[140]

Der vorläufige Haushaltsabschluss für 2021 ergab weitere Minderausgaben bzw. Mehreinnahmen, sodass sich das Haushaltsvolumen auf 556,6 Milliarden Euro und die Nettoneuverschuldung auf 215,4 Milliarden Euro reduzierten.[141] Der Haushaltsentwurf für 2022 sieht bei einem Volumen von 457,6 Milliarden Euro eine weitere Nettokreditaufnahme in Höhe von 99,7 Milliarden Euro vor.[142] Aufgrund der hohen Kreditaufnahmen musste die Ausnahmeregelung der »Schuldenbremse« von Artikel 115 Grundgesetz sowohl für 2020 und 2021 als auch für 2022 in Anspruch genommen werden. Die Brisanz der Haushaltssituation wird deutlich, wenn man sich vor Augen führt, dass der Bund 2019, dem Jahr vor der Krise, überhaupt keine neuen Schulden aufnehmen musste. Die Haushalte der Bundesländer entwickelten sich in die gleiche Richtung: Defizite entstanden und Schulden stiegen. Seit Beginn der Pandemie haben die Bundesländer zusammen fast 60 Milliarden Euro an neuen Schulden aufgenommen.[143]

In der Coronakrise blieb auch die EU selbstverständlich nicht untätig – ganz im Gegenteil: Neben Maßnahmen zur unmittelbaren Bekämpfung der Krise, zu denen insbesondere die Förderung der Medikamenten- und Impfstoffentwicklung sowie die europaweite Koordination der Impfstoffbeschaffung gehörten, wurden auch umfangreiche Maßnahmen zur Bewältigung der Krisenfolgen ergriffen. Diese waren sowohl fiskal- als auch geldpolitischer Natur.

Wenden wir uns zunächst den fiskalpolitischen Maßnahmen zu. Bei Ausbruch der Krise veranlasste die EU-Kommission im März und April 2020 eine Reihe von Sofortmaßnahmen: *Erstens* wurden unter der Bezeichnung SURE (»Support to Mitigate Unemployment Risks in an Emergency«) 100 Milliarden Euro als

Kredite an die Mitgliedstaaten zur Finanzierung arbeitsmarktpolitischer Maßnahmen bereitgestellt; *zweitens* wurde ein Garantiefonds in Höhe von 25 Milliarden Euro eingerichtet, durch den die Europäische Investitionsbank ca. 200 Milliarden Euro an zusätzlichen Krediten an Unternehmen vergeben kann; *drittens* wurden im Rahmen des ESM 240 Milliarden Euro an Pandemie-Notfallkrediten für die EU-Mitgliedstaaten im Fall von Finanz-, Banken- oder Haushaltskrisen mobilisiert; *viertens* wurde die »Ausweichklausel« des Stabilitäts- und Wachstumspakts aktiviert und so den Mitgliedstaaten eine prinzipiell unbeschränkte Kreditaufnahme ermöglicht.[144]

Am 21. Juli 2020 wurde auf Vorschlag der EU-Kommission vom Europäischen Rat für die Zeit nach der Pandemie ein Programm beschlossen, das von der EU-Kommission als »größtes Konjunkturpaket aller Zeiten« gefeiert wurde.[145] Im Rahmen dieses Programms werden für die Zeit von 2021 bis 2027 1824 Milliarden Euro bereitgestellt; davon entfallen 1074 Milliarden Euro auf den EU-Haushalt und 750 Milliarden Euro auf den Corona-Wiederaufbaufonds »Next Generation EU«. Von den Mitteln dieses Fonds werden 390 Milliarden Euro als Zuschüsse und 360 Milliarden Euro als Kredite an die Mitgliedstaaten vergeben. Finanziert werden soll dieser Fonds durch EU-Anleihen, die die Kommission im Volumen von 750 Milliarden Euro auflegen darf.[146]

Zum ersten Mal ist die EU ermächtigt, Kredite zur Aufstockung ihres Haushalts aufzunehmen. Die Verantwortlichen haben sich nicht daran gestört, dass es hierfür nicht nur keine Rechtsgrundlage gibt, sondern dass im Gegenteil Artikel 311 AEUV eine ausschließliche Finanzierung der EU mit Eigenmitteln vorschreibt.[147] Das ist aber bei weitem nicht der einzige Dammbruch gewesen. Die erwähnten Zuschüsse sind nichts anderes als eine schuldenfinanzierte Umverteilung zwischen den EU-Mitgliedstaaten, bedeuten also nichts weniger als den Einstieg in eine Transferunion. Dabei wird Deutschland der größte Nettozahler mit einer Belastung von voraussichtlich 65,9 Milliarden Euro sein.[148] Und dabei wird es nur bleiben, wenn alle Länder ihre Zahlungsverpflichtungen erfüllen. Denn die Mitgliedstaaten haften gemeinsam für die Schulden des Wiederaufbaufonds von 750 Milliarden Euro, sodass im Extremfall, wenn alle anderen Länder ihren Verpflichtungen nicht nachkommen, ein einziges Land für den Gesamtbetrag geradestehen müsste.[149] Mit anderen Worten: Die Schuldenunion wurde eingeführt.

Auch geldpolitisch wurde auf die Coronakrise reagiert – und zwar höchst energisch.[150] Sofort nach Ausbruch der Krise hat die EZB Bankensystem und Finanzmärkte dadurch unterstützt, dass sie zusätzliche Liquidität bereitstellte und die Anforderungen an die Sicherheiten, die Banken für Kredite der EZB aufbringen müssen, noch weiter senkte, als dies ohnehin schon der Fall war. Ebenfalls noch im März 2020 kündigte die EZB eine vorübergehende Ausweitung des anlässlich der Eurokrise 2015 begonnenen Anleiheankaufprogramms APP (»Asset Purchase Programme«) um 120 Milliarden Euro an. Das war aber bei weitem noch nicht alles: Im selben Monat initiierte die EZB ihr speziell der Bekämpfung der Krisenfolgen gewidmetes Anleiheankaufprogramm PEPP (»Pandemic Emergency Purchase Programme«), welches bis Ende 2020 ein Volumen von 1850 Milliarden Euro erreichte. Nettoanleihenkäufe sollen bis mindestens Ende 2022 durchgeführt werden; reduziert werden soll der Anleihenbestand frühestens ab Anfang 2024.

Im Rahmen dieses Programms kaufte die EZB überwiegend Staatsanleihen an und trug so wesentlich dazu bei, dass sich die Verschuldungskonditionen der Euroländer (und zwar auch und vor allem die der schon bisher hoch verschuldeten Euroländer) in der Coronakrise nicht verschlechterten. Den Ankauf von Wertpapieren, gleichgültig welcher Art, tätigt die EZB mit »selbst gedrucktem« Geld. Dadurch kommt es zu Geldschöpfung und die gesamte sich im Umlauf befindende Geldmenge steigt an. Die expansive Geldpolitik der EZB im Verlauf der Coronakrise ging also mit einer deutlichen Ausweitung der Geldmenge einher: Die Geldmenge M3 stieg vom 31. Dezember 2019 bis zum 31. Dezember 2020 von 13 003 Milliarden Euro auf 14 522 Milliarden Euro und von diesem Zeitpunkt bis zum 31. Dezember 2021 weiter auf 15 484 Milliarden Euro, also innerhalb von zwei Jahren um 19,1 Prozent – und das angesichts eines Rückgangs des realen Bruttoinlandsprodukts der Eurozone innerhalb dieses Zeitraums. Dieses fiel im ersten Jahr der Coronakrise um 6,4 Prozent und stieg danach wieder um 5,3 Prozent; für diesen Zweijahreszeitraum ergibt sich eine Abnahme von 1,5 Prozent.[151] Die Geldbasis des Eurosystems stieg sogar noch stärker als die Geldmenge, nämlich von 3116 Milliarden Euro (31. Dezember 2019) auf 5915 Milliarden Euro (31. Dezember 2021), also um 89,8 Prozent (!), was ein sehr großes Potential für die weitere Ausdehnung der Geldmenge darstellt.[152]

Auch in anderer Hinsicht erleben wir eine Fortsetzung der monetären Entwicklung der Eurokrise in der Coronakrise: Die Target-Forderungen der Bundesbank haben wieder stark zugenommen. Sie stiegen von 895 Milliarden Euro zum 31. Dezember 2019 (50,0 Prozent der Bilanzsumme) zunächst auf 1136 Milliarden Euro zum 31. Dezember 2020 (44,9 Prozent der Bilanzsumme) und erreichten mit 1260 Milliarden Euro zum 31. Dezember 2021 (41,8 Prozent der Bilanzsumme) einen neuen Höchststand.[153] Das heißt, die seit Beginn der Eurokrise zu beobachtende Umschuldung und Kapitalflucht haben sich beschleunigt. Die privaten Eigentümer der von der EZB angekauften Staatsanleihen erhielten ihr Kapital zurück und investierten es zu einem Großteil in Deutschland, das wirtschaftlich stärker und finanziell stabiler als die meisten anderen Euroländer ist. Noch mehr privates Kapital wurde durch unfreiwillige Kredite der Bundesbank ersetzt.[154]

Killervirus oder »Laborpandemie«?

Die im Zuge der Coronakrise ergriffenen Maßnahmen haben zu weitgehenden Einschränkungen der Freiheiten und Grundrechte geführt, große wirtschaftliche Verluste verursacht, die Staatsfinanzen massiv belastet und eine exzessive Geldpolitik ausgelöst. War das alles notwendig? Wir wollen versuchen, diese Frage in mehreren Schritten zu beantworten. Zunächst ist zu klären, wie gefährlich das SARS-CoV-2-Virus ist. Ist es das »Killervirus«, als das es in den Medien häufig dargestellt wurde? Die Zahlen des RKI deuten darauf hin, dass diese Bezeichnung übertrieben ist. Bei bisher ca. 23,3 Millionen »Corona-Fällen« und ca. 133 000 »Todesfällen« errechnet sich eine Sterblichkeitsrate von nur 0,6 Prozent (Stand: Mitte April 2022).[155] Zum Vergleich: Influenzainfektionen verlaufen normalerweise in 0,1 Prozent bis 0,2 Prozent der Fälle tödlich; bei schweren Grippewellen kann dieser Prozentsatz allerdings auch 0,5 Prozent oder sogar 1,0 Prozent erreichen.[156]

Allerdings erlaubt die Zahl von 0,6 Prozent keine verlässliche Einschätzung der Gefährlichkeit von SARS-CoV-2, weil sie aus mehreren Gründen fehlerhaft ist: Zum einen ist die Zahl der Todesfälle zu hoch, da prinzipiell jeder, der nach einem positiven Coronatest verstirbt, als »Todesfall« gezählt wird, unabhängig davon, ob das Virus seinen Tod verursacht hat, er also *an* Corona gestorben ist, oder ob die Todesursache eine andere war, er also *mit* Corona gestorben ist. Für das Jahr 2020 weist die Todesursachenstatistik bei 83 Prozent der »Corona-Toten« COVID-19 als Grunderkrankung, d.h. als Haupttodesursache aus; bei 17 Prozent ist COVID-19 eine Begleiterkrankung gewesen.[157] Zum anderen ist die Zahl der »Corona-Fälle« zu niedrig, da viele Infektionen nicht erfasst werden, weil sie ohne oder nur mit leichten Symptomen verlaufen. Wie wir weiter unten sehen werden, ist die Fallzahl zwar andererseits insoweit zu hoch, als in dieselbe auch Falschpositive eingehen, doch dürfte dieser Effekt deutlich geringer als der durch die Dunkelziffer sein. Deshalb ist davon auszugehen, dass die tatsächliche Todesfallrate noch niedriger ist.

Für Deutschland hat die Heinsberg-Studie des Virologen Hendrik Streeck und seiner Kollegen einen Wert von 0,36 Prozent ermittelt.[158] Dieses Ergebnis legt nahe, dass eine Infektion mit SARS-CoV-2 zwar gefährlicher als eine »normale« Grippe ist, aber mit einer schweren Grippe durchaus vergleichbar ist. Zu dieser Einschätzung gelangte Anfang 2021 auch eine Studie, in der die Gefährlichkeit von SARS-CoV-2 und Grippe anhand der Zahl der verlorenen Lebensjahre verglichen wird:

> »Die Analyse der Übersterblichkeit legt aber nahe, dass die COVID-19-Pandemie am Ende des Jahres 2020 etwa das Niveau schwerer Influenzawellen erreicht hat.«[159]

Ähnlich wie bei einer Grippewelle verläuft auch die Entwicklung der Fallzahlen saisonal, mit Hochs in der kalten und Tiefs in der warmen Jahreszeit – und zwar unabhängig von irgendwelchen »Lockdowns«. Diese Einschätzung wird auch durch die Sterblichkeit in der Coronakrise bestätigt – sowohl was deren Höhe als auch was deren zeitlichen Verlauf angeht (siehe Abbildung 2).

Man sieht hier außerdem, dass, *erstens*, der zweite Lockdown im November 2020 überhaupt keine Wirkung hatte und dass, *zweitens*, es gar keine »dritte Welle« im März 2021 gab. Bei der Interpretation der Todesfallzahlen ist außerdem die Altersstruktur der Verstorbenen zu berücksichtigen. 63,9 Prozent aller Toten, die vom RKI als Corona-Todesfälle registriert wurden, waren zum Zeitpunkt ihres Todes 80 Jahre und älter – ein Alter, in dem der Tod nicht mehr als ein völlig überraschendes und unwahrscheinliches Ereignis gelten kann.[160] Für die Todesfälle des Jahres 2020, bei denen laut Todesursachenstatistik COVID-19 die Grunderkrankung war, beträgt dieser Prozentsatz sogar 70 Prozent.[161] Bei Berücksichtigung der Zahl der ver-

Abbildung 2:
Zahl der täglich gemeldeten »Corona-Todesfälle« pro 1 Million Einwohner in Deutschland (gleitender 7-Tage-Durchschnitt)
(Datenquelle: Our World in Data 2022).

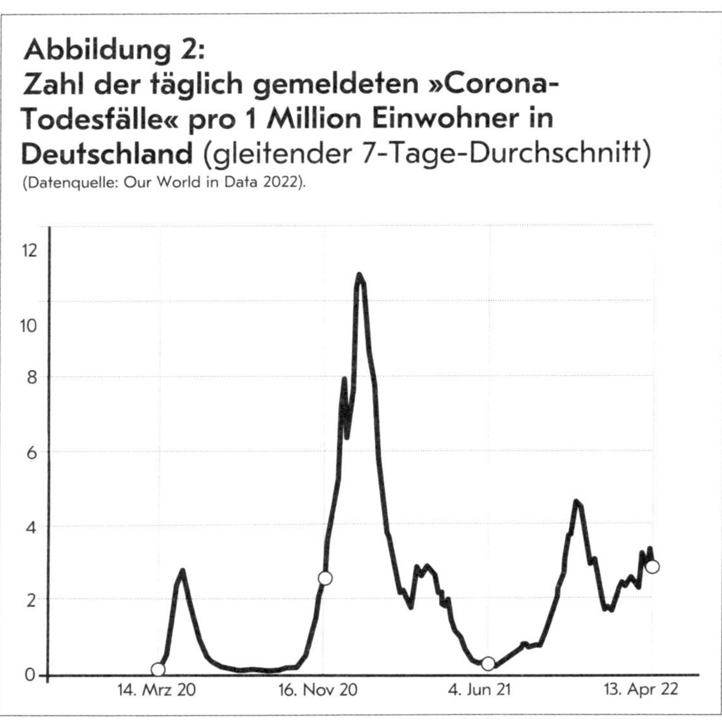

lorenen Lebensjahre relativiert sich die Todesfallzahl nicht unbeträchtlich.

Aber die Todesfallzahl ist ohnehin ein problematischer Indikator für die Gefährlichkeit der Pandemie. Denn hier spielt die immer sehr schwer zu beantwortende Frage, ob jemand an oder nur mit Corona gestorben ist, eine wesentliche Rolle. Besser geeignet ist die Entwicklung der Übersterblichkeit im Verlauf der Krise. Die Daten des Statistischen Bundesamts zeigen, dass es im ersten Jahr der Pandemie (März 2020 bis Februar 2021) zu einer Übersterblichkeit um 7,5 Prozent im Vergleich zum Durchschnitt der letzten Jahre kam. Diese ist zum Teil (2 Prozent) durch den Altersstruktureffekt zu erklären; denn da die Bevölkerung immer älter wird, muss allein deswegen mit einer im Zeitablauf steigenden Zahl von Todesfällen gerechnet werden. Zum anderen Teil (5,5 Prozent) wurde sie durch die Pandemie verursacht. Dieser Pandemieeffekt ist aber mit dem einer schweren Grippewelle durchaus vergleichbar. Nachdem die Sterberate im Frühjahr und Sommer 2021 wieder auf das normale Niveau zurückgegangen war, kam es im Herbst 2021 wieder zu einem deutlichen Anstieg der Sterblichkeit, der sich nur zu ungefähr einem Drittel durch die Zahl der vom RKI gemeldeten »Corona-Toten« (in welcher ja auch diejenigen enthalten sind, die *mit*, aber nicht *an* COVID-19 verstarben) erklären lässt.[162] Nach einem Rückgang der Zahlen ab Beginn des Jahres 2022 schwankt die Sterberate um das Normalniveau.[163] Es gibt gewisse Indizien dafür, dass zwischen der seit Herbst 2021 beobachteten Übersterblichkeit und den Nebenwirkungen bzw. Begleiterscheinungen der Corona-Impfung ein Zusammenhang besteht.[164] Bewiesen ist der behauptete Zusammenhang allerdings nicht.[165]

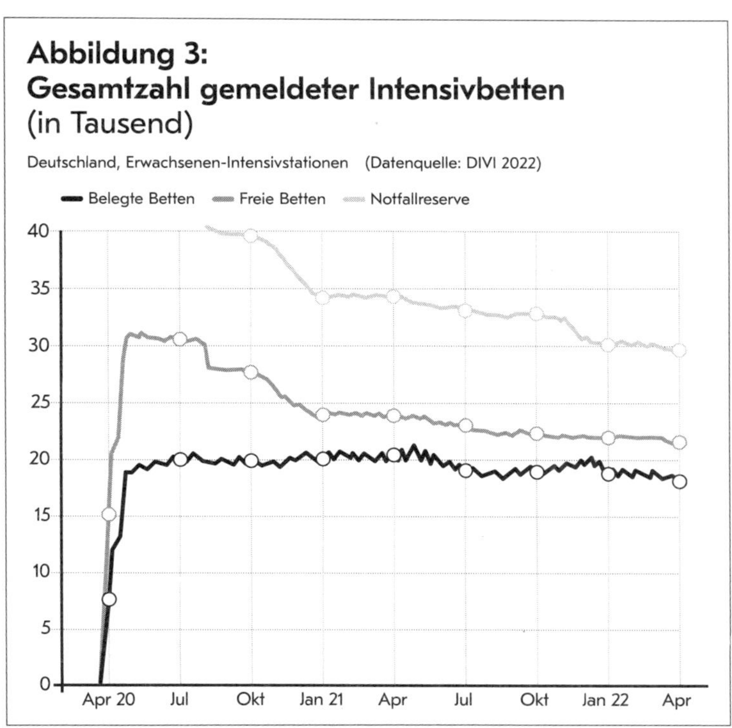

Was die oft ins Feld geführte angebliche Überlastung des Gesundheitswesens angeht, so ist festzustellen, dass es zu keiner Zeit während der Pandemie zu einem Mangel an Intensivbetten kam (siehe Abbildung 3).

Insoweit es zu einem Rückgang der Zahl der freien Intensivbetten kam, war dies nicht auf einen Anstieg der Zahl der belegten Betten, sondern auf eine Abnahme der Zahl der insgesamt verfügbaren Betten zurückzuführen. Dass man dies von Seiten der Politik zugelassen hat, steht in eklatantem Widerspruch zum Narrativ vom »Killervirus«. Im Übrigen dürfte die Zahl der gemeldeten Intensivbetten sogar untertrieben sein. Da Ausgleichszahlungen an die Krankenhäuser davon abhängig gemacht wurden, wie niedrig die Zahl der Intensivbetten war, wurden Anreize geschaffen, diese Zahl bewusst zu niedrig anzugeben. Aus diesen Gründen kann das Argument der angeblich drohenden Überlastung der Krankenhäuser, das ja als eines der Hauptargumente für die verschiedenen Lockdowns ins Feld geführt wurde, nicht überzeugen.[166] Dem Verweis auf die niedrige Übersterblichkeit und die freien Intensivkapazitäten wird meistens mit der Behauptung begegnet, diese günstigen Zahlen seien nur den rigorosen Maßnahmen der Regierung zu verdanken und die Corona-Pandemie hätte sonst sehr viel mehr Opfer gefordert und zu einem Zusammenbruch der medizinischen Versorgung geführt. Dieses Argument hält einer näheren Überprüfung nicht stand. Zum einen kann das EU-Land Schweden, das in der Coronakrise auf Lockdowns und ähnlich einschneidende Maßnahmen verzichtete, als Gegenbeispiel dienen: In Schweden war die Sterblichkeit nicht signifikant höher als in Deutschland und die Zahl der Corona-Intensivpatienten war (relativ zur Bevölkerung) sogar niedriger – jeweils abgesehen von einem »Ausreißer« zu Beginn der Pandemie (siehe Abbildungen 4 und 5).[167]

Abbildung 4:
Zahl der täglich gemeldeten »Corona-Todesfälle« pro 1 Million Einwohner in Deutschland und Schweden (gleitender 7-Tage-Durchschnitt)

Datenquelle: Our World in Data 2022).

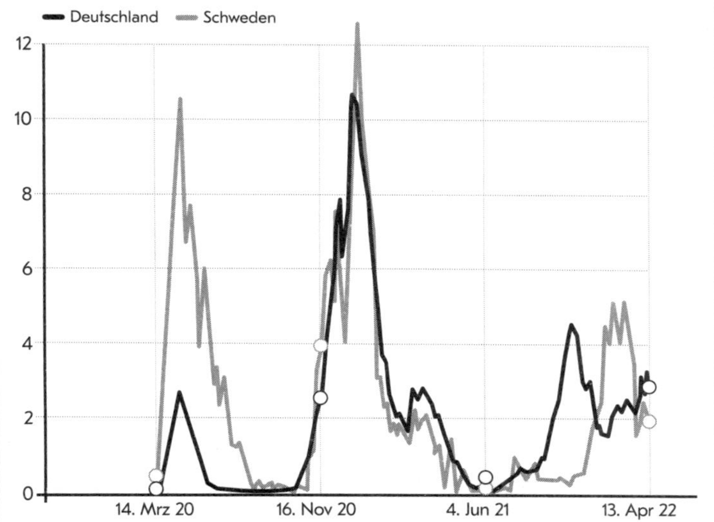

Abbildung 5:
Zahl der Corona-Intensivpatienten pro 1 Million Einwohner in Deutschland und Schweden

(Datenquelle: Our World in Data 2022).

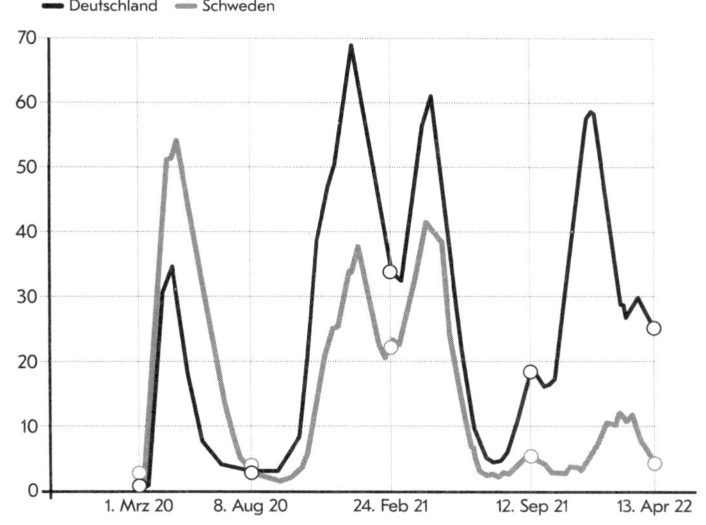

Zum anderen zeigen internationale Vergleichsstudien, dass die Todesfallrate auch unter Einbeziehung von Ländern, die eine viel weniger strenge Politik als Deutschland verfolgten, lediglich zwischen 0,15 Prozent und 0,3 Prozent beträgt, also in derselben Größenordnung wie der von Hendrik Streeck und seinen Kollegen festgestellte Wert liegt.[168]

Insgesamt wird man zu dem Schluss kommen müssen, dass COVID-19 in etwa so gefährlich wie eine schwere Grippe ist – und auch keine weitergehenden Maßnahmen als eine schwere Grippe erfordert hätte. Insbesondere erscheint es fraglich, ob die mit sehr viel Nachdruck betriebene Impfkampagne in dieser Form gerechtfertigt ist; schließlich gibt es nicht nur viele Belege für teils schwerwiegende Nebenwirkungen dieser im Rekordtempo entwickelten und mit einer bedingten Zulassung in Verkehr gebrachten Impfstoffe, sondern dieselben wirken auch nicht so gut und nicht so lange wie erwartet.[169] Ein Team von Wissenschaftlern aus den USA und Griechenland ist zu folgender skeptischer Einschätzung gelangt:

> »Unserer Meinung nach ist es zweifelhaft, ob sich im Rahmen einer umfassenden Risiko-Nutzen-Bewertung ein positiver Effekt von mRNA-Impfstoffen auf die öffentliche Gesundheit ergeben würde.«[170]

Es hätte vollkommen ausgereicht, sich auf den Schutz besonders anfälliger Personen zu beschränken, also von Personen mit Vorerkrankungen wie Asthma oder Diabetes (Typ I) und von Bewohnern von Alten- und Pflegeheimen. Für ein solches Vorgehen mit Augenmaß hat sich Schweden entschieden. Deutschland hätte diesem Beispiel von Anfang an folgen sollen und nicht erst im (vorläufigen) Endstadium der Pandemie, als trotz sehr hoher Inzidenzen die meisten Maßnahmen aufgehoben wurden. Eine maßvolle Coronapolitik wurde auch von Seiten verschiedener Wissenschaftler gefordert, insbesondere von den Initiatoren der

»Erklärung von Great Barrington«: Martin Kulldorf, einem Mediziner und Epidemiologen der Universität Harvard (USA), Sunetra Gupta, einer Epidemiologin der Universität von Oxford (UK) und Jay Bhattacharya, einem Mediziner und Epidemiologen der Universität von Stanford (USA).[171] Sie alle zählen zur Crème de la Crème auf ihren Fachgebieten.

Die von der Bundesregierung und den Länderregierungen ergriffenen Maßnahmen sind also völlig überzogen. Man hat mit Kanonen auf Spatzen geschossen. Aber sind denn die Maßnahmen zumindest geeignet, den ihnen zugedachten Zweck zu erfüllen? Wäre die Coronapolitik der Regierung gerechtfertigt gewesen, *falls* die Pandemie so gefährlich wie behauptet gewesen wäre? Die Antwort auf diese Frage muss »nein« lauten, da es in der deutschen Coronapolitik nicht nur viele Widersprüche gibt, sondern auch viele ihrer Maßnahmen entweder unwirksam oder von unsicherer Wirksamkeit sind.

Nur ein Beispiel von vielen für die Widersprüche der Coronapolitik stellt der Werdegang der Schutzmasken dar: Sie waren erst schädlich, dann überflüssig, schließlich nützlich und heute sind sie unbedingt notwendig; zuerst genügten »Alltagsmasken«, heute müssen es medizinische Masken nach FFP2-Standard sein.

Aber Widersprüche sind nicht nur bei den verschiedenen Maßnahmen zu beobachten, sondern auch – und das ist das eigentlich Bedenkliche – bei den Kriterien, anhand derer die Pandemie beurteilt und die Politik ausgerichtet wurde und wird. Hier zeigt sich am deutlichsten, wie unsystematisch, ja wie unsinnig die Politik bei der Bekämpfung der Pandemie vorgegangen ist – immer vorausgesetzt, dass dies das wirkliche Ziel der Krisenpolitik gewesen ist. Zuerst orientierte sich die Anti-Coronapolitik an dem Ziel, die Verdoppelungszeit der Fallzahlen auf über zehn Tage zu erhöhen. Kaum war dieses Ziel erreicht, wechselte man zur Nettoreproduktionszahl *R*, die angibt, wie viele Personen ein Infizierter im Durchschnitt ansteckt. Dieser *R*-Wert sollte auf unter eins gesenkt werden, was schon Anfang April 2020 erreicht wurde. Seither fokussiert sich die Politik zunehmend auf die »Sieben-Tage-Inzidenz«, die Zahl der innerhalb der letzten sieben Tage gemeldeten »Corona-Fälle« pro 100 000 Einwohner. Dieser Wert dient auch als Auslöser für die »Bundesnotbremse«: Gemäß § 28b Absatz 1 Infektionsschutzgesetz greift diese, wenn die Sieben-Tage-Inzidenz den Wert von 100 überschreitet.

Es ist höchst bemerkenswert, dass als Auslöser eine absolute Zahl festgeschrieben wurde, dass dieser Wert also nicht auf die Anzahl der durchgeführten Tests bezogen wurde. Denn schließlich variiert die Sieben-Tage-Inzidenz ganz offensichtlich mit der Zahl der Tests: Wenn viel getestet wird, ist der Wert hoch; wenn wenig getestet wird, niedrig; und wenn gar nicht getestet wird, gleich null. Und noch etwas ist zu beachten: Kein Testverfahren ist vollkommen. Bei dem üblicherweise als SARS-CoV-2-Nachweis dienenden PCR-Test kann man eine Sensitivität von 99 Prozent und eine Sensibilität von 99 Prozent unterstellen. Der Test identifiziert also 99 Prozent der Infizierten als positiv, d.h. als infiziert, und nur ein Prozent als negativ, d.h. als nicht infiziert (es gibt also ein Prozent falsch-negative Fälle); er identifiziert 99 Prozent der Nichtinfizierten als negativ, d.h. als nicht infiziert, und nur ein Prozent als positiv, d.h. als infiziert (es gibt also ein Prozent falsch-positive Fälle). Werte von 99 Prozent erscheinen auf den ersten Blick als sehr hoch und es sieht so aus, als könne man sich auf den Test verlassen. Aber wegen der Testfehler wird die Zahl der Infizierten überzeichnet, wenn weniger als die Hälfte der Bevölkerung infiziert ist; dann gibt es nämlich immer mehr Falsch-Positive als Falsch-Negative.

Diese Überzeichnung ist bei Verwendung relativer Zahlen unabhängig davon, wie intensiv getestet wird. Bezieht man sich dagegen auf absolute Zahlen, so steigt die Anzahl der Falschpositiven mit zunehmender Testzahl; dementsprechend übertreibt die Sieben-Tage-Inzidenz immer stärker, da immer mehr Falschpositive in diesen Wert eingehen. Mit Zunahme der Zahl der Tests steigt also nicht nur die Zahl der Corona-Fälle, sondern auch der Anteil der Falsch-Positiven unter diesen Fällen. Das Problem des Indikators »Sieben-Tage-Inzidenz« kann man sich am besten anhand eines Extrembeispiels klarmachen. Nehmen wir an, SARS-CoV-2 wäre ausgerottet oder die gesamte Bevölkerung wäre gegen das Virus immun, es gäbe also überhaupt keine Infizierten. Selbst dann würde man eine Sieben-Tage-Inzidenz von 100 erhalten, wenn man pro Woche 10 Prozent der Bevölkerung testen würde, da es dann 100 »Fälle« pro 100 000 Einwohner gäbe (10% × 100 000 × 1%) – die aber *alle* falsch-positiv wären. Wenn man also nur intensiv genug testet, kann man die »Bundesnotbremse« auf Dauer betätigen – vollkommen unabhängig von der tatsächlichen Infektionslage.

Man hätte deshalb die Sieben-Tage-Inzidenz unbedingt normieren, d.h. auf die Zahl der getesteten Personen beziehen müssen. Nur dann kann dieser Wert als ein sinnvolles Kriterium dienen. Aber damit wäre ein anderes Problem noch nicht beseitigt, ein Problem, das wir bisher noch nicht erwähnt haben – dass nämlich der verwendete PCR-Test immer noch nicht medizinisch validiert ist und es daher unklar ist, ob es sich bei (richtig) positiv Getesteten tatsächlich um »echte« Corona-Fälle handelt. Dieses Problem hat nichts mit dem gerade diskutierten Problem der Falsch-Positiven zu tun. Hier geht es darum, ob bei »Richtig-Positiven« tatsächlich eine Infektion vorliegt.

In der Medizin und der Epidemiologie wird eine Infektion als Vorhandensein eines Krankheitserregers im menschlichen Körper definiert, im Fall von COVID-19 also des SARS-CoV-2-Virus. Eine Erkrankung muss nicht vorliegen, um von einer Infektion zu sprechen; das bloße Vorhandensein eines Erregers, der eine Krankheit verursachen *kann*, reicht aus. Eine Krankheit verursachen können aber nur Erreger, die »aktiv« sind – und nicht

»tote« Erreger oder Bruchstücke von Erregern. Folgerichtig definiert das Infektionsschutzgesetz in § 2 Nr. 1 eine Infektion als »die Aufnahme eines Krankheitserregers und seine nachfolgende Entwicklung oder Vermehrung im menschlichen Organismus«.

Aber genau das wird vom PCR-Corona-Test *nicht* getestet! Dieser Test weist mithilfe der Methode der Polymerase-Kettenreaktion Bruchstücke der Virus-RNA nach, also *nicht* den aktiven Erreger. Die medizinische Bewertung eines PCR-Testergebnisses ist deshalb sehr problematisch, weil ein positiver Test keinen sicheren Schluss darauf erlaubt, ob der Getestete wirklich infiziert oder krank war, ist oder sein wird. Er erlaubt lediglich den Schluss, dass der Getestete Kontakt mit dem Virus gehabt haben muss. In der Regel wird man zwar davon ausgehen können, dass eine Infektion vorliegt bzw. vorgelegen hat, aber man kann sich dessen weder sicher sein, noch kann man angeben, wie hoch die Wahrscheinlichkeit einer Infektion ist.

Dies liegt vor allem daran, dass der Test nicht nur nicht validiert, sondern ebenfalls nicht standardisiert ist: Unterschiedliche Labore untersuchen die Proben unterschiedlich intensiv, sodass das eine Labor schon beim Vorliegen kleinster Virus-RNA-Mengen zu einem positiven Ergebnis kommt, während dies bei einem anderen erst beim Vorhandensein größerer Mengen der Fall ist.[172] Der Erfinder der PCR-Methode, der Chemie-Nobelpreisträger Kary Mullis, hat deshalb vor der Verwendung von PCR-Tests zu Diagnosezwecken ausdrücklich abgeraten. Denn mit ihnen »könne man in jeder Personen fast alles finden«, wenn man nur lange und sorgfältig genug sucht.[173] Mit anderen Worten: Ohne die in den medizinischen Laboren massenhaft durchgeführten PCR-Tests gäbe es keine Pandemie. Nicht ohne Grund sprechen deshalb Bhakdi und Reiss von der »Pandemie aus dem Labor«.[174]

Dass in Deutschland auf Grundlage und nach Maßgabe dieses Tests Politik gemacht wird, in erheblichem Maß in die Rechte und Freiheiten der Bürger eingegriffen wird und enorme wirtschaftliche und sonstige Schäden verursacht werden, ist nichts weniger als ein Skandal. Da spielt es fast schon keine Rolle mehr, dass die Maßnahmen, die ergriffen wurden, zum Großteil wirkungslos sind. Auf die Vielzahl der einzelnen Maßnahmen und die berechtigte Kritik an denselben kann hier nicht eingegangen werden. Bestimmt fallen jedem Leser selbst genug Beispiele für offensichtlich unsinnige und wirkungslose Vorschriften ein. Ich möchte hier nur kurz auf die wichtigste und einschneidendste Anti-Corona-Maßnahme eingehen: den generellen Lockdown. Schon für den ersten Lockdown im Frühjahr 2020 zeigen Untersuchungen, dass dieser weder notwendig noch ein effektives Mittel zur Bekämpfung der Corona-Pandemie war.[175] Der Finanzwissenschaftler Stefan Homburg formuliert das so:

> »Festzuhalten ist jedenfalls, dass die staatlichen Beschränkungen die Sterblichkeit keinesfalls systematisch gesenkt haben. Insofern waren die Lockdowns verfehlt.«[176]

Diese Schlussfolgerung wurde inzwischen durch eine großangelegte Vergleichsstudie des Mediziners und Epidemiologen John Ioannides und seiner Kollegen von der Universität von Stanford (USA) bestätigt.[177] Eine Untersuchung der Konsequenzen von Lockdown-Maßnahmen in 44 Ländern hat ergeben, dass diese die Übersterblichkeit nicht nur nicht senken konnten, sondern sogar leicht erhöhten – aufgrund von »Nebenwirkungen« wie erhöhtem Stress, gestiegener Selbstmordgefahr und unterlassenen Vorsorgeuntersuchungen.[178] Bestätigt werden diese Resultate von einer Metastudie aus dem Jahr 2022, deren Autoren zu einem eindeutigen Schluss kommen:

> »Lockdowns haben kaum Auswirkungen auf die öffentliche Gesundheit gehabt, aber sie haben immer, wenn sie verhängt worden sind, zu enormen ökonomischen und

> sozialen Kosten geführt. Es gibt keine Rechtfertigung für Lockdowns und sie sollten deshalb nicht zur Bekämpfung von Pandemien eingesetzt werden.«[179]

Speziell für den zweiten deutschen Lockdown und die »Bundesnotbremse« kommt eine statistische Analyse zu dem Ergebnis, dass »kein unmittelbarer Zusammenhang« zwischen diesen Maßnahmen und dem Infektionsgeschehen bestehe.[180] Diese Ergebnisse sind allein deswegen plausibel, weil sich die durch Lockdowns erzwungenen Verhaltensänderungen hauptsächlich bei »mobilen«, d.h. jüngeren Bevölkerungsgruppen auswirken, die aber ohnehin für SARS-CoV-2 weniger anfällig sind. Die anfälligen älteren Bevölkerungsgruppen sind dagegen typischerweise weniger »mobil« und erfahren durch einen Lockdown keinen oder allenfalls einen geringen zusätzlichen Schutz.

Die Coronapolitik – unverhältnismäßig und verfassungswidrig?

Je mehr man sich mit der Coronapolitik beschäftigt, desto mehr verfestigt sich der Eindruck, dass auch in dieser Krise, genau wie in den anderen Krisen, eine Politik des »Koste es, was es wolle« betrieben wurde. Die Pandemie sollte mit allen Mitteln eingedämmt, das Virus ohne Rücksicht auf Verluste bekämpft werden. Dementsprechend wurden rigorose und einschneidende Maßnahmen ergriffen, falls diese auch nur den Anschein hatten, bei diesem Bemühen hilfreich sein zu können – unabhängig davon, ob sie wirklich sinnvoll oder notwendig waren. Dem Ziel der Pandemiebekämpfung und des Gesundheitsschutzes wurde alles andere untergeordnet; eine Abwägung zwischen den Kosten und Nutzen, zwischen den Nachteilen und Vorteilen der Coronapolitik fand nicht statt.

Da der Nutzen dieser Politik, wie wir gesehen haben, eher gering gewesen zu sein scheint, fallen deren enorme Kosten umso mehr ins Gewicht. Die rein wirtschaftlichen Konsequenzen haben wir schon diskutiert. Aber daneben gibt es beträchtliche andere Kosten, die sich zwar nicht so einfach in Euro und Cent ausdrücken lassen, die aber nicht weniger real sind: die psychische Belastung durch Isolation und Kontaktbeschränkungen, vor allem bei Kindern und den Bewohnern von Alten- und Pflegeheimen; die Bildungsdefizite durch Schulschließungen; die gesundheitlichen Schäden durch ausgefallene oder verschobene Untersuchungen und Operationen; und vor allem die ideellen Schäden durch (wie es der Staatsrechtler Dietrich Murswiek formuliert) »die umfassendste und weitreichendste – die gesamte Bevölkerung flächendeckend betreffende und eine Vielzahl von Grundrechten gleichzeitig einschränkende – Freiheitseinschränkung in der Geschichte der Bundesrepublik Deutschland.«[181]

Begründet wird diese Verabsolutierung des Gesundheitsschutzes damit, dass die Gesundheit selbstverständlich an erster Stelle stehen müsse und man keine Kompromisse zulasten der Gesundheit und des Lebens der Bürger machen dürfe. Aber das ist nicht nur aus ökonomischer Sicht unsinnig, weil sich jede Art von Politik an dem Verhältnis des von ihr gestifteten Nutzens zu den von ihr verursachten Kosten orientieren und messen lassen muss, sondern widerspricht auch der üblichen politischen Praxis: Denn zum einen werden viele Risiken vom Staat hingenommen, ohne sie durch drastische Freiheitseinschränkungen und ähnlich rigorose Maßnahmen zu beseitigen, selbst wenn dies möglich wäre. Beispielsweise gab es im Verlauf der Grippewelle 2017/18 in Deutschland ca. 25 100 Grippetote – und das, obwohl bewährte Impfstoffe zur Verfügung standen.[182] Mit der Coronapolitik auch nur annähernd vergleichbare Maßnahmen wurden jedoch nicht ergriffen. Weitere Beispiele sind die Tausende von

Todesfällen jedes Jahr durch Tabakkonsum, Verkehrsunfälle oder die Ausübung gefährlicher Sportarten – die durch entsprechende Maßnahmen entweder ganz verhindert oder doch sehr stark reduziert werden könnten. Zum anderen findet in vielen Bereichen der Politik selbstverständlich und regelmäßig eine Abwägung zwischen Gesundheitsrisiken und den Kosten zu ihrer Verhinderung statt – wenn nicht explizit, dann auf jeden Fall implizit. Man denke nur an die Festlegung von Abgasgrenzwerten für Kraftfahrzeuge oder von Sicherheitsstandards für Maschinen und Werkzeuge.

Was aus ökonomischer Sicht die Vernachlässigung einer Kosten-Nutzen-Analyse ist, stellt sich aus juristischer Sicht als die Nichtdurchführung einer Güterabwägung bzw. einer Verhältnismäßigkeitsprüfung dar.[183] Diese steht keinesfalls im Belieben des Gesetzgebers oder der Regierung, sondern ist die unabdingbare Voraussetzung für eine Rechtfertigung der im Zuge der Coronapolitik vorgenommenen Grundrechtseinschränkungen. Denn der Gesundheitsschutz genießt keineswegs einen absoluten Vorrang, was auch der ehemalige Präsident des Bundesverfassungsgerichts, Hans-Jürgen Papier, bestätigt:

> »Der Staat darf nicht in der allgemeinen legitimen Absicht, die Gesundheit der Bevölkerung zu schützen, jedweden Grundrechtseingriff von beliebiger Schwere vornehmen.«[184]

Eine Verhältnismäßigkeitsprüfung muss bestimmten Anforderungen genügen. *Erstens* haben Politiker zwar einen großen Spielraum bei der Anwendung des Verhältnismäßigkeitsprinzips, doch dürfen sie dabei nicht alle theoretisch denkbaren Schreckensszenarien, unabhängig von deren Eintrittswahrscheinlichkeit, zugrunde legen. *Zweitens* hat der Staat die Pflicht, die Notwendigkeit und Geeignetheit der von ihm ergriffenen Maßnahmen zu begründen. An diesen Nachweis sind umso höhere Anforderungen zu stellen, je stärker die Grundrechte eingeschränkt werden sollen. Und *drittens* dürfen Grundrechte nicht stärker als unbedingt notwendig eingeschränkt werden. Wenn also der erforderliche Schutz vor dem Coronavirus durch den besonderen Schutz gefährdeter Personen und den Ausbau der intensivmedizinischen Kapazität erreicht werden kann, dürfen keine darüber hinaus gehenden, grundrechtseinschränkenden Maßnahmen ergriffen werden. Die Verhältnismäßigkeitsprüfung ist gerade im Fall der Coronapolitik besonders wichtig, weil von ihr überwiegend »Nichtstörer« betroffen sind, also Personen, die nicht infiziert sind und von denen keine Gefahr ausgeht. Dies wird auch von Dietrich Murswiek betont:

> »Mit den mehrfachen Lockdowns wurden die umfangreichsten und präzedenzlos-flächendeckenden Freiheitseinschränkungen ohne Abstützung in einer Notstandsverfassungsnorm, sondern auf der Basis der für den Normalzustand geltenden Regeln vorgenommen. Das einzige rechtsstaatliche Korrektiv für diese Freiheitseinschränkungen ist der Verhältnismäßigkeitsgrundsatz. Nie war seine gewissenhafte Anwendung so notwendig wie in der exzeptionellen Lage des Lockdown.«[185]

Die deutsche Coronapolitik genügt ganz offensichtlich nicht den hier dargelegten Anforderungen, sodass ihre Verfassungsgemäßheit sehr zweifelhaft ist.

Nachdem die Justiz der Politik lange Zeit (fast) freie Hand gelassen hat, haben Gerichte inzwischen damit begonnen, die so wichtige Verhältnismäßigkeitsprüfung »nachzuholen« – zumindest für einige der einschneidendsten Maßnahmen. So hat der Verwaltungsgerichtshof München die von der bayerischen Staatsregierung am 27. März 2020 verfügten Ausgangsbeschränkungen wegen des Verstoßes gegen das Übermaßgebot bzw. der

Nichtbeachtung des Verhältnismäßigkeitsgrundsatzes für unwirksam erklärt.[186] Mit einer ähnlichen Begründung hat das Oberverwaltungsgericht Lüneburg die 2G-Regel für den niedersächsischen Einzelhandel kassiert.[187] Angesichts der Missachtung dieses essentiellen Grundsatzes in der Coronapolitik erscheint es fast nebensächlich, dass auch mit dem Bestimmtheitsgebot von Artikel 80 Absatz 1 Grundgesetz sehr nachlässig umgegangen wurde. Dieses Gebot besagt, dass Bundesregierung und Landesregierungen Verordnungen nur auf Grundlage eines ausreichend »bestimmten« Gesetzes erlassen dürfen. Dies war bis zur Schaffung des neuen § 28a Infektionsschutzgesetz im November 2020 nach Meinung vieler Juristen nicht der Fall, da in der zuvor allein gültigen Regelung des § 28 nur die Rede davon ist, »dass die zuständige Behörde die notwendigen Schutzmaßnahmen trifft«. Eine noch unbestimmtere Vorschrift ist kaum vorstellbar. Aber selbst der neue § 28a wird von Teilen der Rechtswissenschaft immer noch kritisch beurteilt.[188]

Nicht nur an den direkt freiheitsbeschränkenden Maßnahmen, auch an den 2G- bzw. 3G-Regeln, die die Freiheit indirekt einschränken, bestehen erhebliche verfassungsrechtliche Zweifel.[189] Ungeimpfte wurden vom öffentlichen Leben durch die 2G-Regel praktisch ganz ausgeschlossen und bei der 3G-Regel wurde ihnen die Teilnahme erheblich erschwert, insbesondere bei Kostenpflichtigkeit der notwendigen Tests. Diese Freiheitseinschränkungen waren unverhältnismäßig, da keine Gefahr der Überlastung des Gesundheitssystems zu erkennen gewesen ist und die bloße Existenz eines Infektions- bzw. Erkrankungsrisikos derartige Einschränkungen nicht rechtfertigen kann. Denn, so Murswiek, »Freiheitseinschränkungen zur Minimierung von Risiken, die unterhalb des Levels allgemein akzeptierter allgemeiner Lebensrisiken bleiben, sind immer unverhältnismäßig, wenn sie sich gegen Personen richten, die diese Risiken nicht verursachen.«[190]

Die mit der 2G- bzw. 3G-Regel einhergehende Ungleichbehandlung von Geimpften und Nichtgeimpften stellt einen Verstoß gegen das Gleichheitsgebot gemäß Artikel 3 Grundgesetz dar, der nicht durch epidemiologische Überlegungen gerechtfertigt werden kann. Es hat sich nämlich herausgestellt, dass sich auch Geimpfte infizieren und das Virus übertragen können – und das nicht nur in seltenen Ausnahmefällen.[191] Aus diesem Grund bestehen auch erhebliche Zweifel daran, dass die Voraussetzung des § 28c Infektionsschutzgesetz erfüllt war, auf die sich die Maßnahmen zur Privilegierung von Geimpften stützten: Hier ist schließlich die Rede von Personen, »bei denen von einer Immunisierung (…) auszugehen ist«. Last not least stellte der von der 2G- bzw. 3G-Regel ausgehende indirekte Impfzwang einen Eingriff in das in Artikel 2 Absatz 2 Grundgesetz garantierte Selbstbestimmungsrecht über die körperliche Unversehrtheit dar. Auch hier erscheint eine Rechtfertigung durch ein übergeordnetes Gemeinwohlziel nicht möglich, da – wie wir gesehen haben – weder eine Überlastung des Gesundheitssystems drohte noch Geimpfte als Virenüberträger ausgeschlossen werden können.

Keinesfalls legitim ist ein Zwang zum Selbstschutz, da dieser mit dem erwähnten Selbstbestimmungsrecht kollidieren würde. Zusätzliches Gewicht gewinnen diese Argumente durch die Tatsache, dass die Coronaimpfung nur eine bedingte Zulassung erhalten hat, da hinsichtlich möglicher Risiken und Nebenwirkungen noch erhebliche Unsicherheiten bestehen und in vielen Fällen über teils gravierende Gesundheitsprobleme infolge der Impfung berichtet wurde.[192] Daraus folgert Murswiek:

> »In der Abwägung haben die Rechte der Ungeimpften auf Selbstbestimmung sowie auf Leben und körperliche Unversehrtheit größeres Gewicht als der Schutz anderer Menschen, deren COVID-19-Risiko nicht größer ist als andere Risiken, denen alle Menschen ausgesetzt sind, ohne dass der

> Staat mit Freiheitseinschränkungen für andere Menschen, die diese Risiken nicht verursacht haben, interveniert.«[193]

All diese Argumente sprechen natürlich nicht nur gegen 2G- bzw. 3G-Regeln, sondern auch und erst recht gegen eine Impfpflicht.

Wir müssen insgesamt zu dem Schluss kommen, dass die Coronapolitik epidemiologisch nicht notwendig, ökonomisch unvernünftig und juristisch unverhältnismäßig war. Sie setzt damit die Entwicklung, die wir in den vorhergehenden Krisen beobachten konnten, nicht nur nahtlos fort, sondern stellt deren (vorläufigen) Höhepunkt dar – machte sie doch die kühnsten Träume von Interventionisten, Zentralisierern, Regulierungsfanatikern und Bevormundungsenthusiasten wahr. Mit der Corona-Pandemie als Rechtfertigung konnten Politik und Behörden nicht nur darüber entscheiden, welche Branchen »systemrelevant« sind und welche nicht, sondern auch den Bürgern vorschreiben, wen sie treffen dürfen und wen nicht, wohin sie gehen dürfen und wohin nicht und wer noch arbeiten darf und wer nicht.

Auch nach einem Ende dieser Krise bietet sich der Wirtschaftslenkung ein großer Spielraum – bei der Ausgestaltung der Hilfen für die Unternehmen, die auf staatliche Unterstützung angewiesen sind. Sowohl auf deutscher als auch auf europäischer Ebene soll auf diese Weise vor allem die Klimapolitik vorangetrieben werden. Im Lauf der Krise wurden nicht nur die Kompetenzen der Länder zugunsten des Bundes weiter eingeschränkt; auch der EU gelang es, Macht und Einfluss auszudehnen – zuerst, indem sie die Impfstoffentwicklung und -beschaffung in die Hand nahm (mit sehr bescheidenem Erfolg, wie wir heute wissen), dann, indem sie mit dem Ziel des »Wiederaufbaus« ihr Budget massiv vergrößerte und sich neue wirtschafts- und finanzpolitische Instrumente schuf.

Die längerfristigen Konsequenzen für Deutschland liegen auf der Hand: *Erstens* sind enorme Kosten entstanden und die Staatsverschuldung ist deutlich angestiegen, was Steuererhöhungen zumindest wahrscheinlich macht. *Zweitens* ist die Zentralisierung sowohl auf nationaler als auch auf europäischer Ebene weiter vorangeschritten. *Drittens* entstehen durch den Einstieg in die Transfer- und Haftungsunion hohe Haushaltsbelastungen und noch höhere Haushaltsrisiken für Deutschland. Der Wiederaufbaufonds verändert das Wesen der Europäischen Union grundlegend und dauerhaft – und zwar sozusagen »durch die Hintertür«, da die europäischen Verträge nicht geändert, sondern umgangen, missachtet oder gebrochen wurden. *Viertens* betreibt die EZB die Staatsfinanzierung durch die Notenpresse immer exzessiver und immer unverfrorener – unter Missachtung der ihr von den europäischen Verträgen auferlegten Regeln.[194] Dadurch und durch ihre expansive Geldpolitik im Allgemeinen wurde einerseits das Inflationspotential noch weiter vergrößert, andererseits nahm auch die unfreiwillige Inanspruchnahme der Bundesbank auf dem Weg der Target-Forderungen noch weiter zu. *Fünftens* kann und wird die Coronakrise als Blaupause für künftige Krisen dienen: Es hat sich gezeigt, was man der Bevölkerung alles zumuten kann, welche Maßnahmen von den Parlamenten beschlossen und von den Gerichten abgesegnet werden können und in welchem Umfang bisher für unantastbar geltende Rechte und Freiheiten eingeschränkt oder gar aufgehoben werden können. In künftigen Krisen werden sich das unsere Politiker eine Lehre sein lassen.

Kapitel 5: Die große Geldentwertung

Nach der Krise ist vor der Krise

Irgendwann einmal wird die Coronakrise vollständig zu Ende sein (wenn nicht andauernd neue Mutanten auftauchen). Wie geht es dann weiter? Zu glauben, es könne eine Rückkehr zur Normalität geben, wäre ein fataler Irrtum. Nichts ist weniger wahrscheinlich als das. Denn *keine* der bisherigen Krisen wurde in dem Sinn gelöst, dass sie keine Probleme mehr bereiten würde, weil ihre Ursachen beseitigt worden wären. Im Gegenteil, aufgrund der ineffektiven und ineffizienten Krisenpolitik werden uns die Folgen der bisherigen Krisen noch lange begleiten.

Die Finanz- und Bankenkrise ist zwar vorbei, aber ein Ausbruch einer neuen derartigen Krise ist aufgrund der weiter bestehenden Anfälligkeit des Finanzsystems durchaus möglich. Die Kernenergiekrise wird 2022 mit dem Abschalten des letzten deutschen Atomkraftwerks zwar offiziell beendet sein, aber die Auswirkungen dieser Krise auf die Sicherheit und die Bezahlbarkeit der Elektrizitätsversorgung werden anhalten. Die Flüchtlingskrise geht immer weiter, da die unkontrollierte Zuwanderung aus den »traditionellen« Herkunftsländern nicht nur angehalten, sondern seit 2021 wieder zugenommen hat. Gleichzeitig verstärkt sich der Druck auf das deutsche Asylsystem durch den Zustrom vieler »echter« Flüchtlinge aus der Ukraine. Die Klimakrise ist ein Dauerbrenner und wird uns noch auf Jahrzehnte beschäftigen. Der finanzielle Flächenbrand der Eurokrise wurde nicht gelöscht, sondern schwelt unter einem Berg neugedrucktes Geldes weiter. Und die Coronakrise wird uns nicht nur ausufernde Staatsschulden und ein enormes Inflationspotential hinterlassen, sondern hat auch den Politikern gezeigt, wie viel sie der Bevölkerung in Zukunft zumuten können. Auch diese Entwicklungen werden durch den Ukraine-Krieg noch an Brisanz gewinnen.

Große Zumutungen werden nicht lange auf sich warten lassen, denn die nächste Krise hat schon begonnen – eine Krise, die ihren Ursprung in der Eurokrise hat und deren Ausbruch durch die im Zuge der Coronakrise betriebene Politik wesentlich beschleunigt wurde: die große Geldentwertung. Die Fehlentwicklungen, die im Laufe der Eurokrise aufgetreten sind, wurden durch die Coronakrise so sehr verstärkt, dass dadurch eine neue Eurokrise verursacht wurde, eine Eurokrise, die mit an Sicherheit grenzender Wahrscheinlichkeit mit einer Geldentwertung einhergehen wird, wie sie nicht nur während der bisherigen Existenz des Euros, sondern in der gesamten Geschichte der Bundesrepublik Deutschland noch nie dagewesen ist. Ursächlich hierfür sind zwei zusammenhängende und sich gegenseitig verstärkende Faktoren: die expansive Geldpolitik der EZB und die exzessive Staatsverschuldung vieler Euroländer.

Wir hatten schon das Inflationspotential erwähnt, welches in der Euro- und in der Coronakrise durch die expansive Geldpolitik der EZB entstanden ist (siehe Kapitel 1 und 4). Damit müssen wir uns nun etwas näher beschäftigen. Auf die Mechanismen des Geld- und Kreditsystems will ich an dieser Stelle nicht näher eingehen.[195] Für unsere Zwecke reicht es zu wissen, dass das von der EZB geschaffene (»selbst gedruckte«) Geld, das Zentralbankgeld, die Basis für die Kreditvergabe und die Buchgeldschöpfung der Geschäftsbanken darstellt. Man bezeichnet die Zentralbankgeldmenge deshalb auch als »Geldbasis«. Dieses Zentralbankgeld entsteht durch den Ankauf von z. B. Gold oder Wertpapieren und durch die Vergabe von Krediten an die Geschäftsbanken. Die Zentralbankgeldmenge macht einen Großteil der Bilanzsumme der Zentralbank aus. Mit dem von der Zentralbank geliehenen Zentralbankgeld »arbeiten« die Geschäftsbanken, indem sie auf dieser Grundlage selbst Kredite vergeben. Durch diese Kreditvergabe entsteht wiederum Buchgeld auf den Konten des Geschäftsbankensystems; die gesamte Geldmenge ist also größer als die Zentralbankgeldmenge. Das Verhältnis zwischen Geldmenge und Geldbasis wird Geld- bzw. Kreditmultiplikator genannt. Der Umfang der Geldmenge ist die wichtigste Determinante des Preisniveaus: Prinzipiell gilt, dass eine Zunahme der Geldmenge, die größer als das Wachstum des realen Bruttoinlandsprodukts ist, zu einem steigenden Preisniveau, d. h. zu Inflation führt.

Die expansive Geldpolitik der EZB hat die Grundlage für eine große Geldentwertung dadurch gelegt, dass nicht nur die Geldmenge stärker als das reale Bruttosozialprodukt, sondern außerdem die Geldbasis deutlich stärker als die Geldmenge gewachsen ist. Die überproportional gestiegene Geldmenge hat sich lange Zeit nicht direkt in Form von Inflation bemerkbar gemacht. Teilweise wurden die Geldüberschüsse gehortet, teilweise wurden sie angelegt und führten so zum Anstieg von Vermögenspreisen (wie etwa Aktienkursen oder Immobilienwerten). Diese gehen aber nicht in den Konsumentenpreisindex ein, mit dem die Inflation gemessen wird. Inzwischen ist es aber auch hier zu einem deutlichen Preisanstieg gekommen, da angesichts des abnehmenden Vertrauens in den Euro offenbar weniger Geld gehortet wird.

Wichtiger und gefährlicher für die künftige Geldwertstabilität ist aber der zweite Effekt. Schauen wir uns dazu einmal die Entwicklung des Verhältnisses von Geldmenge M3 zur Geldbasis des Eurosystems zwischen 2009 und 2021 an (siehe Abbildung 6, in der die jeweiligen Jahresendwerte dargestellt sind).

Dieses Verhältnis, d. h. der Kreditmultiplikator, betrug bis zum Jahr 2015 immer zwischen ungefähr 600 Prozent und 700 Prozent. Mit dem in diesem Jahr beginnenden massiven Staatsanleihekäufen der EZB wuchs die Geldbasis deutlich stär-

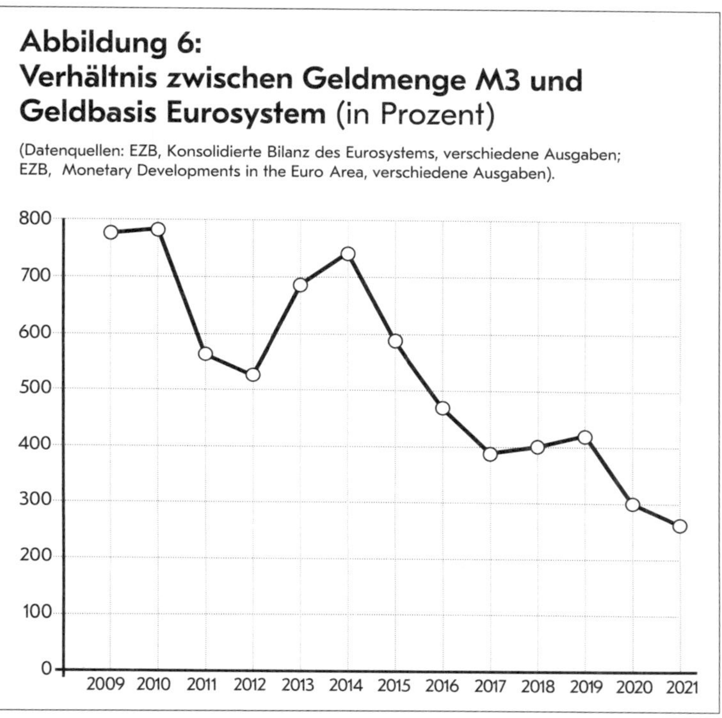

ker als die Geldmenge, sodass der Kreditmultiplikator bis zum Jahr 2021 auf unter 300 Prozent sank, sich also mehr als halbiert hat. Mit anderen Worten: Die Kreditvergabe der Banken hat nicht mit dem Wachstum der Geldbasis Schritt gehalten, die die Grundlage dieser Kreditvergabe darstellt. Ursächlich hierfür war einerseits die schwache Konjunkturentwicklung in vielen Euroländern, die zu einer niedrigen Kreditnachfrage geführt hat, andererseits das Bemühen der Banken, Bilanzrisiken abzubauen, wodurch das Kreditangebot gebremst wurde.

In der aktuellen Situation gibt es also ein enormes Potential zur Ausweitung der Kreditvergabe und damit der Geldmenge. Wenn es zu einer Rückkehr zum Kreditmultiplikator von 600 Prozent kommt, dann ist dies gleichbedeutend mit einer ungefähren Verdoppelung der Geldmenge. Das kann nicht ohne gravierende Auswirkungen auf die Preisstabilität bleiben. Wenn sich die Geldmenge innerhalb eines Jahres verdoppeln würde, dann hätte dies eine Verdopplung des Preisniveaus zur Folge, d. h. eine Inflationsrate von 100 Prozent in dem betreffenden Jahr. Dauert der Prozess der Geldmengenverdopplung länger, dann dauert zwar auch die Inflation länger, aber sie verläuft mit niedrigeren Raten. Wenn sich z. B. die Geldmenge innerhalb von fünf Jahren verdoppeln würde, dann hätten wir fünf Jahre lang eine Inflation von jeweils 15 Prozent.[196]

Falls nicht nur die Geldmenge, sondern auch das reale Bruttoinlandsprodukt wächst, wird die Inflation entsprechend niedriger ausfallen. Denn wenn sowohl die Menge an Geld als auch die Menge an Gütern größer wird, wächst die auf jedes einzelne Gut »entfallende« Geldmenge weniger stark und die Preise der einzelnen Güter werden weniger stark steigen. Wenn sich z. B. Geldmenge und reales Bruttoinlandsprodukt innerhalb eines Jahres verdoppeln würden, käme es zu überhaupt keiner Inflation. Dasselbe gilt, wenn sich die Geldmenge innerhalb von fünf Jahren verdoppelt und in dieser Zeit das reale Bruttoinlandsprodukt jedes Jahr um 15 Prozent wächst. An diesen Beispielen wird deutlich, dass die zur Vermeidung von Inflation notwendigen Wachstumsraten unrealistisch hoch sind. Auf diese Weise wird sich also Inflation nicht verhindern lassen.

Neben dem Geldmengenwachstum gibt es noch einen anderen Mechanismus, durch den es zu Inflation kommen kann: Wenn die Bürger das Vertrauen in das Geldsystem verlieren, wird das Geld weniger wert, auch wenn die Geldmenge nicht zunimmt. Es handelt sich dabei um das Phänomen sich selbst erfüllender Erwartungen. Wie kann es dazu kommen? Wenn die Bürger dem Euro misstrauen und befürchten, dass es zu Inflation kommt, dann werden sie versuchen, so wenig Geld wie möglich für eine so kurze Zeit wie möglich zu halten, um ihr Verlustrisiko zu minimieren. Sie geben ihr Geld für Güter aus, von denen sie sich eine höhere Wertbeständigkeit versprechen. Die Bereitschaft, Bargeld (oder Sichteinlagen) zu halten, sinkt, die Zahlungsgewohnheiten ändern sich und das Verhältnis zwischen Geldmenge und realem Bruttoinlandsprodukt sinkt. Weil das Geld immer schneller und immer häufiger den Besitzer wechselt, spricht man davon, dass die Geldumlaufgeschwindigkeit steigt. Dadurch sinkt die Geldmenge, die benötigt wird, um bei Preisniveaustabilität die Transaktionen abzuwickeln, die mit einem realen Bruttoinlandsprodukt in einer bestimmten Höhe einhergehen. Durch die zunehmende Geldumlaufgeschwindigkeit entsteht bei gleichbleibender Geldmenge ein »Geldüberschuss«, der zu Inflation führt.[197]

Diese beiden Mechanismen verstärken sich gegenseitig: Wenn es aufgrund des Wachstums der Geldmenge zu Inflation kommt, nimmt das Vertrauen der Bürger in den Euro ab, die Geldumlaufgeschwindigkeit steigt und die Inflation beschleunigt sich. Umgekehrt wird sich durch einen Vertrauensverlust und eine Zunahme der Geldumlaufgeschwindigkeit die inflationäre Wirkung jeder Geldmengenerhöhung verstärken.

Wir können also festhalten, dass durch die Aufblähung der EZB-Bilanz nicht nur die Geldmenge schon übermäßig gestiegen ist, sondern auch und vor allem der Grundstein für eine noch stärkere zukünftige Ausdehnung der Geldmenge gelegt und so einer inflationären Entwicklung der Weg bereitet wurde. In der Tat mehren sich die Anzeichen dafür, dass diese schon im Gange ist. Der Anstieg des Konsumentenpreisindex, mit dem die Inflation gemessen wird, hat sich schon deutlich beschleunigt. Seine jährliche Zunahme lag in Deutschland Ende 2021 bei über 5,0 Prozent und erreichte im März 2022 7,3 Prozent, ist also weit entfernt vom »offiziellen« Inflationsziel der EZB von 2 Prozent.[198] Auch bei den Vermögenspreisen, die nicht in diesen Index eingehen, sind die Anzeichen von Inflation unübersehbar: Die Preisentwicklung an den Immobilien-, Aktien- und Edelmetallmärkten spiegelt eine zunehmende Flucht in Sachwerte wider. Auch die Kursentwicklung des Bitcoins ist nicht zwangsläufig nur spekulativer Natur, sondern kann auch zum Teil durch das Bemühen von Anlegern verursacht sein, ein stabiles Wertaufbewahrungsmittel zu finden.

Aber ist die Inflation unvermeidbar? Kann die schon angelaufene Entwicklung nicht doch noch verhindert werden? Noch wäre dies möglich – solange, wie die Bürger das Vertrauen in den Euro und in die EZB noch nicht restlos verloren haben. Die EZB müsste zu diesem Zweck allerdings ihre Geldpolitik radikal ändern und die Fehlentwicklungen der vergangenen Jahre rückgängig machen. Um zu verhindern, dass die Aufblähung der EZB-Bilanz zu einer entsprechenden Aufblähung der Geldmenge und zu Inflation führt, gibt es zwei Mittel.

Erstens könnte die EZB die Kreditvergabe an Banken einschränken und den Leitzins erhöhen. So würde auch die Kreditvergabe der Banken an Nichtbanken erschwert und gebremst; auf diese Weise könnte der Wiederanstieg des Kreditmultiplikators abgeschwächt oder verhindert werden, sodass es trotz unveränderter Bilanzsumme zu keinem oder nur einem geringen weiteren Anstieg der gesamten Geldmenge kommen würde.

Zweitens könnte die EZB ihre Bilanzsumme wieder auf ein normales Niveau absenken. Sie müsste zu diesem Zweck »nur« einen Großteil der von ihr im Rahmen der Programme APP und PEPP erworbenen Wertpapiere verkaufen; davon wären vor allem Staatsanleihen betroffen, die den Löwenanteil der angekauften Wertpapiere ausmachen. Dadurch käme es zu einem Zinsanstieg: Das Angebot an Staatsanleihen am Markt würde steigen, also fällt deren Kurs, also steigt deren Rendite.[199] Gleichgültig, auf welche Art und Weise die EZB eine restriktive Geldpolitik betreiben würde, würde dadurch natürlich auch das Vertrauen der Bürger in den Euro gestärkt.

Der Missbrauch der Geldpolitik und seine Folgen

Aber wird, ja kann die EZB derartige Maßnahmen tatsächlich ergreifen? Damit ist mit an Sicherheit grenzender Wahrscheinlichkeit nicht zu rechnen. Eine restriktive Politik wäre in jedem Fall mit einem deutlichen Zinsanstieg verbunden – entweder mittels einer direkten Leitzinserhöhung oder mittels eines Kursrückgangs von Staatsanleihen. Eine solche Zinserhöhung würde unausweichlich zu einer Staatsschuldenkrise führen, im Vergleich zu der die Griechenlandkrise nur ein unbedeutendes Vorspiel gewesen wäre. Durch die Coronakrise sind nämlich die Schulden vieler Staaten, die schon davor kaum tragfähig waren, auf ein derart hohes Niveau gestiegen, dass sie nur bei den gegenwärtigen Niedrigzinsen aufrechterhalten werden können.

Werfen wir nur einen Blick auf die »üblichen Verdächtigen«: Vom 31. Dezember 2019 bis zum 31. Dezember 2020 ist die Schuldenstandquote in Spanien von 98,3 Prozent auf 120 Prozent des Bruttoinlandsprodukts gestiegen, in Portugal von 116,6 Prozent auf 135,2 Prozent, in Italien von 134,1 Prozent auf 155,3 Prozent und in Griechenland von 180,7 Prozent auf 206,3 Prozent. Im Jahr 2021 hat sich die Situation kaum entspannt. Am Jahresende betrug die Schuldenstandquote 118,4 Prozent in Spanien, 127,4 Prozent in Portugal, 150,8 Prozent in Italien und 193,3 Prozent in Griechenland.[200] Nur zur Erinnerung: Die Obergrenze für die Schuldenstandquote gemäß Stabilitäts- und Wachstumspakt bzw. Fiskalpakt beträgt 60 Prozent! Ein auch nur geringer Zinsanstieg würde in diesen Staaten eine Haushaltskrise auslösen – geschweige denn ein Zinsanstieg in dem Ausmaß, wie er notwendig wäre, um die drohende Inflation noch abzuwenden.

Abgesehen von dem Problem höherer Zinsen stünden die Krisenländer auch vor dem Problem, überhaupt Kreditgeber zu finden, wenn die EZB die Schulden nicht mehr implizit durch ihre

Ankaufprogramme garantieren würde. Die Zahlungsunfähigkeit nicht nur von Griechenland, sondern auch von großen Euroländern, wie vor allem Italien, wäre die wahrscheinliche Folge, und der Zusammenbruch des gesamten Eurosystems würde drohen. Es ist nicht damit zu rechnen, dass die EZB ein solches Risiko eingehen wird. Diese Vermutung wird dadurch gestützt, dass die EZB bislang keine wie auch immer geartete »Normalisierungsstrategie« für eine Rückkehr zu einer stabilitätsorientierten Geldpolitik vorgelegt hat.[201] Man muss deshalb davon ausgehen, dass sie die Wackelkandidaten unter den Euroländern weiter durch Anleihekäufe und Niedrigzinspolitik unterstützen und dafür eine Inflationierung in Kauf nehmen wird. Diese würde von vielen Euroländern nicht nur als das geringere Übel angesehen, sondern sogar begrüßt werden, da sie die Staatsschulden entwerten und die Staatshaushalte so enorm entlasten würde.

Nicht nur durch eine Inflation, auch durch eine Währungsreform und einen Schuldenschnitt könnte die drohende Staatsschuldenkrise vermieden werden. Aber darauf werden sich die EU und die EZB nicht einlassen. Denn *erstens* müssten schwierige und in jedem Fall unpopuläre Entscheidungen darüber getroffen werden, welche Gläubiger welche Verluste erleiden sollen. *Zweitens* könnte eine neue Bankenkrise ausgelöst werden, da Banken durch Schuldenschnitte existenzgefährdende Verluste erleiden würden. Und *drittens* könnte die katastrophale Erfahrung einer Währungsreform den Wunsch der Bevölkerung nach der Wiedereinführung nationaler Währungen und nach dem Ausstieg aus dem Euro so sehr befeuern, dass die Gemeinschaftswährung nicht mehr gerettet werden könnte. Bevor die EZB dieses Risiko eingeht, wird sie lieber Inflation in Kauf nehmen. Und wenn man das Ziel der Preisniveaustabilität nicht erreichen kann oder will, dann ändert man eben das Ziel. Tatsächlich kann man schon erste Schritte in dieser Richtung beobachten. Das »offizielle« Inflationsziel der EZB, das 1998 noch auf »unter

2 Prozent« festgelegt wurde, wurde bereits 2003 nach oben angepasst, indem seither eine Inflationsrate von »unter, aber nahe bei 2 Prozent« angestrebt wird. In der aktuellen, 2021 beschlossenen geldpolitischen Strategie der EZB wurde dieses Ziel nicht etwa aufgegeben, aber es soll nunmehr nur mittelfristig und im Durchschnitt realisiert werden.[202] Dies würde es erlauben, auch hohe Inflationsraten nicht nur bloß zu tolerieren, sondern sogar als vereinbar mit dem Ziel der Preisniveaustabilität zu erklären. Wenn die Inflation fünf Jahre lang bei null Prozent liegen würde, könnte man im sechsten Jahr 12,6 Prozent zulassen und hätte im Durchschnitt dieser sechs Jahre das Zwei-Prozent-Ziel eingehalten.[203]

Aber warum sich auf die Vergangenheit beschränken? Mit den gleichen Argumenten könnte man künftige niedrige Inflationsraten als Rechtfertigung für aktuell höhere Raten heranziehen: Selbst eine Inflation von 100 Prozent in einem Jahr wäre unschädlich, da ja die Inflation in den folgenden 34 Jahren null Prozent betragen könnte und so im Durchschnitt dieser 35 Jahre das Zwei-Prozent-Ziel eingehalten werden würde.[204] Denn darüber, was unter »mittelfristig« oder »im Durchschnitt« zu verstehen ist, kann man ja unterschiedlicher Meinung sein … Eine solche Lockerung geldpolitischer Ziele ist sehr gefährlich, selbst wenn ihr keine geldpolitischen Taten vorangegangen oder gefolgt wären, da sie das Vertrauen in den Euro untergraben und die Furcht vor Inflation schüren können. Schließlich kann schon allein durch die Erwartung einer höheren Inflation und die damit einhergehenden Verhaltensänderungen ein Inflationsschub ausgelöst werden.

Aus diesem Grund – und angesichts der immer mehr zunehmenden Geldentwertung – sind seit Ende 2021 die Rufe nach einer entschiedenen Bekämpfung der Inflation und einer stabilitätsorientierten Geldpolitik lauter geworden. Der Druck auf die EZB ist auch deshalb gewachsen, weil die amerikanische Notenbank schon die Zinsen erhöht und weitere Zinsschritte angekündigt hat. Die Zwickmühle, in die sich die EZB selbst hineinmanövriert hat, ist immer unangenehmer geworden – auf der einen Seite besteht das vorrangige Ziel der EZB in der Gewährleistung der Preisniveaustabilität, auf der anderen Seite würden alle Maßnahmen in diese Richtung die finanzielle Stabilität der hoch verschuldeten Länder und damit letztlich die Existenz des Euro gefährden. Bis Ende Februar 2022 war es völlig ungewiss, ob und wie sich die EZB aus dieser Zwickmühle würde befreien können.

Dann ist Russland in die Ukraine einmarschiert – und die Zwickmühle der EZB hat sich in Luft aufgelöst. Denn jetzt hat die EZB Gründe, die Geldpolitik weiter so zu betreiben, wie sie sie betreiben will, aber eigentlich nicht betreiben darf. *Erstens* kann sie Putin zum Sündenbock für die Inflation machen und sich selbst aus der Verantwortung stehlen. Die aktuelle und künftige Geldentwertung kann sie nun auf die durch den Ukraine-Krieg gestiegenen Rohstoff- und Energiepreise schieben und ihre Hände in Unschuld waschen. Dass das Preisniveau schon Monate vor dem Beginn des Ukraine-Kriegs deutlich gestiegen war, wird dabei natürlich ausgeblendet. Und wenngleich der Ukraine-Krieg sicher Auswirkungen auf die Preisentwicklung hat und haben wird, darf man doch eines nicht vergessen: Die Inflation ist immer und überall ein monetäres Phänomen.[205] Wenn die Geldmenge nicht übermäßig ausgedehnt wird, kann es keine Inflation, also keinen Anstieg des Preisniveaus geben. In einer Marktwirtschaft müssen sich zwar die Preise *einzelner* Güter immer an Änderungen der Knappheitsverhältnisse anpassen, aber dies muss (und sollte) nicht zu Inflation, also einem Anstieg der Preise *aller* Güter führen. Umgekehrt wird jede übermäßige Ausdehnung der Geldmenge früher oder später immer Inflation zur Folge haben.[206] Hauptverantwortlich für die Inflation im Euroraum ist und bleibt die EZB. Der Ukraine-Krieg ist allenfalls einer der Auslöser der Inflation, weil er einen »Anstoß« in Form der Erhöhung der Preise bestimmter Güter liefert, er ist aber keineswegs ihre Ursache.

Zweitens kann sich die EZB den notwendigen Zinserhöhungen mit Verweis auf die Gefahren für die Konjunktur, die vom Ukraine-Krieg ausgehen, entziehen. Tatsächlich hat sich die Konjunktur schon deutlich abgekühlt. Erwartete der Sachverständigenrat im Herbst 2021 für 2022 noch ein reales Wirtschaftswachstum von 4,2 Prozent für den Euroraum und von 4,6 Prozent für Deutschland, so ging er im März 2022 nur noch von 2,2 Prozent bzw. 1,8 Prozent aus.[207] Und in einer solchen Situation kann man die Konjunktur natürlich nicht durch Zinserhöhungen belasten … So hat man sich dann auch von ersten vorsichtigen Hinweisen auf eine mögliche zaghafte Änderung der Geldpolitik, die vor dem Ausbruch des Ukraine-Krieges manchmal von Seiten der EZB kamen, umgehend distanziert. Man glaubte dabei förmlich die Erleichterungsseufzer der EZB-Verantwortlichen über den bequemen Ausweg zu hören, der sich ihnen geboten hat.

Das soll nun nicht heißen, dass es niemals irgendwelche Zinserhöhungen geben wird. Es kann sein, dass angesichts steigender Inflationsraten der Druck der öffentlichen Meinung so stark wird, dass sich die EZB zu geringfügigen Zinserhöhungen veranlasst sieht. Aber diese werden eher »kosmetischer« Natur sein. Zu der notwendigen geldpolitischen Kehrtwende, zu einer entschlossenen Eindämmung der Inflation mittels massiver Zinserhöhungen und einer deutlichen Verkleinerung der Geldbasis wird es aus den genannten Gründen jedenfalls nicht kommen.

Es spricht also alles dafür, dass die bisherige ultralockere Geldpolitik grundsätzlich fortgeführt wird. Deshalb ist damit zu rechnen, dass es zu einer seit dem Ende des Zweiten Weltkriegs noch nie dagewesenen Inflation und Geldentwertung kommen wird. Es ist schwer zu sagen, wann genau die Inflation noch stärker Fahrt aufnehmen wird, aber sie wird Fahrt aufnehmen – und zwar eher früher als später. Vertraut man der Prognose des ehemaligen Chefvolkswirts der EZB, Jürgen Stark, aus dem Jahr 2021, so wird dies noch 2022, spätestens 2023, der Fall sein.

> »So wie die Regierungen und die Notenbanken derzeit mit ihrem Policy Mix aufgestellt sind, dürfte das in dem Augenblick, in dem die Pandemie weitgehend überwunden ist, zu einem enormen Inflationsschub führen.«[208]

Diese Krise, die »große Geldentwertung«, wird viele schwerwiegende Konsequenzen haben, Konsequenzen, die über den bloßen Anstieg der Inflation und die Verluste der Gläubiger weit hinausgehen werden. Diese Konsequenzen werden den End- und Höhepunkt einer Entwicklung darstellen, die sich im Verlauf all der bisherigen Krisen nur zu deutlich abgezeichnet hat. Worin besteht diese Entwicklung und worauf läuft sie hinaus? Diese und andere Fragen wollen wir versuchen, im zweiten Teil zu beantworten.

Zweiter Teil: Die Hintergründe und Abgründe der Krisenpolitik

»Die Mehrheit der Bevölkerung versteht nicht, was wirklich geschieht. Und sie versteht nicht einmal, dass sie es nicht versteht.«

Noam Chomsky[209]

Diese Aussage gilt in besonderem Maße für den Ablauf und die Auswirkungen der Krisenpolitik in Deutschland. Das ist zwar sehr bedauerlich, aber nicht wirklich überraschend. Wenn eine Krise die andere ablöst und immer nur die jeweils aktuelle Krise im Zentrum der Aufmerksamkeit von Politik und Medien steht, dann passiert es allzu leicht, dass die Bevölkerung den Wald vor lauter Bäumen nicht sieht und über den Problemen der einzelnen Krisen die Gemeinsamkeiten und die Grundtendenzen der gesamten Krisenpolitik aus dem Blick verliert.

Um zu verstehen, was in der Krisenpolitik »wirklich geschieht«, müssen wir uns von der Fokussierung auf die einzelnen Krisen lösen und aus einer gewissen Distanz das Gesamtbild von Krisen und Krisenpolitik betrachten. Voraussetzung hierfür ist aber, dass man mit den wichtigsten Merkmalen der verschiedenen Krisen vertraut ist. Nachdem wir uns diese Vertrautheit im ersten Teil dieses Buches erarbeitet haben, können wir nun darangehen, uns mit den Hintergründen, ja sogar: Abgründen, der Krisenpolitik in Deutschland zu beschäftigen. Dabei soll es um Fragen wie die folgenden gehen: Welche Grundmuster lassen sich erkennen? Lassen sich Aussagen über die weitere Entwicklung treffen? Welche Ziele werden mit der Krisenpolitik verfolgt – und aus welchen Gründen?

Kapitel 6: Grundmuster und Ziele der Krisenpolitik

Misserfolg mit System

Bevor ich mich an die Prognose künftiger Entwicklungen oder die Analyse der Motive der krisenpolitischen Akteure wage, möchte ich klären, wie das erwähnte Grundmuster aussieht. Zwar weisen nicht alle der von uns besprochenen Krisen dieselben Merkmale auf, doch gibt es, wie wir gleich sehen werden, mehr als genug Gemeinsamkeiten, die es rechtfertigen, von einem Grundmuster zu sprechen, welches für die Politik in allen diesen Krisen charakteristisch ist.

Zuallererst fällt auf, dass die Krisenpolitik wenig bis gar nicht erfolgreich gewesen ist. Was den Erfolg angeht, so kann man zwischen dem kurzfristigen Erfolg, unter dem die Bewältigung der Krisenfolgen verstanden werden soll, und dem langfristigen Erfolg, mit dem die Lösung der den Krisen zugrunde liegenden Probleme gemeint ist, differenzieren.

Die Politik in der Finanz- und Bankenkrise war kurzfristig erfolgreich, da es ihr gelungen ist zu verhindern, dass aus einem Konjunktureinbruch eine langanhaltende Rezession wurde und dass das Bankensystem zusammenbrach. Die eigentlichen Ursachen wurden ebenfalls angegangen, indem die Eigenkapitalvorschriften verschärft, die Bankenaufsicht gestärkt und ein Abwicklungsmechanismus etabliert wurden. Gelöst sind die Probleme aber damit noch lange nicht, wie die Schieflagen verschiedener Banken zeigen, zu denen es auch nach Schaffung der Europäischen Bankenunion kam (z. B. die Probleme der italienischen Banca Monte dei Paschi di Siena). Die auf die Bankenkrise folgende Eurokrise wurde in dem Sinn kurzfristig bewältigt, dass es gelang, den Zusammenbruch des Eurosystems und die Pleite von Euroländern zu verhindern. Und damit wäre die Erfolgsbilanz der Krisenpolitik auch schon abgeschlossen – eine äußerst magere Bilanz, wie man sieht. Der Rest ist Versagen.

Was die Eurokrise angeht, so hat man nicht einmal versucht, die zugrunde liegenden Probleme zu lösen – ganz im Gegenteil: Die kurzfristige Krisenpolitik hat vielmehr dazu beigetragen, dass diese Probleme noch größer und noch drängender wurden. Bei der Kernenergiekrise kann man ohnehin nicht von »Erfolg« sprechen, da sie ja zu 100 Prozent hausgemacht und von der Politik selbst verursacht wurde. Die Politik in der Flüchtlingskrise war und ist, sowohl was die Abwehr illegaler Migration als auch was die Beseitigung der Ursachen derselben betrifft, ein Desaster – ganz abgesehen davon, dass die Krise durch die gesetzeswidrige Entscheidung zur Grenzöffnung zwar nicht verursacht, aber zumindest ausgelöst wurde.

In der Klimakrise gibt es zwar Ansätze zu Anpassungsmaßnahmen, um mit den Folgen des Klimawandels besser fertig zu werden, aber eine auf die langfristige Stabilisierung des Klimas abzielende effektive Strategie existiert immer noch nicht. Statt auf ein international koordiniertes Vorgehen hinzuwirken, konzentriert sich die Politik auf ineffektive und ineffiziente nationale bzw. regionale Maßnahmen. Was schließlich die Coronakrise angeht, so ist offensichtlich, dass die übertriebene Reaktion auf die Pandemie enorme Kosten, sowohl wirtschaftlicher als auch nicht wirtschaftlicher Natur, nach sich gezogen und so die Krise erst verursacht hat. Es ist nicht zu erkennen, dass Vorsorge dafür getroffen wurde, dass Ähnliches bei etwaigen neuen Pandemien nicht wieder passieren wird.

Angesichts dieser zum Großteil durch Pleiten, Pech und Pannen charakterisierten Krisenpolitik stellt sich natürlich die Frage, ob ein Erfolg, so wie wir ihn definiert haben und wie er auch dem üblichen Verständnis von einer erfolgreichen Krisenpolitik entspricht, überhaupt beabsichtigt war. Denn wenn ein solcher Erfolg tatsächlich das Ziel der Krisenpolitik gewesen wäre, dann könnte deren Scheitern in so vielen Fällen nur durch ein so großes Maß an Inkompetenz erklärt werden, dass dieses kaum möglich erscheint – selbst angesichts der geringen Erwartungen, die man heutzutage an die Fähigkeiten von Politikern nur noch stellen kann. Deshalb ist der Gedanke zumindest nicht völlig abwegig, dass eigentlich ganz andere Ziele verfolgt wurden und werden. Die Frage, welche das seien könnten, wird man am ehesten beantworten können, wenn man sich überlegt, zu welchen Konsequenzen die Krisenpolitik der letzten 15 Jahre geführt hat – mit anderen Worten: welche »Nebenwirkungen« sie gehabt hat.

Nebenwirkungen oder wahre Ziele?

An *erster* Stelle ist hier die zunehmende Zentralisierung zu nennen – und zwar vor allem auf europäischer Ebene. Die Kompetenzen der verschiedenen europäischen Institutionen wurden im Lauf der Krisen massiv zulasten der Mitgliedstaaten ausgeweitet. Das begann mit der Banken- und Finanzkrise, in der die Finanzaufsicht vergemeinschaftet wurde. Fortgesetzt hat sich diese Tendenz in der Eurokrise: einerseits »offiziell« mit der Schaffung von neuen Institutionen wie dem ESM oder der Europäischen Bankenunion und von neuen Abkommen wie dem Europäischen Fiskalpakt; andererseits »inoffiziell« mit der Anmaßung finanz- und wirtschaftspolitischer Kompetenzen durch die EZB und deren Einstieg in die monetäre Staatsfinanzierung.

Die Kernenergiekrise hat zwar zu keinem Transfer von Kompetenzen nach Brüssel geführt; doch könnte man als eine der Folgen dieser Krise auch einen zumindest faktischen Verlust an nationaler Souveränität nennen. Denn durch die Abschaltung der Kernkraftwerke wird die Abhängigkeit von Stromimporten stark zunehmen, sodass man die Energieversorgungssicherheit nur mehr im europäischen Rahmen wird sicherstellen können. Während der Flüchtlingskrise zog Brüssel auch auf dem Gebiet der ohnehin schon zum Großteil vergemeinschafteten Asylpolitik weitere Kompetenzen an sich: Der Beschluss der Europäischen Rates im September 2015, den gemäß der Dublin-III-Verordnung eigentlich zuständigen Ländern Italien und Griechenland 120 000 Flüchtlinge »abzunehmen« und diese innerhalb der EU, auch gegen den Widerstand einzelner Mitgliedsländer, zu verteilen, war zwar einmaliger Natur und einer Notlage geschuldet, doch wurde damit ein – auch vom Europäischen Gerichtshof abgesegneter[210] – Präzedenzfall für künftige Umsiedlungsaktionen geschaffen.

Dieser spielt auch bei dem im September 2020 vorgestellten »Neuen Migrations- und Asylpaket« der EU-Kommission eine große Rolle. Ziele dieses Pakets sind neben der »gerechten Aufteilung der Verantwortung und Solidarität« vor allem die weitere Stärkung der EU-Grenzschutzagentur FRONTEX und die Etablierung einer europäischen Asylagentur. Das letztgenannte Ziel wurde im Juni 2021 erreicht, als Europäischer Rat und Europäisches Parlament der Umwandlung des Unterstützungsbüros in Asylfragen in eine Asylagentur zustimmten, die dezidiert für eine »einheitlichere Praxis« bei der Asylpolitik innerhalb der EU sorgen soll.[211]

Ihren (bisherigen) Höhepunkt erreichte die Europäisierung der Politik aber in der Klima- und in der Coronakrise: Der EU Green Deal und der Corona-Wiederaufbaufonds »Next Generation EU« stellen nicht die einzigen, aber die bedeutendsten Elemente eines nie zuvor dagewesenen Zentralisierungsschubs dar, durch den die EU massiv an Einfluss und Macht gewonnen hat. Berücksichtigt man außerdem, dass die EZB eine immer wichtigere Rolle bei der Finanzierung der Staatshaushalte gewisser Mitgliedsländer spielt, dann wird deutlich, dass sich das politische Gewicht innerhalb der EU sehr stark von den Mitgliedstaaten nach Brüssel verschoben hat. Es ist damit zu rechnen, dass diese Zentralisierung im Gefolge des Ukraine-Krieges weiter voranschreitet.

Eine parallele Entwicklung kann man zwar auch innerhalb Deutschlands beobachten: Seit Jahrzehnten verlieren die Bundesländer ständig an Bedeutung, Einfluss und Kompetenz. Doch hat diese innerdeutsche Zentralisierung nichts mit der Krisenpolitik zu tun, da deren Gegenstände ohnehin zum Großteil Sache des Bundes sind – mit einer Ausnahme: Nach dem Infektionsschutzgesetz waren ausschließlich die Länder für die meisten Maßnahmen zur Infektionsbekämpfung zuständig. In der Coronakrise hat der Bund durch die »Bundesnotbremse« gemäß § 28b Absatz 1 Infektionsschutzgesetz die Länder teilweise entmachtet, indem er bundeseinheitliche Maßnahmen zwingend vorgeschrieben hat. Diese Vorschrift gilt zwar explizit nur für COVID-19, doch ist damit zu rechnen, dass sie als Vorbild für den Fall künftiger (echter oder scheinbarer) Pandemien dienen wird.

Zweitens haben Regulierung und Bürokratie deutlich zugenommen. Bürger und Unternehmen sehen sich immer mehr, immer strengeren und immer detaillierteren Vorschriften gegenüber, die nicht nur ihren Handlungsspielraum und ihre Freiheiten immer stärker einschränken, sondern auch einen erheblichen bürokratischen Aufwand nach sich ziehen. Euro-, Kernenergie- und Flüchtlingskrise spielen in diesem Zusammenhang zwar kaum eine direkte Rolle, aber dafür haben sich andere Krisen umso stärker ausgewirkt. In der Finanzkrise wurden die Eigenkapital- und Liquiditätsvorschriften für Banken durch Basel III verschärft, was zum Zweck einer Stabilisierung des Finanzwesens sinnvoll und notwendig war. Allerdings wurde diese Krise auch zum Anlass genommen, die Berichts-, Aufklärungs-, Dokumentations- und Meldepflichten von Banken, Versicherungen und anderen Finanzdienstleistern wesentlich zu verschärfen – und zwar in einem Umfang, der mit dem Ziel eines besseren Kundenschutzes kaum gerechtfertigt werden kann.

Nicht unmittelbar mit der Finanzkrise zu tun haben andere Vorschriften, die aber ins Bild einer allgemein zunehmenden Regulierungsdichte passen: Das Geldwäschegesetz mit seinen vielen Melde- und Anzeigepflichten wurde immer mehr ausgebaut. Bargeldtransaktionen von 10000 Euro und mehr gelten grundsätzlich als verdächtig und müssen in vielen Fällen gemeldet werden – nicht nur von Banken, sondern z. B. auch von Immobilienmaklern, Autohändlern oder Juwelieren. Um Bargeldgeschäfte zu erschweren, wurde im Jahr 2016 der 500-Euro-Schein abgeschafft. Diese zunehmende Kriminalisierung des Bargeldverkehrs wird mit dem Ziel der Verhinderung bzw. Aufdeckung krimineller Transaktionen und von Steuerhinterziehung begründet. Allerdings führen alle diese Maßnahmen zwangsläufig auch zu einer immer stärkeren Kontrolle und Überwachung der Bürger.

Es ist aber vor allem die Klimakrise, die Regulierern und Bürokraten ein fast unbegrenztes Spielfeld bietet: Verbrauchsvorschriften für Elektrogeräte und Autos, Regeln für Haus- und Wohnungsbau, Pflichten zur Installation von Solaranlagen, Emissionsziele und sonstige Vorgaben für einzelne Branchen oder Wirtschaftssektoren, der Zwang zur Erstellung von Nachhaltigkeitsberichten – das sind nur einige Beispiele für die heute schon existierenden Regulierungen, die dem Klimaschutz dienen sollen. Im Rahmen des EU Green Deal und zum Zweck der Erreichung der Klimaneutralität bis zum Jahr 2050 wird sowohl Zahl als auch Eingriffsintensität dieser Vorschriften weiter zunehmen.

Die aktuelle Coronakrise bietet einen Vorgeschmack darauf, was uns noch alles erwarten wird. Die massiven Freiheits- und Grundrechtseinschränkungen haben gezeigt, wie weit der Staat gehen kann und wie viel sich die Bürger gefallen lassen. Ihre epidemiologische Effektivität mag umstritten sein, aber in einer Hinsicht sind die verschiedenen Corona-Maßnahmen höchst effektiv: wenn es darum geht, die Bürger gefügig zu machen und an die Vorstellung zu gewöhnen, dass sie keine Rechte genießen, sondern »Privilegien«, die ihnen bei Bedarf jederzeit genommen werden können. Die Klimapolitiker werden sich ein Vorbild daran nehmen, was ihnen der SPD-Gesundheitspolitiker und derzeitige Bundesgesundheitsminister Karl Lauterbach auch ausdrücklich empfiehlt:

> »Somit benötigen wir Maßnahmen zur Bewältigung des Klimawandels, die analog zu den Einschränkungen der persönlichen Freiheit in der Pandemie-Bekämpfung sind.«[212]

Einen ersten Schritt in diese Richtung stellt der »Klimanotstand« dar, den etliche deutsche Städte ausgerufen haben. Das hat zwar keinerlei Auswirkungen auf das Klima, ist aber mehr als Symbolpolitik. Denn dadurch werden die Bürger auf das, was noch kommt, eingestimmt. Vom Klimanotstand zur Ökodiktatur ist es nur ein kleiner Schritt.

Die Coronakrise hat nicht nur indirekt – indem die Coronapolitik als Vorbild für den Umgang mit anderen Krisen dient – Dirigismus und Staatseinfluss verstärkt, sondern auch direkt: einerseits durch die zur Bekämpfung der Pandemie ergriffenen Maßnahmen, andererseits durch die dem »Wiederaufbau« dienende Politik, mit der auch und vor allem der Klimaschutz vorangetrieben werden soll. Damit schließt sich der Kreis zwischen diesen beiden Krisen: Die Coronapolitik dient als Vorbild für die Klimapolitik und die Klimapolitik findet Eingang in die Coronapolitik. Was auf der Strecke bleiben wird, sind die Freiheiten der Bürger, die immer stärker durch immer mehr Vorschriften eingeengt werden, und die Freiheit der Marktwirtschaft, die zunehmend durch eine staatlich gelenkte Wirtschaft ersetzt wird.

Keine Rücksicht auf Verluste!

Die Politik in den verschiedenen Krisen hat nicht nur diese beiden »Nebenwirkungen« gemeinsam, sondern auch einen gewissen Politikstil. So wurde in fast allen Fällen das jeweilige Ziel der Krisenpolitik verabsolutiert: Es sollte unter allen Umständen und ohne jede Rücksicht auf die Kosten erreicht werden; eine Kosten-Nutzen-Abwägung wurde bewusst unterlassen. Zum ersten Mal trat dieses Phänomen in der Eurokrise in Erscheinung; hier bezeichnete die Regierung ihre Politik zum ersten Mal als »alternativlos«. Auch in der Folge, bei Kernenergie-, Flüchtlings-, Klima- und Coronakrise, wurde auf diese Art und Weise Politik betrieben. Man fixierte sich auf ein Ziel – Kernenergieausstieg, Gewährleistung des Asylrechts, Klimaschutz, Pandemiebekämpfung – und suchte, dieses auf Biegen oder Brechen durchzusetzen. Die Kosten wurden und werden dabei völlig vernachlässigt. Diese »Koste es, was es wolle!«-Mentalität zeigt sich am deutlichsten in der Klimapolitik mit ihren teuren, ineffizienten und zum Großteil ineffektiven Maßnahmen und in der Coronapolitik, die extrem hohe volkswirtschaftliche Schäden angerichtet hat, sie hat aber auch in den anderen Krisen zu hohen Kosten und der Verschwendung von Milliarden geführt.

Außerdem – und das ist eine unmittelbare Folge der Zielverabsolutierung – hat die Krisenpolitik in fast allen Fällen den Rechtsstaat beschädigt. Nicht nur Kosten spielten keine Rolle, auch Recht und Gesetz wurden vernachlässigt, missachtet oder bewusst gebrochen. Das flagranteste Beispiel hierfür liefert sicherlich die Flüchtlingskrise, als die Bundesregierung bewusst und absichtlich gegen § 18 Absatz 2 Asylgesetz verstieß und die Grenzen für die unkontrollierte Zuwanderung hunderttausender von illegalen Migranten öffnete – ein Rechtsbruch, der bis heute fortdauert und der den Staatsrechtler Ulrich Vosgerau dazu veranlasst hat, von der »Herrschaft des Unrechts« zu sprechen.[213]

Aber auch in den anderen Krisen hat sich die Geringschätzung rechtsstaatlicher Prinzipien gezeigt: Viele Juristen kritisieren die Verstöße gegen die grundgesetzlichen Prinzipien der Verhältnismäßigkeit und der Bestimmtheit sowie gegen das Gleichbehandlungsgebot und das Recht auf körperliche Unversehrtheit, durch die sich die Coronapolitik auszeichnet. Auch die Verfassungsmäßigkeit der Nachtragshaushalte zur Finanzierung der im Rahmen der Coronakrise getätigten Ausgaben erscheint wegen möglicher Verstöße gegen die »Schuldenbremse« (Artikel 115 Absatz 2 Grundgesetz) und gegen wesentliche Haushaltsgrundsätze zweifelhaft – wie zumindest der Bundesrechnungshof für den Fall des zweiten Nachtragshaushalts von 2020 meint.[214]

Was die Kernenergiekrise angeht, so wurden die Eigentumsrechte der Kernkraftwerksbetreiber im Zuge des Ausstiegs aus der Atomenergie verletzt, was mehrmals vom Bundesverfassungsgericht bemängelt worden ist.

Und auch die Klimakrisenpolitik befindet sich nicht auf dem Boden des Rechtsstaats: *Erstens* sind zumindest Zweifel an der Verhältnismäßigkeit vieler Maßnahmen berechtigt. *Zweitens* werden die in § 1 Energiewirtschaftsgesetz genannten Ziele der Sicherheit der Versorgung mit Strom und Gas und der Bezahlbarkeit dieser beiden Energieformen durch klimapolitische Maßnahmen wie den Kohleausstieg oder das EEG nicht nur ignoriert, sondern systematisch und fortgesetzt konterkariert, was insbesondere vom Bundesrechnungshof seit Langem angeprangert wird.[215] *Drittens* wurde das »Klimakabinett« ohne die hierfür notwendige und vom Bundespräsidenten zu genehmigende Änderung der Geschäftsordnung der Bundesregierung etabliert.[216] Und *viertens* wurde gegen die »Schuldenbremse« des Grundgesetzes dadurch verstoßen, dass 60 Milliarden Euro an für die Bekämpfung der Coronakrise vorgesehenen Krediten in den Energie- und Klimafonds »umgeleitet« wurden – obwohl das Grundgesetz eine Verschuldung in dieser Höhe nur für »Naturkatastrophen oder außergewöhnliche Notsituationen« (Artikel 115 Absatz 2) erlaubt. Nur mit Verweis auf den Klimawandel und dessen mögliche Folgen kann die Ausnahmeregelung des Grundgesetzes aber nicht in Anspruch genommen werden.[217]

Auf europäischer Ebene wird sogar in noch größerem Umfang und noch viel unverfrorener gegen Recht und Gesetz verstoßen. Dies begann mit der Eurokrise und setzte sich in der Coronakrise fort. Viele im Vertrag über die Arbeitsweise der Europäischen Union (AEUV) und in anderen Verträgen niedergelegten Regeln werden systematisch missachtet, umgangen oder gebrochen: die Haushaltsregeln des Stabilitäts- und Wachstumspakts bzw. des Fiskalpakts; das Verbot der Schuldaufnahme durch die EU; das Verbot der gemeinschaftlichen Haftung für Schulden; die Verpflichtung der EZB auf das Ziel der Geldwertstabilität; und vor allem das Verbot der Staatsfinanzierung durch die EZB. Zu nennen wären in diesem Zusammenhang auch die Fälle, in denen sich EU-Institutionen Kompetenzen anmaßen, für die es keine vertraglichen Grundlagen gibt – wie es beispielsweise bei der Schaffung der Bankenunion oder bei der eigenmächtigen Festlegung ihrer geldpolitischen Ziele durch die EZB geschah.

Vor allem hat sich die EZB sehr weit von ihrem »vorrangigen Ziel (…), die Preisstabilität zu gewährleisten« entfernt (Artikel 127 Absatz 1 AEUV). Sie hat nicht nur ihr eigentliches Hauptziel über dem Bestreben, die Haushaltsdefizite gewisser Euroländer zu finanzieren, vernachlässigt, sondern bemüht sich aktuell auch um den Klimaschutz, der ausdrücklich bei ihrer Geldpolitik berücksichtigt werden soll.[218] Eine vertragliche Grundlage für eine solche eigenmächtige Kompetenzerweiterung ist nicht zu erkennen. Die Generalklausel, wonach die EZB die »allgemeine Wirtschaftspolitik in der Union« unterstützt (Artikel 127 Absatz 1 AEUV), reicht dafür nicht aus – vor allem, weil diese Unterstützung nur statthaft ist, falls dadurch das Ziel der Preisstabilität nicht gefährdet wird.

Wie erwähnt, ist es zur Verabsolutierung der Krisenpolitikziele und zur Aushöhlung des Rechtsstaats »in fast allen Fällen« gekommen. Die einzige Ausnahme von dieser Regel stellt die erste der von uns behandelten Krisen dar – die Banken- und Finanzkrise. Hier scheint alles noch mit rechten Dingen zugegangen zu sein – ob aufgrund eines damals noch stärker ausgeprägten Rechtsbewusstseins oder einfach, weil keine Notwendigkeit zu Rechtsbrüchen gesehen wurde, sei einmal dahingestellt. Die im Lauf der anderen Krisen aufgetretenen Verstöße gegen Recht und Gesetz belegen aber überdeutlich, welch geringen Stellenwert das Prinzip der Rechtsstaatlichkeit heute in der Politik im Allgemeinen und in der Krisenpolitik im Besonderen genießt.

Die letzten Zweifel daran werden durch die Äußerungen hoher und höchster Politiker ausgeräumt, die offen deren Geringschätzung des Rechtsstaats zum Ausdruck bringen. So sprach Angela Merkel im Juli 2018 davon, Recht und Gesetz einhalten zu wollen, »wo immer das notwendig ist.«[219] Diese Äußerung spricht Bände und bedarf wohl keines Kommentars. Auch Christine Lagarde trug in ihrer Zeit als französische Finanzministerin ihre Missachtung des Rechtsstaats offen zur Schau:

> »Wir haben alle Regeln gebrochen, weil wir zusammenhalten und die Eurozone retten wollten.«[220]

Vielleicht war diese Einstellung einer der Gründe, warum man diese Dame zur Präsidentin der EZB gemacht hat? Ein kleinliches Festhalten an unbequemen Regeln ist von ihr jedenfalls nicht zu erwarten … Zumindest ist nicht offensichtlich, welchen anderen Grund man gehabt haben könnte, von der bisherigen Praxis abzuweichen und auf diese wichtige Position eine Juristin zu berufen – und nicht einen in Geldpolitik und Geldtheorie versierten Ökonomen. »Denn von Ökonomie im Allgemeinen und Geldpolitik im Besonderen hat Madame Lagarde keinen blassen Schimmer«, urteilt der Jurist und Finanzwissenschaftler Markus Kerber.[221]

Der europäische Zentralstaat als Ziel der Politik

Unser Rückblick auf die Krisen der vergangenen Jahre hat deutlich gezeigt, worauf die deutsche und die europäische Krisenpolitik hinauslaufen: auf die Etablierung eines europäischen Staates mit einer starken Zentralregierung, die Wirtschaft und Leben in Europa in einem Ausmaß regulieren und kontrollieren wird, wie wir uns das bis zum Ausbruch der Coronakrise nicht vorstellen konnten – seither dafür aber umso besser. Diese Entmündigung und Bevormundung wird hehren Zielen dienen – dem Schutz des Klimas und der Umwelt, dem Schutz der Gesundheit, der Gerechtigkeit in Europa und der ganzen Welt sowie der Förderung von Diversität und Multikulturalität.

Ob die Bevölkerung diese Ziele teilt, wird dabei keine Rolle spielen. Die Eurokraten wissen schließlich am besten, was für die Menschen gut ist und werden alles dafür tun, dass diese die ihnen zugedachte Fürsorge auch akzeptieren. Das Vorbild dieses neuen staatlichen Gebildes ist offensichtlich das zentralistische Frankreich mit seiner staatlich geplanten und gelenkten Volkswirtschaft (»Planification«). Vielleicht wird es den Namen »Vereinigte Staaten von Europa« tragen, vielleicht einen anderen Namen. In jedem Fall werden die ehemaligen Mitgliedstaaten der EU zu bloßen Verwaltungseinheiten und ausführenden Organen der Zentrale in Brüssel degradiert werden, vergleichbar mit den heutigen französischen Departements und mit deutlich weniger Autonomie als die Bundesstaaten der USA.[222]

Genauso offensichtlich wie das Endziel der Krisenpolitik der letzten Jahre und Jahrzehnte ist die Tatsache, dass dieses Ziel seit

Langem bewusst und mit voller Absicht verfolgt wird, es also keinesfalls das Resultat von Sachzwängen oder einer zufälligen Entwicklung ist. Die Intentionalität erkennt man an der Art und Weise, wie die Krisenpolitik betrieben wurde und wird: Die (angeblichen) Ziele der Krisenpolitik werden verabsolutiert und ohne Rücksicht auf Kosten oder die Prinzipien der Rechtsstaatlichkeit verfolgt. Aber da die dabei angewandten Maßnahmen häufig ungeeignet oder unnötig zur Erreichung dieser Ziele sind, liegt der Verdacht mehr als nahe, dass es nicht wirklich diese Ziele, sondern die mit der Krisenpolitik einhergehenden »Nebenwirkungen« sind, die mit so viel Eifer und Energie verfolgt werden, dass also das eigentliche Ziel all dieser Krisenpolitik die Etablierung eines dirigistischen Zentralstaates in Europa ist. Mit anderen Worten: Die Krisen wurden und werden instrumentalisiert, um dieses Ziel voranzutreiben.

Aus diesem Grund liegt es auch gar nicht im Interesse der Politik, Krisen zu bewältigen – ganz im Gegenteil: Je länger diese dauern, desto länger können sie ausgenutzt werden. Manchmal fühlt sich ein Politiker so sicher oder ist so unvorsichtig, dass er die Instrumentalisierung der Krisen sogar offen zugibt. So hat sich der ehemalige Bundestagspräsident Wolfgang Schäuble mit Bezug auf die Coronakrise überraschend ehrlich geäußert:

> »Die Coronakrise ist eine große Chance. Der Widerstand gegen Veränderung wird in der Krise geringer. Wir können die Wirtschafts- und Finanzunion, die wir politisch bisher nicht zustande gebracht haben, jetzt hinbekommen.«[223]

Die Instrumentalisierung der Krisenpolitik ist im Fall der Coronakrise offensichtlich – genau wie bei der Eurokrise und bei der Klimakrise. In den anderen Krisen mag sie weniger offensichtlich sein, aber sie hat *in jedem einzelnen Fall* stattgefunden.

Das begann schon mit der Banken- und Finanzkrise, in der es keinesfalls notwendig war, die Finanz- und Bankenaufsicht durch die Schaffung des Europäischen Finanzaufsichtssystems zu zentralisieren. Zur Vorbeugung künftiger Krisen hätte die Verschärfung der Eigenkapital- und Liquiditätsvorschriften im Rahmen von Basel III ausgereicht; die Anwendung dieser neuen Regeln hätte man den nationalen Aufsichtsbehörden überlassen können. Stattdessen wurde eine zentrale Behörde etabliert, die einheitliche Standards für die Finanzaufsicht entwickelt und die nationalen Behörden überwacht. Dem Ökonomen Roland Vaubel ist also zuzustimmen, wenn er auf das wahre Motiv dieser zentralisierenden Krisenpolitik hinweist:

> »Die europäischen Institutionen sehen in der Krise eine Chance, ihre Macht zu vergrößern, und die hoch regulierten Mitgliedstaaten nutzen sie als Vorwand, um die Wettbewerbsfähigkeit ihrer Konkurrenten zu untergraben. Die Europäische Union befindet sich auf dem Weg in die Überregulierung.«[224]

Dies ist auch der Hauptgrund, warum wir diese Krise im Zusammenhang mit den anderen Krisen behandeln: Sie stellt zwar in mancher Hinsicht eine rühmliche Ausnahme dar, aber eben nicht in Hinsicht auf die Instrumentalisierung der Krisenpolitik.

Durch die Kernenergiekrise kam es zwar zu keiner Zentralisierung und keinem Kompetenztransfer nach Brüssel, aber die durch den Ausstieg aus der Kernenergie verursachte Gefährdung der Sicherheit der Elektrizitätsversorgung und die Zunahme der Abhängigkeit von Stromimporten hat die wirtschaftliche Souveränität Deutschlands in einem wichtigen Punkt beeinträchtigt und die Abhängigkeit von anderen europäischen Staaten erhöht. Diese Konsequenzen des Kernenergieausstiegs dürften den Protagonisten der europäischen Zentralisierung nicht unwillkommen gewesen sein. Warum sonst hätte man sie sehenden Auges in Kauf genommen?

Und wie sieht es schließlich mit der Flüchtlingskrise aus? Inwieweit wurde auch diese instrumentalisiert? Zum einen hat, wie wir gesehen haben, die EU-Kommission die Krise und deren Missmanagement zum Anlass genommen, die Vergemeinschaftung der Flüchtlingspolitik weiter voranzutreiben. Zum anderen, und das erscheint mir der wichtigere Aspekt zu sein, konnte man dadurch, dass man der illegalen und unkontrollierten Zuwanderung weitestgehend freien Lauf ließ, das Projekt des europäischen Zentralstaats indirekt befördern: Durch die Flüchtlingskrise ist der Anteil der Bevölkerung mit Migrationshintergrund in Deutschland und in vielen anderen Mitgliedstaaten deutlich gestiegen. Je höher dieser Anteil ist, desto geringer wird natürlich der Widerstand der Bevölkerung gegen die Verschmelzung der Nationalstaaten zu einem europäischen Zentralstaat sein. Denn diejenigen, für die Deutschland nur ein Gebiet auf der Landkarte Europas ist, die keinen Bezug zur deutschen Geschichte, zur deutschen Kultur, ja sogar in vielen Fällen zur deutschen Sprache haben, werden sich kaum darüber aufregen oder gar dagegen kämpfen, dass Deutschland als selbständiger Staat untergehen und nur als europäische Verwaltungsregion fortbestehen soll. Es mag auf den ersten Blick paradox erscheinen, aber je heterogener, je »diverser«, die Bevölkerung in den Mitgliedsländern ist, desto leichter wird die Schaffung eines politisch homogenen Zentralstaats in Europa fallen.[225]

Nur durch diese Instrumentalisierung der Krisen, nur durch die Verfolgung des übergeordneten Ziels der Etablierung eines europäischen Zentralstaats lässt sich erklären, warum die Krisenpolitik so abgelaufen ist, wie sie abgelaufen ist, warum häufig Maßnahmen ergriffen worden sind, die im Hinblick auf die angeblichen Ziele der Krisenpolitik so ineffektiv und ineffizient sind. Es wäre verfehlt, daraus auf die Irrationalität der Akteure zu schließen. Akzeptiert man unsere Rationalitätsannahme (siehe Prolog), so kommt nur ein Schluss in Frage: Diese Akteure verfolgten in Wirklichkeit ein anderes Ziel. Deshalb *scheint* die Krisenpolitik nur irrational zu sein. Sie erweckt diesen Anschein, wenn man voraussetzt, dass es tatsächlich um die Bewältigung der Krisenfolgen und die Beseitigung der Krisenursachen geht. Aber dieses Ziel wird nur scheinbar verfolgt.

In Wirklichkeit geht es um ein anderes Ziel. Und von diesem Gesichtspunkt aus gesehen ist die Krisenpolitik vollkommen rational. Denn mit ihrer Hilfe wird äußerst systematisch und konsequent auf die Verwirklichung dieses anderen Zieles hingearbeitet. Tatsächlich nähern wir uns ihm Schritt für Schritt, Krise für Krise – aber auch Reform für Reform. Denn die Reformen der europäischen Institutionen gingen, unabhängig von allen Krisen, immer nur in eine Richtung: in Richtung einer zunehmenden Zentralisierung, eines Machtzuwachses der EU-Kommission und eines Bedeutungsverlustes der Nationalstaaten. Dieser Weg wurde und wird mit Beharrlichkeit, politischem Geschick und ohne jeden Skrupel verfolgt. Das hat auch Jean-Claude Juncker, einer der Hauptprotagonisten dieser Politik, offen zugegeben:

> »Wir beschließen etwas, stellen das dann in den Raum und warten einige Zeit ab, was passiert. Wenn es dann kein großes Geschrei gibt und keine Aufstände, weil die meisten gar nicht begreifen, was da beschlossen wurde, dann machen wir weiter – Schritt für Schritt, bis es kein Zurück mehr gibt.«[226]

Die EU-Kommission wurde und wird dabei nach besten Kräften vom Europäischen Gerichtshof unterstützt, der sich weniger als politisch neutrales Gericht und mehr als Motor der Integration versteht, also, wie es Ulrich Vosgerau ausdrückt, »mit den Mitteln des Rechts bestimmte politische Ziele verfolgt, nämlich die

Verstärkung der europäischen Integration und die allmähliche Schwächung des Selbstbestimmungsrechts der Mitgliedstaaten und -völker.«[227] Auf Entscheidungen dieses Gerichts geht der heute weitgehend anerkannte Vorrang des europäischen Rechts vor dem nationalen Recht, und zwar auch vor dem nationalen Verfassungsrecht, zurück – ein Vorrang, für den es keinerlei Grundlage in den Europäischen Verträgen gibt.[228] Eine Grenze findet dieser Vorrang allerdings (noch) in der Verfassungsidentität der Mitgliedstaaten. Denn gemäß Artikel 4 Absatz 2 des Vertrags über die Europäische Union (EUV) achtet die Union die »nationale Identität« der Mitgliedstaaten, »die in ihren grundlegenden politischen und verfassungsmäßigen Strukturen (…) zum Ausdruck kommt«.

Solche und ähnliche Regelungen haben sich allerdings als wenig effektiv zum Schutz vor der ständigen Ausweitung der Unionskompetenzen erwiesen. Tatsächlich ist heute ein Zurück auf dem Weg zum europäischen Zentralstaat nur noch schwer möglich. Die deutsche Politik hat es nicht nur zugelassen, sondern tatkräftig dabei mitgewirkt, dass ihr Handlungsspielraum immer mehr eingeschränkt und die nationale Souveränität immer stärker bedroht wurde. Am auffälligsten ist dies bei der Geld- und Finanzpolitik. Deutschland kann nach Jahren des Laissez-faire kaum mehr auf der Einhaltung der Regeln zur Staatsverschuldung, zur Nichthaftung für die Schulden anderer Länder oder zu den Kompetenzen und Aufgaben der EZB beharren – denn dann würde das Eurosystem eher heute als morgen zusammenbrechen, mit der Folge, dass die deutschen Target-Forderungen von fast 1260 Milliarden Euro (Stand 31. Dezember 2021) abgeschrieben werden müssten und die von Deutschland dem ESM gewährten bzw. zugesagten 189,6 Milliarden Euro verloren wären.[229]

Die Zustimmung zum Corona-Wiederaufbaufonds und die Übernahme von Haftungsrisiken von bis zu 750 Milliarden Euro stellen ein weiteres großes Hindernis für eine Umkehr auf dem eingeschlagenen Weg dar. Entscheidend ist aber, dass nicht nur der faktische Handlungsspielraum der deutschen Politik ständig kleiner wird, sondern dass derselben der Wille, sich dagegen zu wehren, nicht nur völlig fehlt, sondern sie bereitwillig den Weg zur Selbstaufgabe Deutschlands mitgeht, ja auf diesem sogar voranschreitet – getrieben durch das Gefühl der Schuld für die Verbrechen der Nationalsozialisten und motiviert durch die eigenen europäischen Ideale (siehe dazu Kapitel 8). Was ohnehin klar ersichtlich gewesen ist, wird im Koalitionsvertrag der die neue Bundesregierung tragenden Parteien erstmals explizit ausgesprochen, in dem ein »föderaler europäischer Bundesstaat« gefordert wird. Dieser Staat soll zwar nicht nur föderal, sondern auch dezentral und subsidiär organisiert werden, aber was davon zu halten ist, zeigt die bisherige Missachtung dieser Grundsätze.[230]

Nicht nur die deutsche Politik, auch die deutsche Verfassungsgerichtsbarkeit hat eine große Gefügigkeit gegenüber Brüssel an den Tag gelegt.[231] Bei Klagen gegen die doch recht offensichtlichen Verstöße gegen die Europäischen Verträge bzw. Verletzungen des deutschen Grundgesetzes – etwa im Zusammenhang mit der Etablierung von Bankenunion und ESM oder mit der Geldpolitik der EZB – zeigt sich stets dasselbe Bild: Anträge der Kläger auf einstweilige Anordnung werden mit dem Argument abgelehnt, dass dadurch zu großer politischer Schaden angerichtet werden würde, und in den Hauptverfahren unterliegen die Kläger regelmäßig deswegen, weil die beklagten Maßnahmen aufgrund des von den anderen Mitgliedstaaten in Deutschland und die deutsche Politik gesetzten Vertrauens faktisch nicht mehr rückgängig gemacht werden könnten – obwohl man zwischen den Zeilen der Urteilsbegründungen herauslesen kann, dass die Klagen eigentlich nicht unberechtigt waren.

Allein mit seinem Urteil zum Corona-Anleiheankaufprogramm der EZB vom 5. Mai 2020 hat das Bundesverfassungsgericht der EU Paroli geboten – freilich nur sehr halbherzig, weil dieses Programm aufgrund der von der EZB unterlassenen Verhältnismäßigkeitsprüfung zwar als verfassungswidrig eingestuft wurde, die Deutsche Bundesbank sich aber nach wie vor an demselben beteiligen und die EZB die fehlende Verhältnismäßigkeitsprüfung nachreichen durfte.[232] Damit hat sich nach Einschätzung des Staatsrechtlers Dietrich Murswiek das Bundesverfassungsgericht »im Vollstreckungsverfahren abspeisen lassen und somit davon abgesehen, sein eigenes Urteil durchzusetzen«.[233]

Obwohl sich damit das Bundesverfassungsgericht wie gewohnt de facto Brüssel unterworfen hat, ist über diesen Fall ein Machtkampf offen ausgebrochen, der seit dem »Lissabon-Urteil« des Bundesverfassungsgerichts vom 30. Juni 2009 schwelt.[234] Darin hatte das Bundesverfassungsgericht für sich in Anspruch genommen, bei Fragen zu Kompetenzüberschreitungen (»Ultra-vires-Akte«) europäischer Organe das letzte Wort zu haben – und nicht etwa der Europäische Gerichtshof. Dies ist nur folgerichtig, da der Vorrang des europäischen Rechts vor dem nationalen Recht natürlich nur insoweit gelten kann, als die EU-Organe auf der Grundlage des europäischen Rechts, also im Einklang mit den Unionsverträgen handeln und auch der Europäische Gerichtshof nur insoweit Kompetenzen hat.

Abgesehen von diesem Recht auf »Ultra-vires-Kontrolle« muss das Bundesverfassungsgericht auch das Recht auf »Identitätskontrolle« haben, also auf die Überprüfung von Maßnahmen der EU daraufhin, ob diese mit den grundlegenden Verfassungsprinzipien Deutschlands vereinbar sind. Im Einklang mit seinem Recht auf »Ultra-vires-Kontrolle« hat das Bundesverfassungsgericht in seinem oben zitierten EZB-Urteil einem einschlägigen Urteil des Europäischen Gerichtshofs die Rechtswirkung in Deutschland abgesprochen. Damit hätte nach Meinung der Europäischen Kommission das Bundesverfassungsgericht seine Kompetenzen überschritten, weil allein der Europäische Gerichtshof für die Auslegung des EU-Rechts und die Frage von Kompetenzüberschreitungen von EU-Organen zuständig sei. Aus diesem Grund hat die EU-Kommission beschlossen, ein Vertragsverletzungsverfahren gegen Deutschland einzuleiten – und damit direkt das Recht des Bundesverfassungsgerichts auf »Ultra-vires-Kontrolle« und indirekt sein Recht auf »Identitätskontrolle« in Frage gestellt. Dietrich Murswiek beurteilt das Vorgehen der EU-Kommission wie folgt:

> »Dieser Beschluss ist der neueste und dreisteste Akt in einer langen Reihe von Schritten, mit denen Brüssel seine Macht zulasten der Mitgliedstaaten ausdehnen und sich schleichend die Souveränität aneignen will, die nach den EU-Verträgen immer noch bei den Mitgliedstaaten liegt.«[235]

Die Bundesregierung hat, wie eigentlich nicht anders zu erwarten war, gegenüber der EU-Kommission klein beigegeben und »förmlich erklärt, dass [sie] den Vorrang des EU-Rechts anerkennt und eine Wiederholung einer Ultra-vires-Feststellung künftig aktiv vermeiden wird.«[236] Mit anderen Worten, die Regierung hat sich gegenüber der EU-Kommission dazu verpflichtet, die Unabhängigkeit der Justiz zu missachten. Es ist bezeichnend für die aktuelle politische Situation in Deutschland, dass diese skandalöse Erklärung keinen Aufschrei der Empörung hervorgerufen hat. Die EU-Kommission hat als Reaktion auf den Kotau der Bundesregierung das Vertragsverletzungsverfahren gegen Deutschland eingestellt. Sie hat erreicht, was sie wollte und wieder einen Schritt auf dem Weg zum europäischen Zentralstaat getan.

Sehr weit wird dieser Weg nicht mehr führen, denn die Geldentwertungskrise wird die letzte Krise vor dem Ende des Weges sein. Mit ihrer Hilfe wird das Projekt des europäischen Zentralstaats endgültig und unumkehrbar vollendet werden. Deswegen wird diese Krise nicht nur billigend in Kauf genommen, sondern zumindest begrüßt, vielleicht sogar vorsätzlich herbeigeführt. Anders kann man sich die aktuelle Geld- und Schuldenpolitik nämlich kaum erklären. Diese Endkrise wird zur Rechtfertigung einer grundlegenden Umgestaltung der europäischen Institutionen dienen: Wirtschafts-, Schulden-, Sozial- und Finanzunion werden sich als »alternativlos« erweisen. Das Schicksal des Euro wird wieder einmal mit dem Schicksal Europas verknüpft werden und sowohl Euro als auch Europa werden nur durch die Etablierung des lange erstrebten europäischen Zentralstaats gerettet werden können.

Das Hauptargument wird lauten, dass man nur auf diese Weise weitere Eurokrisen und weitere Geldentwertungen verhindern könne. Dieses Argument ist auch prinzipiell richtig. Tatsächlich kann der Euro nur auf Dauer »funktionieren« und überleben, wenn es nicht nur eine gemeinsame Geldpolitik, sondern eben auch eine gemeinsame Wirtschafts-, Steuer-, Schulden- und Umverteilungspolitik gibt, wenn es, mit anderen Worten, nicht nur eine europäische Währung, sondern auch einen europäischen Staat gibt. Aus dieser Perspektive ist der Euro keine Fehlkonstruktion, wie er es aus der Sicht der meisten national denkenden Volkswirte ist, sondern er funktioniert genauso, wie man es erwartet und beabsichtigt hat: Er erzwingt nämlich über kurz oder lang die Vereinigung der Euro-Mitgliedsländer zu einem einheitlichen Staat, da nur auf diese Weise die gegenwärtig bestehenden Funktionsmängel beseitigt und neue Eurokrisen vermieden werden können. Dass es diese Krisen ohne den Euro gar nicht geben würde und dass man sie auch durch die Abschaffung des Euro für die Zukunft vermeiden könnte – darüber wird selbstverständlich der Mantel des Schweigens gebreitet werden.

Der neue Staat wird nicht nur die bisherigen 19 Euroländer, sondern auch die acht Nichteuroländer umfassen, da diese wirtschaftlich so eng mit der Eurozone verflochten und so abhängig von der EU sind, dass sie sich der Sogwirkung und Anziehungskraft des europäischen Staates nicht entziehen werden können. Bei der Etablierung dieses Staates wird man – mit dem warnenden Beispiel Großbritanniens vor Augen – dafür Sorge tragen, dass ein Austritt eines Teilstaates so gut wie unmöglich und eine Renationalisierung zumindest faktisch, vielleicht auch rechtlich ausgeschlossen ist. Denn der Brexit war ein Schock für die Eurokraten in Brüssel und anderswo. Das Unmögliche wurde möglich, ein Mitgliedsland wagte, sich von Brüssel loszusagen und sich der Kontrolle und Reglementierung durch die EU zu entziehen. Der Brexit verlief vor allem deswegen so langwierig und kontrovers, weil die EU ein Exempel statuieren wollte und – aus ihrer Sicht – musste. Der Austritt musste möglichst teuer und mit möglichst vielen Nachteilen für das Vereinigte Königreich verbunden sein, um andere Staaten abzuschrecken und diese davon abzuhalten, einen Austritt auch nur in Erwägung zu ziehen. Schließlich darf der künftige europäische Staat nicht schon geschwächt werden, bevor er überhaupt entstanden ist.

Der Ukraine-Krieg: Rückenwind für den europäischen Zentralstaat

Wir hatten in den Kapiteln 2 und 3 festgestellt, dass der Ausbruch des Ukraine-Kriegs zu keiner grundlegenden Änderung der Flüchtlingspolitik und der Klima- bzw. Energiepolitik in Deutschland geführt hat, sondern dass in beiden Fällen an der bisherigen Politik unbeirrt festgehalten wird, obwohl sich die damit einhergehenden Probleme durch den Krieg weiter verschärfen. Bei dieser Haltung mögen ideologische Verbohrtheit und die Unfähigkeit oder der Unwillen, Fehler einzuräumen, eine Rolle spielen. Ein Aspekt dabei wird aber auch sein, dass eine andere, eine effektive und effiziente Krisenpolitik nicht für andere Zwecke instrumentalisiert werden, also nicht mehr dem Projekt eines europäischen Zentralstaats dienen könnte.

Dieses Projekt genießt nicht nur in der deutschen Politik Priorität, sondern selbstverständlich auch und vor allem auf europäischer Ebene. Es überrascht deshalb nicht, dass wir beobachten können, wie auch der Ukraine-Krieg zugunsten der Etablierung eines europäischen Zentralstaats instrumentalisiert wird. Dies geschieht auf verschiedene Weise. *Erstens* wurden schon Anfang März 2022 erste Forderungen von Seiten Frankreichs und Italiens nach einem europäischen »Resilienzfonds« laut, mit dessen Hilfe die EU-Mitgliedsstaaten bei der Bewältigung der möglichen wirtschaftlichen Folgen des Ukraine-Kriegs unterstützt werden sollen.[237] Dieser Fonds soll (natürlich!) durch Kredite finanziert werden, für die die EU-Mitgliedsstaaten gemeinschaftlich haften. Der angeblich einmalige Ausnahmefall des Corona-Wiederaufbaufonds würde so zum Regelfall und die Schulden- und Transferunion endgültig institutionalisiert werden. Mit dieser Forderung werden Emmanuel Macron und Mario Draghi in Brüssel offene Türen einrennen, würde ein solcher Fonds doch zu einem erheblichen Machtzuwachs der Eurokraten führen.

Zweitens wurde von der EU-Kommission die Möglichkeit eines »beschleunigten« EU-Beitritts der Ukraine ins Spiel gebracht – ein Vorhaben, das besonders von Ursula von der Leyen vorangetrieben wird.[238] Ihr muss jedoch klar sein, dass die Ukraine ein finanzielles Fass ohne Boden ist und noch Jahrzehnte lang auf massive Transferzahlungen angewiesen wäre. Damit würde eine Ausweitung des EU-Budgets einhergehen – und eine weitere Zunahme der Macht Brüssels. Ob die Solidarität mit der Ukraine und die Bereitschaft, dieses Land zu unterstützen, bei der Mehrheit der bisherigen Mitgliedsländer so stark ausgeprägt ist, dass sie diesem Vorschlag folgen, erscheint allerdings mehr als fraglich.

Drittens hat die EU jetzt einen äußeren Feind: das Russland Putins. Angesichts dieser Bedrohung, wie konkret sie auch immer sein mag, gilt ein geschlossenes, solidarisches und konsequentes Auftreten der EU auf allen Gebieten als das Gebot der Stunde. Kritik an der EU, an der zunehmenden Zentralisierung und Bürokratisierung im Allgemeinen und an verschiedenen einzelnen Vorhaben (wie etwa dem EU Green Deal) im Besonderen, wird in diesem politischen Klima entweder gar nicht erst geäußert oder mit Verweis auf die Bedrohung von außen unschwer abgewehrt werden können. Auf diese Weise kann auch dem Widerstand gegen einen europäischen Zentralstaat der Wind aus den Segeln genommen werden. Ein gutes Beispiel für diese Strategie ist das Bemühen, mithilfe des Russland-Arguments einen Keil zwischen Ungarn einerseits (dessen Ministerpräsident häufig als »Putin-Versteher« kritisiert wird) und Polen, Tschechien und der Slowakei andererseits (deren Regierungen Putin sehr kritisch gegenüberstehen) zu treiben – vier Länder, die sonst ihre Kritik an Brüssel und ihr Widerstand gegen eine weitere Zentralisierung eint.[239]

Viertens erlaubt der Ukraine-Krieg der EZB, Kritik an ihrer ultralockeren Geldpolitik und an ihrer Finanzierung hochverschuldeter Länder durch die Notenpresse abzuwehren und diese Politik im Großen und Ganzen fortzusetzen. Darauf sind wir schon im Kapitel 5 ausführlich eingegangen.

Selbstverständlich will ich in diesem Zusammenhang nicht unterstellen, dass irgendjemand in Berlin, Brüssel oder Frankfurt (dem Sitz der EZB) den Ukraine-Krieg herbeigewünscht oder auch nur begrüßt hat. Aber jetzt, da er nun einmal ausgebrochen ist, sollte man das Beste daraus machen …

Die Große Transformation

Nicht zuletzt aufgrund der Entwicklungen in der Folge des Ukraine-Krieges wird die Geldentwertungskrise weiter voranschreiten. Sie wird sich schneller verschärfen als bis vor Kurzem gedacht. Diese Krise wird nicht nur die Gelegenheit zur Etablierung des seit Langem angestrebten europäischen Zentralstaats bieten, sondern auch zu einer Gestaltung desselben im Sinn der Eurokraten: nämlich nach französischem Vorbild, also bürokratisch und dirigistisch. Zu diesem Zweck wird man versuchen, das Bargeld endgültig abzuschaffen – mit dem Argument, dadurch die Geldpolitik wirksamer machen und künftige Inflationen leichter verhindern zu können, aber mit dem Hintergedanken, auf diese Weise die Bürger und ihre wirtschaftlichen Aktivitäten perfekt überwachen zu können.[240]

Auch für direkte Eingriffe in die Einkommens- und Vermögensverteilung werden sich Gründe finden lassen. Bei einer Geldentwertung gibt es nämlich Gewinner und Verlierer. Erstere sind die Besitzer von Sachvermögen (wie Immobilien, Edelmetallen oder Unternehmensanteilen) – und zwar umso mehr, je mehr sie dieses Sachvermögen durch Kreditaufnahme finanziert haben, da ja die Schulden durch die Inflation entwertet werden. Letztere sind die Besitzer von Geldvermögen, also von Lebensversicherungen, Anleihen und Sparguthaben, deren Wert durch die Inflation wie Schnee in der Sonne dahinschmelzen wird. Da die Gewinner tendenziell zu den Besserverdienenden und die Verlierer tendenziell zu den Geringverdienern gehören, wird die Ungleichheit der Einkommens- und Vermögensverteilung zunehmen und Forderungen nach staatlichen Eingriffen nach sich ziehen. Eine Vermögensabgabe der Gewinner zur Entschädigung der Verlierer wird mehr als wahrscheinlich sein.

Ein solcher Lastenausgleich würde der europäischen Bürokratie nicht nur eine direkte Beeinflussung der Vermögensverteilung, sondern auch eine Umstrukturierung von Wirtschaft und Gesellschaft in ihrem Sinn erlauben. Die Großunternehmen würden als »europäische Champions« gefördert und unterstützt werden, die Masse der Arbeitnehmer würde durch soziale Wohltaten beschwichtigt werden, und Mittelstand und Selbständige hätten die Zeche zu zahlen. Schließlich funktioniert eine dirigistische und interventionistische Wirtschaftspolitik nach dem Vorbild der französischen »Planification« umso besser, je weniger und je größere »Planungsobjekte« es gibt – idealerweise einige Großunternehmen auf der einen und einige Gewerkschaften auf der anderen Seite. Ein starker und lebendiger Mittelstand, wie er für Deutschland typisch ist, würde da nur stören. Erste Anzeichen für eine solche Politik konnte man in der Coronakrise schon auf nationaler Ebene beobachten: In Not geratene Großunternehmen wurden großzügig gerettet; Arbeitnehmer wurden durch Kurzarbeitergeld unterstützt; Selbständige, Handwerksbetriebe, Kleinunternehmen und Gewerbetreibende wurden dagegen mehr als stiefmütterlich behandelt.

Der wahrscheinliche Lastenausgleich im Zuge der kommenden Geldentwertungskrise, der »Wiederaufbau« nach der Coronakrise und die klimapolitischen Maßnahmen im Zuge des »Green Deal« – all dies zusammen ist die ideale Spielwiese für Interventionisten, Planer und Regulierer. Die freie Marktwirtschaft wird zu einem staatskapitalistischen System degenerieren, in dem es für freies Unternehmertum und einen starken, vielfältigen und selbständigen Mittelstand keinen Platz mehr geben wird. So und nicht anders wird der »Große Umbruch«, die »Große Transformation« in Europa aussehen.

Aber das ist vielleicht nur der Anfang, nur der erste Schritt auf dem Weg in eine schöne, neue, digitale Welt, in der wir zunehmend fremdbestimmt und bevormundet werden. In einer wenig beachteten Studie des Bundesinstituts für Bau-, Stadt- und Raumforschung wurden beunruhigende Visionen entwickelt: In einer umfassend vernetzten Welt werden wir demnach weder Konsumentscheidungen treffen noch zur Wahl gehen müssen.[241] Das werden Algorithmen und künstliche Intelligenz für uns erledigen, die besser als wir selbst wissen, was für uns gut und richtig ist. Die Autoren sprechen deshalb (auf gut neuhochdeutsch) von einer »Post-Choice« und »Post-Voting Society«:

> »Da wir genau wissen, was Leute tun und möchten, gibt es weniger Bedarf an Wahlen, Mehrheitsfindungen oder Abstimmungen. Verhaltensbezogene Daten können Demokratie als das gesellschaftliche Feedbacksystem ersetzen.«[242]

Für viele Politiker und Bürokraten – die das zitierte »wir« nur allzu gerne auf sich selbst beziehen – mag diese Aussicht attraktiv sein, müssen sie doch dann nicht einmal mehr so tun, als ob ihnen der Wille der Bürger wichtig wäre. Einer so weitgehenden »Großen Transformation« sehe ich eher mit Schrecken entgegen.

Wenn es um die Akteure dieser »Großen Transformation« und die Protagonisten des europäischen Zentralstaats geht, habe ich (mit wenigen Ausnahmen) immer nur, recht kryptisch, von »man«, von »Eurokraten« oder von »Politikern« gesprochen. Wer aber sind diese Akteure und von welchen Interessen und Motiven werden sie geleitet? An erster Stelle sind die Spitzen der europäischen Institutionen, insbesondere von Kommission und Gerichtshof, und die europäische Bürokratie zu nennen, die ein »natürliches« Interesse an der Ausweitung ihrer Kompetenzen und ihrer Macht haben.[243] Von ihnen ist nichts anderes zu erwarten, als dass sie sich um die Etablierung eines europäischen Zentralstaats nach allen Kräften bemühen. Aber diese Bemühungen können nur dann zum Erfolg führen, wenn sie von den Mitgliedsstaaten unterstützt oder zumindest hingenommen werden. Zu den aktiven Förderern dieser Zentralisierung gehören vor allem Deutschland und Frankreich – allerdings aus höchst unterschiedlichen Motiven. Während die deutsche Politik, wie wir oben beschrieben haben, vor allem ideologisch motiviert und (mehr oder weniger) bewusst auf die nationale Selbstaufgabe gerichtet ist (siehe dazu auch Kapitel 8), betreibt Frankreich das Projekt des europäischen Zentralstaats im wohlverstandenen eigenen Interesse. Es will auf diesem Wege das wirtschaftlich (noch?) wesentlich stärkere Deutschland »einhegen« und französische Konzepte der Wirtschafts-, Finanz- und Geldpolitik in ganz Europa durchsetzen. Lassen wir dazu noch einmal Markus Kerber zu Wort kommen:

> »So sieht also der französische Traum aus: Ein Deutschland, da sich politisch aufgibt und sich mit seinem Bruttosozialprodukt ganz und gar der europäischen Integration unter französischer Führung zur Verfügung stellt.«[244]

Wie bereitwillig Deutschland Frankreich bei der Verwirklichung dieses Traums unterstützt hat und weiter unterstützt, geht aus unserer Analyse der Krisenpolitik klar und deutlich hervor. Unterstützt wird Frankreich auch von den hoch verschuldeten südlichen Krisenländern: Italien, Spanien, Portugal und Griechenland. Diesen ist zwar nicht – so wie Deutschland – an der nationalen Selbstaufgabe gelegen und sie streben auch nicht – so wie Frankreich – eine dominierende Stellung in Europa an. Aber sie sind nur zu bereit, auf ihre Souveränität (zumindest teilweise) zu verzichten und die Führungsrolle Frankreichs zu akzeptieren, wenn sie im Gegenzug von der innereuropäischen Umverteilung auf Kosten Deutschlands profitieren können. Diese kann, wie wir gesehen haben, entweder die Form direkter Transfers annehmen (im Rahmen des »normalen« EU-Haushalts oder von Sonderprogrammen wie dem Corona-Wiederaufbaufonds) oder indirekt auf dem Weg über die ultralockere Geldpolitik der EZB erfolgen.

Eine ausführliche Diskussion dieser Zusammenhänge ist im Rahmen dieses Buches nicht möglich. Bei der Analyse der deutschen Krisenpolitik und ihrer Folgen muss uns aber interessieren, wer in Deutschland hinter dieser Politik steht – und warum. Diese Fragen wollen wir im achten Kapitel diskutieren. Davor, im siebten Kapitel, möchte ich darauf eingehen, mit welchen Mitteln die Krisenpolitik bisher durchgesetzt wurde und der »Große Umbruch« in Zukunft durchgesetzt werden wird.

Alles nur Verschwörungstheorien?

Bevor ich dieses Kapitel abschließe, muss ich aber noch auf eine Frage zu sprechen kommen, die sich der eine oder andere Leser sicher schon gestellt haben wird: Sind das alles nicht nur Verschwörungstheorien?

Wir wollen uns der Beantwortung dieser Frage mittels eines kleinen Gedankenexperiments nähern. Stellen Sie sich vor, wir befinden uns im Jahr 1962, auf dem Höhepunkt des Kalten Krieges, und in der »sozialistischen« Presse, also in Organen wie der Prawda oder dem Neuen Deutschland, würde folgender Bericht erscheinen:

»In amerikanischen Städten, auch in der Bundeshauptstadt Washington, soll eine Terrorkampagne mit Bombenexplosionen gestartet werden, für die man Kuba verantwortlich machen wird. Geheime US-Kräfte sollen ›Kubaner spielen‹ und ein amerikanisches Schiff in kubanischen Gewässern versenken. Die US-Basis Guantanamo soll von solchen Kubaner-Darstellern angegriffen und ein amerikanisches Flugzeug von ihnen in Brand gesetzt werden. Über Kuba kann ein US-Flugzeug abgeschossen werden, dessen Passagiere und Besatzung aus eingeschworenen US-Loyalisten zuvor auf einer US-Basis insgeheim das Flugzeug verlassen wird. Anschließend soll eine unbemannte Drohne, als Verkehrsflugzeug getarnt, nach Kuba geflogen werden, wo sie über dem kubanischen Luftraum abgeschossen wird. Nähern sich kubanische Schiffe und Flugzeuge den Orten solcher Geschehnisse, dann kann dies als weiterer Beweis für kubanische Urheberschaft verkündet werden. Fiktive Listen mit den Namen der Todesopfer sollen in den USA veröffentlicht werden, um im Lande den Zorn gegen die kommunistische kubanische Führung zu entfachen und ›Vergeltungsschläge‹ gegen Kuba zu rechtfertigen.«

Ein Sturm der Entrüstung wäre als Reaktion auf diesen Bericht losgebrochen und die westlichen Medien hätten ihn unisono als »Verschwörungstheorie« verdammt – wenn dieser Begriff damals schon gebräuchlich gewesen wäre. Aber die westlichen Medien hätten sich geirrt. Dieser Bericht entspricht den Tatsachen und beschreibt eine unter dem Codenamen »Operation Northwoods« vom Oberkommando der US-Streitkräfte geplante Aktion, die dann doch nicht durchgeführt wurde, weil Präsident Kennedy seine Zustimmung verweigerte.[245]

Was will ich mit diesem Beispiel sagen? Ganz einfach: Auch Berichte, die sehr unwahrscheinlich, ja kaum glaubhaft erscheinen, können wahr sein; und nicht alles, was als Verschwörungstheorie gebrandmarkt wird, ist zwangsläufig falsch oder unsinnig. Wer hätte geglaubt, dass ein US-Außenminister dem UN-Sicherheitsrat gefälschte Beweise präsentieren würde, um dessen Plazet für eine Invasion des Irak zu erhalten? Wer hätte es für möglich gehalten, dass die deutsche Regierung Recht und Gesetz brechen würde, um Hunderttausende illegaler Migranten unkontrolliert ins Land zu lassen? Und wer hätte sich vorstellen können, dass dieselbe Regierung möglichst pessimistische und alarmistische Prognosen zur Corona-Pandemie in Auftrag geben würde, um den Menschen Angst einzujagen und so deren Unterstützung für eine rigorose Coronapolitik zu gewinnen?[246] Wer so etwas behauptet hätte, bevor es tatsächlich passierte, wäre als Verschwörungstheoretiker abgestempelt und von jeder ernsthaften Diskussion ausgeschlossen worden – bis sich diese Verschwörungstheorien als wahr herausgestellt hätten.

Verschwörungstheorien hat es, genau wie Verschwörungen, schon immer gegeben. Bei einer Verschwörung verabreden sich Personen insgeheim, um gemeinsam bestimmte Ziele zu erreichen – meist zulasten oder auf Kosten Dritter. Eine Verschwörungstheorie ist der Versuch, einen Vorgang oder ein Ereignis als Ergebnis einer Verschwörung zu erklären. Beispielsweise ist jede Kartellabsprache eine Verschwörung und in Kartellverfahren geht es um nichts Anderes als die Überprüfung von Verschwörungstheorien. Als »Kampfbegriff« wurde »Verschwörungstheorie« erstmals 1964 von der CIA verwendet, um Kritiker der offiziellen Darstellung der Ermordung von John F. Kennedy mundtot zu machen. Seither erfreut sich dieser Begriff großer Beliebtheit bei allen, die unangenehmen Fragen aus dem Weg gehen, sich nicht kritisieren lassen und über ihr Handeln nicht Rede und Antwort stehen wollen.

Wir dürfen uns deshalb nicht irremachen lassen, wenn Erklärungen für politische, ökonomische oder andere Ereignisse als Verschwörungstheorien abgetan werden. Das bedeutet nicht zwangsläufig, dass diese Erklärungen falsch sind; es kann auch bedeuten, dass sie richtig sind, aber dass diejenigen, die von Verschwörungstheorien sprechen, ein Interesse daran haben, dass sie für falsch gehalten werden. Andererseits ist selbstverständlich nicht jede Theorie, die als Verschwörungstheorie bezeichnet wird, richtig. Das leuchtet unmittelbar ein, wenn man an offensichtlich unsinnige »Theorien« denkt, die in der Öffentlichkeit kursieren – etwa die Behauptung, dass die Erde flach sei, die These, dass wir von Reptilien in Menschengestalt regiert werden oder die Vorstellung, dass wir durch chemische Substanzen in den Kondensstreifen von Flugzeugen manipuliert werden. Solche Hirngespinste verdienen nicht den Namen »Theorie«; man sollte sie eher als Verschwörungsfantasien bezeichnen. Aber Theorien, die nicht offensichtlich unsinnig sind, die also den Namen »Theorie« verdienen, weil sie ein Mindestmaß an Plausibilität aufweisen, nicht in sich widersprüchlich sind und keinen naturwissenschaftlichen und sonstigen unstrittigen Tatsachen widersprechen, verdienen auch, dass man sie ernst nimmt. Man kann und sollte sie nicht einfach beiseite wischen, nur weil sie als Verschwörungstheorien bezeichnet werden. Schließlich gab es schon mehr als genug Theorien, die als unglaublich verworfen wurden, nur um sich später als zutreffend herauszustellen.

Die Unterscheidung zwischen unsinnigen und ernstzunehmenden, weil potentiell richtigen Theorien ist nicht immer einfach. Auf jeden Fall ist es legitim, ja sogar notwendig, die Hintergründe von politischen Entscheidungen zu analysieren, zu überprüfen, ob die Rechtfertigungen dafür stichhaltig sind, zu fragen, wer davon Vorteile und wer Nachteile hat und sich zu überlegen, wer welchen Einfluss auf die betreffenden Entscheidungen gehabt hat. Das Aufzeigen gemeinsamer Interessen, der Hinweis auf (ausdrückliche oder stillschweigende) Vereinbarungen zwischen den Akteuren, die Identifikation der Gewinner und der Verlierer einer bestimmten Politik und die Analyse der tatsächlichen Konsequenzen dieser Politik – all das sind keine Verschwörungstheorien, sondern wesentliche Bestandteile der in einer offenen Gesellschaft unabdingbaren kritischen Diskussion der Politik.

Von Verschwörungstheorien – in dem Sinn, in dem dieser Begriff heute gebraucht wird – kann man erst dann sprechen, wenn man aus zulässigen Beobachtungen unzulässige Schlüsse zieht und beispielsweise Zusammenhänge ohne weitere Belege als Ursache-Wirkungs-Beziehungen interpretiert. So ist es zwar gerechtfertigt, darauf hinzuweisen, dass die Pharmaindustrie, die Medizintechnikhersteller, die Laborärzte und die Virologen (auf die eine oder andere Weise) zu den Profiteuren der Coronakrise gehören; es ist außerdem gerechtfertigt zu fragen, ob und wie die Vertreter dieser Gruppen die Coronapolitik beeinflusst haben. Auf das Gebiet der Verschwörungstheorien würde man sich aber dann begeben, wenn man daraus, dass diese Gruppen von der

Coronakrise profitiert haben, schließt, dass sie die Pandemie verursacht haben.

Wer die Krisenpolitik, wer überhaupt jede Politik verstehen will, tut gut daran, bei den politisch Verantwortlichen Rationalität zu unterstellen und zu versuchen, ihre Ziele und Motive anhand der tatsächlich betriebenen Politik zu verstehen – und nicht die von ihnen geäußerten Ziele und Motive für bare Münze zu nehmen und angesichts einer nicht zieladäquaten Politik auf die Irrationalität der politisch Verantwortlichen zu schließen. Wenn man Letzteres tut, bleibt einem nichts anderes übrig, als vor Verwunderung über so viel Unvernunft die Hände über dem Kopf zusammenzuschlagen und darauf zu hoffen, dass irgendwann und irgendwie vernünftigere Politiker in Amt und Würden gelangen. Aber eine solche Hoffnung ist trügerisch – nicht nur, weil sie sich nicht erfüllen wird, sondern weil sie den Blick auf die wahren Ziele und Motive der Politik verstellt. Die Aufdeckung und kritische Diskussion dieser Ziele und Motive ist aber die Grundvoraussetzung dafür, die tatsächlich betriebene Politik zu verstehen – was wiederum notwendig ist, wenn man diese Politik ändern will. Mit Verschwörungstheorien hat das überhaupt nichts zu tun.

Ich nehme für mich in Anspruch, in diesem Buch und insbesondere in diesem Kapitel Erklärungen für die Krisenpolitik der vergangenen Jahre anzubieten und auf dieser Grundlage Prognosen für eine künftige Krise und deren Konsequenzen aufzustellen. Für meine Theorien gibt es plausible und nachvollziehbare Gründe. Ich begrüße ausdrücklich eine kritische Diskussion der von mir aufgestellten Behauptungen, werde mich aber entschieden gegen jeden Versuch wehren, diese als »Verschwörungstheorien« abzustempeln. Warum dies geschehen kann (und wahrscheinlich geschehen wird) und warum der Kampfbegriff »Verschwörungstheorie« in den letzten Jahren so geläufig geworden ist – das sind einige der Fragen, die im siebten Kapital beantwortet werden sollen.

Kapitel 7:
1984 – Zurück in die Zukunft

»Wenn Orwell aus dem Jenseits zu uns sprechen könnte, würde er uns daran erinnern, dass sein Buch ›1984‹ als Warnung gedacht war – und nicht als ein verdammter Leitfaden!«

Mark Antony Rossi[247]

Noch leben wir nicht in einer »Post-Voting Society«, noch gibt es demokratische Wahlen. In diesen soll der Wille des Volkes, welches ja in einer Demokratie der Souverän ist, zum Ausdruck gebracht werden. Dies kann unmittelbar durch Volksabstimmungen geschehen, wie das in direkten Demokratien (etwa der Schweiz) der Fall ist. In einer indirekten Demokratie, wie sie die deutsche ist, spielen Volksabstimmungen dagegen nur eine untergeordnete Rolle. Stattdessen wählt das Volk Repräsentanten, die dann die eigentlichen Entscheidungen treffen. Die Kandidaten bzw. die Parteien, denen sie angehören, vertreten unterschiedliche politische Programme, und die Wähler entscheiden sich für das politische Angebot, das ihren Wünschen und Vorstellungen am ehesten entspricht – idealerweise, nachdem sie sich ausführlich über die verschiedenen Programme informiert haben.

Nach der Wahl versuchen dann die gewählten Repräsentanten, das umzusetzen, was sie vor der Wahl versprochen haben – entweder, wenn sie die Mehrheit bilden, in Form der Regierungspolitik oder, wenn sie zur Minderheit gehören, in Form der Oppositionspolitik. Dies führt dazu, dass die jeweilige Regierungspolitik in aller Regel von einer Mehrheit der Wähler befürwortet wird und, was langfristig für die Stabilität der repräsentativen Demokratie noch wichtiger ist, dass das politische System als solches von (fast) allen Wählern akzeptiert wird – in dem Wissen, dass ihre Wünsche und Vorstellungen in der einen oder anderen Form Berücksichtigung finden, weil die politischen Parteien und ihre Kandidaten auf diese Wünsche und Vorstellungen und deren mögliche Änderung im Zeitablauf reagieren werden.

Dies entspricht dem Idealbild der »responsiven« Demokratie, die sich durch eine »Kette« von Aktions-Reaktions-Beziehungen zwischen den politischen Akteuren auszeichnet, welche sicherstellen, dass sich auch in einer repräsentativen (und nicht nur in einer direkten) Demokratie die Präferenzen der Wähler in der Politik der Regierung niederschlagen. Diese »Kette der Responsivität« kann unterbrochen werden, wenn sich die Präferenzen der Bevölkerung nicht in den Parteiprogrammen widerspiegeln – etwa, weil sich Ziele und Werte der Führung der politischen Parteien systematisch von denen ihrer Wähler unterscheiden. Dieser Zustand wird allerdings nicht von Dauer sein, da sich neue Parteien formieren werden, um die vernachlässigten Wählerinteressen zu bedienen. Zumindest sollte so eine repräsentative Demokratie wie die unsere funktionieren.[248]

Wie aber ist es dann zu erklären, dass in Deutschland seit Jahren Politik gegen die Interessen und Wünsche des eigenen Volkes gemacht wird? Wie konnte eine Politik mit dem Ziel der Aufgabe der deutschen Souveränität zugunsten eines europäischen Zentralstaats durchgesetzt werden, obwohl die überwiegende Mehrheit der Bevölkerung an der deutschen Staatlichkeit festhalten will und einen Machtzuwachs Brüssels zunehmend kritisch sieht? Die Divergenz zwischen Regierungszielen und Volkswillen betrifft nicht nur das eigentliche Ziel der Krisenpolitik, sondern auch die Maßnahmen der Krisenpolitik selbst. Am deutlichsten wird dies in der Flüchtlingspolitik: Die Grenzöffnung, die großzügigen Sozialleistungen für Flüchtlinge, die Duldung Nichtasylberechtigter, das Ideal einer multikulturellen Gesellschaft – all das wird von breiten Mehrheiten in der Bevölkerung abgelehnt.[249]

Was die Klimapolitik angeht, so sieht zwar die Mehrheit der Bevölkerung den Klimawandel als ein ernstes Problem an und befürwortet Maßnahmen zum Klimaschutz, doch gilt dies nur allgemein und abstrakt. Die konkrete Politik, wie etwa das teure und ineffiziente Erneuerbare-Energien-Gesetz, die CO_2-Abgabe oder das geplante Verbot des Verbrennungsmotors stoßen auf weit geringere Akzeptanz.[250] Mit der Coronapolitik sind zwar gemäß einer Meinungsumfrage vom Februar 2022 44 Prozent der Bevölkerung einverstanden, doch halten immerhin 31 Prozent die Maßnahmen für übertrieben.[251] Der Wiederaufbaufonds der EU mit seinem Einstieg in die Schulden- und Transferunion wird von einem großen Teil der Bevölkerung sehr kritisch gesehen und die Skepsis gegenüber der EU im Allgemeinen ist im Lauf der Coronakrise deutlich gewachsen.[252] Und auch die expansive Geldpolitik der EU wird überwiegend abgelehnt.[253] Dennoch erhielten die hinter dieser Politik stehenden Parteien (also alle im Bundestag vertretenen Parteien mit Ausnahme der AfD) immer mehr als 80 Prozent der abgegebenen Wählerstimmen; dennoch gelang es der diese Politik verkörpernden Kanzlerin, an der Spitze verschiedener Koalitionsregierungen 16 Jahre lang im Amt zu bleiben; und dennoch wird diese Politik auch nach der Bundestagswahl 2021 unter neuer Führung unverändert fortgesetzt.

Eine mögliche Erklärung dieses erstaunlichen Sachverhalts besteht in der Existenz der Krisen an sich. Wie viele Politiker gerade in der Coronakrise nicht müde werden zu betonen, sei die Krise »die Stunde der Exekutive«. Dann gehe es darum, die Regierung zu unterstützen und so dazu beizutragen, dass die Krise so schnell und so gut wie möglich bewältigt wird. Lange Diskussionen oder gar Kritik seien hier fehl am Platz. Solidarität und Einigkeit seien die erste Bürgerpflicht. Solche Appelle verfehlen selten ihre Wirkung – schließlich wollen die Bürger ja ihrer Regierung vertrauen. Auf diese Weise legitimiert sich die Krisenpolitik von selbst – die Krise erzeugt Zustimmung zur Krisenpolitik, unabhängig davon, wie sinnvoll oder notwendig diese im Einzelfall auch sein mag.

Aber dieser Effekt wird sich mit der Zeit abnutzen, auch wenn er wie in den letzten Jahren durch immer wieder neue Krisen »aufgefrischt« wird. Zur Erklärung der andauernd »undemokratischen« Regierungspolitik reicht er allein jedenfalls nicht aus. Wichtiger ist ein anderer Erklärungsansatz, der sich auf den intensiven Einsatz von Propaganda bezieht. Von Propaganda spricht man, wenn Politiker nicht auf Überzeugung durch rationale Argumente, sondern auf Überredung setzen. Die Mittel, derer sich die Politiker zu diesem Zweck bedienen, beschreibt der Philosoph und Politikwissenschaftler Lothar Fritze so:

> »Um bestimmte Bewusstseinszustände zu erzeugen, können sie irreführende Darstellungen verbreiten, falsche Tatsachenbehauptungen aufstellen, Probleme verschweigen, unrealistische Versprechungen machen oder irrationale Begeisterungen auslösen.«[254]

Propaganda existiert in allen Gesellschaften und in allen politischen Systemen, weil die politischen Akteure sich einen Verzicht auf dieses Werkzeug nicht leisten können. Denn Menschen sind einerseits als Individuen nicht nur rationalen Argumenten, sondern auch Appellen an Gefühle, Leidenschaften und Überzeugungen zugänglich. Andererseits unterliegen sie als soziale Wesen einem gewissen Konformitätsdruck. Beides macht sich die Propaganda zunutze. Zum einen werden individuelle Wähler unmittelbar beeinflusst. Zum anderen – und das dürfte der wichtigere Aspekt sein – werden sie mittelbar durch die Manipulation der öffentlichen Meinung beeinflusst.

Denn die Stimmabgabe ist nicht nur Ausdruck der individuellen Wählerpräferenzen, sondern auch ein sozialer Vorgang. Wähler orientieren sich nicht nur an den eigenen Wünschen und Vorstellungen, sondern auch an der herrschenden öffentlichen Meinung. Die meisten Menschen wollen auf der Seite der Mehrheit stehen und scheuen sich davor, den Bereich des als akzeptabel Geltenden zu verlassen. Es fällt ihnen schwer, eine Minderheitsmeinung zu vertreten und sich zu Positionen zu bekennen, die als inakzeptabel oder gar als unanständig gelten. Dies trifft auch auf die Wahlentscheidung zu, die zumindest vor dem eigenen Gewissen, meist auch im Familien- und Freundeskreis gerechtfertigt werden muss. Von daher wird die Wahlentscheidung eben nicht nur von den persönlichen Präferenzen, sondern auch von sozialen Faktoren, insbesondere von der öffentlichen Meinung beeinflusst. Deshalb ist die politische Auseinandersetzung, deshalb ist der Kampf um Wählerstimmen nicht nur ein Kampf um die einzelnen Wähler, sondern immer auch ein Kampf um die öffentliche Meinung und das Bewusstsein der Bevölkerung.

Propaganda ist dann weitgehend unproblematisch, wenn alle politische Akteure sich dieses Werkzeugs unter gleichen Bedingungen bedienen können, und der Kampf um die öffentliche Meinung in einem fairen Wettbewerb ausgetragen wird, in dem alle Meinungen und Standpunkte ungehindert propagiert werden dürfen. Dies gilt selbst dann, wenn es sich bei diesen Meinungen und Standpunkten um Ideologien handelt. Darunter kann man Systeme politischer Ideen verstehen, die von ihren Anhängern soweit verinnerlicht sind, dass sie diese als die einzig akzeptablen politischen Positionen ansehen und weder Kritik für erlaubt noch Revisionen für möglich halten. Gefährlich wird es aber dann, wenn die Vertreter einer Ideologie über die Macht zur Beeinflussung des Ideenwettbewerbs verfügen – als Inhaber wichtiger politischer Ämter, als Verantwortliche reichweitenstarker Medien oder als Führungskräfte zivilgesellschaftlicher

Organisationen. Denn für Ideologen ist die Versuchung übermächtig, diese Macht einzusetzen, um die öffentliche Meinung durch Monopolisierung des Ideenwettbewerbs zu dominieren. Lothar Fritze spricht in diesem Fall von dem Streben nach ideologischer Hegemonie.[255]

Genau dies können wir seit über einem Jahrzehnt in Deutschland beobachten. Eine politisch-medial-zivilgesellschaftliche Elite versucht, mit allen ihr zur Verfügung stehenden Mitteln die ideologische Hegemonie zu erringen, um ihre Ziele durchzusetzen – und hat damit auch Erfolg. Wir sehen deshalb eine immer stärkere Einschränkung der Meinungsfreiheit und eine immer größere Beeinträchtigung des Ideenwettbewerbs. Eines der auf diese Weise verfolgten Ziele – und zwar das im Zusammenhang mit der Krisenpolitik wichtigste Ziel – haben wir im vorhergehenden Kapitel kennengelernt: das Ziel der Etablierung eines europäischen Zentralstaats.

Es gibt noch andere Ziele, die teilweise den Charakter von Zwischenzielen haben, also Mittel zum Zweck der Erreichung des eben genannten Ziels sind, teilweise aber auch um ihrer selbst willen verfolgt werden. Welche Ideologie motiviert diese Ziele? Die Elite vertritt eine gesinnungsethische und egalitäre Ideologie, mit der vor allem die Ablehnung von Nationalstaaten als veraltete und zu überwindende Form politischer Organisation und die Gleichsetzung von Gleichheit und Gerechtigkeit einhergehen. Im folgenden Kapitel werden wir uns noch näher mit dieser Ideologie, den verschiedenen mit ihr verbundenen Zielen und der Struktur der politisch-medial-zivilgesellschaftlichen Elite befassen. In diesem Kapitel soll es darum gehen, mit welchen Mitteln diese Elite den Kampf um die ideologische Hegemonie führt. Wir werden feststellen, dass es verblüffende Parallelen zwischen der von der Elite verfolgten Strategie und George Orwells Dystopie »1984« gibt. Es sieht fast so aus, als ob dieses Werk ihr als Leitfaden und politische Handlungsanweisung gedient hat.

Die innere Partei

Im Ozeanien Orwells herrscht die Elite der »inneren Partei«. In Deutschland ist die Führung des politisch-medial-zivilgesellschaftlichen Komplexes deren Pendant. Diese unheilige Allianz aus der politischen Führungsschicht, den Spitzen von meinungsbildender Presse und Rundfunk (vor allem des öffentlich-rechtlichen) sowie der Leitung von Nichtregierungsorganisationen eint und verbindet eine gemeinsame Ideologie. Wenn zugunsten dieser Ideologie Propaganda betrieben werden soll, ist es vor allem notwendig, dass mit einer Stimme gesprochen wird. Die innere Partei muss also dafür sorgen, dass ihre Mitglieder eine einheitliche Front bilden und es keine Abweichler gibt.

Zur politischen Elite gehören zum einen die maßgeblichen Politiker der etablierten Parteien. Diese Parteien gelten deshalb als etabliert, weil sie die herrschende Ideologie teilen – und weniger deshalb, weil sie Altparteien sind (schließlich sind die Linken und auch die Grünen keine Altparteien im eigentlichen Sinn). Zwischen diesen Parteien gibt es kaum Unterschiede, zumindest keine Unterschiede wesentlicher Natur. Sie bilden gewissermaßen einen Parteienblock. Darüber können die Kämpfe um Macht und um Regierungsposten nicht hinwegtäuschen. Die Inhalte und Ziele der Politik selbst bleiben davon unberührt. Oder glaubt wirklich irgendjemand, dass die Bundesregierung unter einem Kanzler Olaf Scholz eine andere Politik als unter Angela Merkel machen wird?

Innerhalb der einzelnen Parteien kann die Parteiführung die Abgeordneten aufgrund des Verhältniswahlrechts leicht auf Linie bringen. Denn beim Verhältniswahlrecht ist die Zweitstimme, also die Stimme für eine Parteiliste, entscheidend für die Machtverhältnisse im Bundestag (und natürlich auch in den Landtagen).[256] Die Platzierung auf der jeweiligen Parteiliste entscheidet über Einzug oder Nichteinzug ins Parlament, sodass dies ein sehr wirksames Disziplinierungsinstrument darstellt, mit dem die Parteiführung loyale Abgeordnete belohnen und Abweichler bestrafen kann. Allein schon die Drohung mit einem schlechten Listenplatz sorgt dafür, dass kaum jemand wagt, von der Linie der Parteiführung abzuweichen.

Nicht ohne Grund äußern sich die meisten Politiker allenfalls dann kritisch, wenn sie ihre Karriere schon hinter sich haben und keine Sanktionen mehr befürchten müssen. Wer schon in seiner aktiven Laufbahn durch selbständiges Denken und Reden unangenehm auffällt, sieht sich schnell dem Vorwurf des »Populismus« ausgesetzt. Populisten in diesem Sinne gibt es in allen Parteien: bei den Linken (Sahra Wagenknecht), bei der CDU (Wolfgang Bosbach, Alexander Mitsch, Klaus-Peter Willsch), bei der CSU (Peter Gauweiler), bei der FDP (Thomas Kemmerich, Wolfgang Kubicki), bei der SPD (Thilo Sarrazin, Fritz Vahrenholt) und sogar bei den Grünen (Boris Palmer). Sie stellen keine wirkliche Gefahr dar, weil ihrer nur wenige sind und ihnen die Spitzenpositionen verwehrt bleiben. So können sie als Feigenblatt für die angebliche innerparteiliche Meinungsvielfalt dienen.

Wenn sie aber zu unbequem und zu lästig werden (was vor allem dann der Fall ist, wenn sie eine gewisse Medienwirksamkeit haben), dann wird mit harten Bandagen gekämpft: Falls sie ein Abgeordnetenmandat haben, werden sie bei der nächsten Wahl auf aussichtslose Listenplätze verbannt; sie verlieren Parteiposten oder Regierungsämter (Peter Gauweiler, Thomas Kemmerich, Sahra Wagenknecht); und es kann auch passieren, dass man sie aus der Partei drängt (Erika Steinbach) oder sogar ausschließt (wie dies Thilo Sarrazin erfahren hat und Boris Palmer droht). Auf diese Weise gelingt es den etablierten Parteien, für ideologische Reinheit zu sorgen und etwaige Abweichler schnell mundtot zu machen.

Zur »politischen Sparte« der inneren Partei gehören aber nicht nur die Abgeordneten, Regierungsmitglieder und Parteifunktionäre, sondern auch die politischen Beamten und die höchsten

Richter, die in der überwiegenden Zahl der Fälle ebenfalls Mitglieder etablierter Parteien sind. Von den politischen Beamten wird selbstverständlich unbedingte Linientreue erwartet. Abweichungen werden (früher oder später) hart bestraft. Dies musste Hans-Georg Maaßen erfahren, der 2018 als Präsident des Bundesamts für Verfassungsschutz abgesetzt wurde, nachdem er sich durch kritische, von der Regierungsmeinung abweichende Positionen unbeliebt gemacht hatte – sowohl was die Flüchtlingspolitik als auch was die Bewertung der »Ausschreitungen« in Chemnitz im Spätsommer 2018 angeht. Abgelöst wurde er von Thomas Haldenwang, einem linientreuen Spitzenbeamten, der sich seither nach besten Kräften darum bemüht, den von Seiten der Regierung und der politisch-medialen Elite an ihn gestellten Erwartungen gerecht zu werden.[257]

Was die Besetzung der höchsten Richterstellen angeht, so ist es vor allem bei den Richtern des Bundesverfassungsgerichts, des höchsten deutschen Gerichts, unabdingbar, dass diese die politisch korrekte Gesinnung aufweisen.[258] Deshalb ist bei diesem Gericht die Richterauswahl nach politischer Gesinnung statt nach juristischer Kompetenz eher die Regel als die Ausnahme. Besonders effektiv ist es, auf Politiker zurückzugreifen, die sich schon ideologisch bewährt haben. Es ist mittlerweile keine Seltenheit mehr, dass aktive Politiker direkt auf die Richterbank des Bundesverfassungsgerichts wechseln. 2011 vertauschte Peter Müller den Sessel des saarländischen Ministerpräsidenten mit dieser Richterbank und im November 2018 wechselte der CDU-Parlamentarier Stephan Harbarth direkt von Berlin nach Karlsruhe. Seinen »Berufungsvortrag« hat er nur drei Wochen vorher gehalten, als er im Bundestag den UN-Migrationspakt eifrig und im Sinn der Bundesregierung verteidigte – obwohl er diesen zuvor in seinem Kreisverband (Rhein-Neckar) heftig kritisiert hatte. Seither gilt er als »Merkels Mann in Karlsruhe« – was einige der in letzter Zeit getroffenen Entscheidungen erklärt.[259]

Das gilt besonders für den skandalösen »Klimaschutz«-Beschluss vom 24. März 2021, dessen Begründung etliche naturwissenschaftliche und ökonomische Fehler enthält, und der mit seiner Geringschätzung von Freiheitsrechten den Weg von der Corona-»Diktatur« zur Ökodiktatur à la Karl Lauterbach freimacht.[260] Mit dem wenig später ergangenem Beschluss zur Erhöhung des Rundfunkbeitrags hat das Gericht der Regierung und dem sie stützenden öffentlich-rechtlichen Rundfunk einen großen Dienst erwiesen. Dem Gericht zufolge haben die Abgeordneten der Länderparlamente praktisch keine Entscheidungsfreiheit; für notwendig gehaltene Beitragserhöhungen abzulehnen, sei verfassungswidrig.[261] Damit ist die letzte Schranke für die Selbstbedienung der öffentlich-rechtlichen Sender gefallen. Außerdem ist der Beschluss nach Einschätzung der *Jungen Freiheit* »ein Musterbeispiel dafür, wie die einst klare Trennschärfe zwischen Regierung, Parlament, höchster Rechtsprechung und öffentlich-rechtlichen Medien verschwimmt«.[262]

Im November 2021 wurde schließlich noch die Verfassungsmäßigkeit der »Bundesnotbremse« bestätigt. Ohne auf die Argumente der Antragsteller inhaltlich überhaupt einzugehen, kam das Gericht zu dem Schluss, dass sowohl die Kontakt- als auch die Ausgangsbeschränkungen verhältnismäßig seien – obwohl aus verfassungsrechtlicher und epidemiologischer Sicht erhebliche Zweifel an Sinn und Notwendigkeit dieser Maßnahmen bestehen.[263] War es diese einseitige Argumentation, die die Verfassungsrichter mit Angela Merkel beim gemeinsamen Abendessen am letzten Geltungstag der »Bundesnotbremse« besprochen haben?

Selbstverständlich hat die Politisierung der Verfassungsrechtsprechung nicht erst mit Stephan Harbarth begonnen. Insbesondere was das Europarecht angeht, ist seit Langem nur zu klar, dass das Bundesverfassungsgericht aus Rücksicht auf die Bundesregierung selbst über offensichtliche Verfassungsverstöße hinwegsieht und auch in den wenigen Fällen, in denen es dies nicht tut, darauf verzichtet, wirksame Maßnahmen zu ergreifen, um diese Verfassungsverstöße zu beenden. Vom Bundesverfassungsgericht ist jedenfalls kein effektiver Schutz unserer Grundrechte und Freiheiten zu erwarten. Die *Neue Zürcher Zeitung* sieht das genauso:

> »Auf das höchste deutsche Gericht kann sich nur noch einer verlassen: die Bundesregierung.«[264]

Nicht ohne Grund spricht der Jurist und Finanzwissenschaftler Markus Kerber in diesem Zusammenhang von »Gleichschaltung«.[265] Die Regierung hatte deshalb auch gar kein Problem damit, sich zur »aktiven Vermeidung« künftiger Ultra-vires-Entscheidungen des Bundesverfassungsgerichts zu verpflichten (siehe Kapitel 6).

Beim medialen und zivilgesellschaftlichen Teil der inneren Partei darf es natürlich auch keine Abweichler geben. Ähnliche Probleme wie bei den politischen Parteien stellen sich in diesem Sektor der Elite aber nicht. Die Führung etablierter Medien und einflussreicher Nichtregierungsorganisationen ist notwendigerweise ideologisch auf Linie – sonst würden diese gar nicht zum politisch-medial-zivilgesellschaftlichen Komplex gehören. Abweichler wird es kaum geben – und wenn doch, dann kann man sich ihrer ohne Weiteres durch Kündigung entledigen. Auf Wahlen oder Wählersympathien muss man keine Rücksicht nehmen.

Die äußere Partei

Nicht nur die eigentliche Elite muss auf Linie sein, auch das »Fußvolk« muss hinter der herrschenden Ideologie stehen und diese gegenüber den Bürgern vertreten. Unter dem »Fußvolk« verstehe ich vor allem die Staatsbediensteten, aber auch die Masse der

Journalisten und die für die zivilgesellschaftlichen Organisationen tätigen Berufsaktivisten. Sie bilden die »äußere Partei« in der Bundesrepublik Deutschland.

Von zentraler Bedeutung ist dabei die erstgenannte Gruppe, also die Gruppe der Beamten und Richter, weil sie den Staat mit seinem Gewaltmonopol repräsentieren und sich seiner Zwangsmittel bedienen können. Von ihnen wird unbedingte Linientreue erwartet. Sie ist die Grundvoraussetzung für den Aufstieg bis zu den höchsten Besoldungsstufen. Abweichungen werden durch ein Karriereende in der einen oder anderen Form sanktioniert. Wenn erst einmal ein paar Exempel statuiert worden sind, bedarf es meist gar keiner disziplinierenden Maßnahmen mehr. Allein die Drohung mit denselben sorgt für Wohlverhalten bei der übergroßen Mehrheit der Staatsdiener. Und solche Exempel wurden schon auf allen Hierarchieebenen der Verwaltung statuiert. Man könnte beispielsweise Friedrich Pürner nennen. Er wurde nach seiner Kritik an den Corona-Maßnahmen der bayerischen Staatsregierung strafversetzt und verlor seinen Position als Leiter des Gesundheitsamts Aichach-Friedberg.[266]

Selbstverständlich muss auch dafür gesorgt werden, dass die Justiz die richtige Gesinnung hat und der Politik keinen Strich durch die Rechnung macht.[267] Auch unterhalb der Ebene des Bundesverfassungsgerichts bemüht man sich deshalb darum, die Justiz auf Linie zu bringen. Die Richterauswahl erfolgt zwar nicht nach politischen Kriterien. Doch Richter sind auch nur Menschen und wollen Karriere machen. Welche Urteile karriereförderlich und welche karriereschädlich sind, erkennen sie sehr schnell – spätestens nachdem die Regierung ihre Meinung dazu kundgetan hat. So bezeichnete es Kanzleramtsminister Helge Braun mit Bezug auf die Coronapolitik als »Herausforderung, wenn sich Gerichte auf den Gleichheitsgrundsatz berufen, um einzelne unserer Maßnahmen aufzuheben oder zu modifizieren«.[268]

Die Botschaft ist angekommen: Die Corona-Maßnahmen hatten vor deutschen Gerichten zum allergrößten Teil Bestand – trotz ihrer verfassungsrechtlichen Probleme. Es gab nur einige wenige, offensichtlich sinnlose und willkürliche Maßnahmen, die gekippt wurden: Zu ihnen gehören die berühmt-berüchtigte 800-Quadratmeter-Regel, die von der bayerischen Staatsregierung verhängte nächtliche Ausgangssperre oder die 2G-Regel für den niedersächsischen Einzelhandel.[269] Wenn solche Entscheidungen von einem Gerichtssenat gefällt werden, wie das in den beiden letztgenannten Beispielen der Fall war, bleibt der Politik nichts übrig, als entweder, wenn möglich, den Rechtsweg zu beschreiten, oder zu versuchen, die betreffende Entscheidung durch eine neue, umformulierte Verordnung auszuhebeln.

Wenn sich aber ein einzelner Richter zu weit aus der Deckung wagt und ein Urteil fällt, das zentrale Bestandteile der Coronapolitik in Frage stellt, dann hat er mit schwerwiegenden persönlichen Konsequenzen zu rechnen. Dies musste zum Beispiel ein Familienrichter in Weimar erfahren, der es gewagt hatte, den Sinn und die Notwendigkeit der Maskenpflicht im Unterricht anzuzweifeln. Es kam zu einem Ermittlungsverfahren wegen angeblicher Rechtsbeugung; seine Wohnung wurde durchsucht, sein Mobiltelefon beschlagnahmt. Die Strafverfolgung wird hier offensichtlich zur Einschüchterung der Gerichte missbraucht. Denn die strittige Frage, ob in dem genannten Fall Familien- oder Verwaltungsgerichte zuständig sind, musste höchstrichterlich vom Bundesgerichtshof geklärt werden, war also keinesfalls eindeutig zu beantworten, sodass in dem Vorgehen des Familienrichters keine schwere Rechtsverletzung zu erkennen ist.[270] Es gibt aber auch Mittel und Wege, unbotmäßige Richter und ganze Gerichtssenate »kaltzustellen«. Beispielsweise wurde dem 13. Senat des Oberverwaltungsgerichts Lüneburg, der die 2G-Regel für den niedersächsischen Einzelhandel gekippt hatte, die Zuständigkeit für gesundheitsrechtliche Fragen entzogen und diese auf einen neugegründeten 14. Senat übertragen.[271]

Kann man angesichts dessen und angesichts der Politisierung des Bundesverfassungsgerichts wirklich noch von einer unabhängigen Justiz sprechen? Die Antwort auf diese Frage mag sich der Leser selbst geben. Ich bin mir jedenfalls nicht sicher, ob sich gerade deutsche Politiker bei der Kritik am Justizwesen in Polen und Ungarn hervortun sollten.

Auch bei der Auswahl wissenschaftlicher Berater wird selbstverständlich auf die ideologische Kompatibilität geachtet. Unabhängiges, kritisches Denken und Sachkompetenz sind weniger gefragt als Anpassungsfähigkeit und die Bereitschaft, die Politik der Elite argumentativ zu unterstützen. Ein frühes Beispiel dafür ist die »Ethikkommission für eine sichere Energieversorgung«, die besser »Kommission zur Rechtfertigung des Atomausstiegs« hätte heißen sollen. Am deutlichsten wird die einseitige Auswahl von Beratern gegenwärtig in der Klima- und in der Coronakrise: Es finden ausschließlich Experten Gehör, die vollkommen auf der Linie der Regierung liegen. Wer davon abzuweichen wagt, wird sehr schnell von seinem Posten entfernt. So ist es dem Ethiker Christoph Lütge ergangen, der die Coronapolitik der Bundesregierung und der bayerischen Staatsregierung kritisiert hatte und prompt wieder aus dem bayerischen Ethikrat entfernt wurde, in den er erst kurz zuvor berufen worden war.[272] Wie hilfreich gefügige wissenschaftliche Beratergremien sind, hat sich gerade in der Coronakrise immer wieder gezeigt. So empfahl der Deutsche Ethikrat wunschgemäß im Dezember 2021 eine allgemeine Impfpflicht – und das, obwohl er sich nur wenige Monate zuvor gegenteilig geäußert hatte.[273]

Nicht nur die politische, auch die mediale und die zivilgesellschaftliche Elite muss ihr »Fußvolk« unter Kontrolle halten. Aus zwei Gründen fällt ihnen dies leichter als ihren Kollegen aus der Politik: *Erstens* sind die Verfahren zur Einstellung von Beamten und Richtern standardisiert, transparent und prinzipiell einer gerichtlichen Überprüfung zugänglich. Eine bewusste Auswahl nach der Gesinnung ist – abgesehen vom Fall politischer Beamter und der höchsten Richter – nur schwer möglich. Anders sieht es dagegen bei Medienunternehmen und zivilgesellschaftlichen Organisationen aus. Sie können bei der Auswahl ihrer Mitarbeiter ganz offen auch deren Gesinnung als Kriterium heranziehen.[274]

Zweitens findet ohnehin eine gewisse Selbstselektion statt: Ohne die entsprechende Grundüberzeugung wird sich wohl kaum jemand bei Greenpeace oder Amnesty International bewerben. Und vom Journalistenberuf fühlen sich eher links stehende Menschen mit einer gesellschaftspolitisch tendenziell progressiven Haltung angezogen.[275] Der Staatsrechtler Ulrich Vosgerau sieht einen weiteren Faktor im »ausgesprochene[n] Rudelverhalten von Journalisten, die sich selten um eine eigene Meinungsbildung bemühen, sondern eher zu einem gewissen Kollektivismus im Allgemeinen sowie im Besonderen dazu neigen, einer sehr überschaubaren Zahl von Führungsfiguren zu folgen und deren Ansichten medial zu verstärken«.[276] Angesichts dessen lässt sich die gewünschte ideologische Homogenität in den etablierten Medien ohne Weiteres gewährleisten. Als Beleg dafür mag eine Umfrage unter ARD-Volontären dienen. Von den Nachwuchsjournalisten sympathisierten 57,1 Prozent mit den Grünen, 23,4 Prozent mit den Linken und 11,7 Prozent mit der SPD, sodass sich eine rot-rot-grüne Mehrheit von 92,2 Prozent ergibt.[277]

Die »innere Partei« in der Bundesrepublik Deutschland hat es geschafft, die »äußere Partei« auf Kurs zu bringen und zu halten: Bis auf wenige Ausnahmen ist die angestrebte Disziplinierung erfolgreich gewesen.

Zum Schluss dieses Abschnitts möchte ich noch anmerken, dass die Grenze zwischen innerer und äußerer Partei, zwischen

Elite und »Fußvolk« nicht so eindeutig ist, wie meine Darstellung vielleicht den Anschein erweckt. Man kann sich durchaus darüber streiten, bis zu welcher Besoldungsstufe ein Beamter zum »Fußvolk« und ab welcher er zur Elite gehört. Im Übrigen hängt die Zugehörigkeit zur Elite nicht nur von formalen Faktoren ab, wie Amt, Position oder Funktion, sondern auch von informalen Faktoren, wie Persönlichkeit, Eloquenz oder Bekanntheitsgrad. Die Übergänge sind fließend.

Der äußere Feind

Die Propaganda wirkt umso besser und die Solidarität mit der Regierung ist umso größer, je mehr es gelingt, ein Gefühl der Bedrohung hervorzurufen. In Ozeanien sind die Feinde von außen die Kriegsgegner Ostasien und Eurasien. Auch in Deutschland bemüht man sich um den Aufbau eines Feindbildes. Die Bedrohung von außen, die man beschwört, wechselt dabei je nach Krise. In der Eurokrise waren es Spekulanten und anonyme Kapitalmärkte; in der Klimakrise ist es die drohende Erderwärmung; und in der Coronakrise ist es ein Virus. Andererseits werden Bedrohungen von außen auch ignoriert oder sogar geleugnet, wenn sie von der Elite nicht als Bedrohungen wahrgenommen werden – so wie dies in der Flüchtlingskrise geschehen ist und immer noch geschieht. Die Empfänglichkeit für Propaganda ist umso höher, je gefährlicher die Bedrohung durch den »Feind« erscheint.

Deshalb ist die Wortwahl meist sehr drastisch, manchmal sogar martialisch. In der Eurokrise wurde von Angelas Merkel das Schicksal des Euros mit dem Schicksal Europas verknüpft und der Untergang Europas, ja sogar die Gefahr kriegerischer Auseinandersetzungen an die Wand gemalt:

> »Scheitert der Euro, scheitert Europa.«[278]

In der Klimakrise werden von der Regierung und den Medien Schreckensszenarien entworfen, die bis zum Untergang der Menschheit reichen; aus dem Klimawandel wurde so zunächst die Klimakrise und dann die Klimakatastrophe. Besonders auffällig ist die Beschwörung des äußeren Feindes in der Coronakrise: Da ist vom »Killervirus« die Rede, gegen das man sich in einem »Krieg« befinde, in dem man zusammenhalten und hinter der Regierung stehen müsse.

Inzwischen haben wir es mit einem tatsächlichen Krieg zu tun – dem Ukraine-Krieg. Dieser betrifft uns zwar glücklicherweise nicht direkt, aber er kann nicht nur, wie wir in Kapitel 6 gesehen haben, zur Verfolgung bestimmter Ziele instrumentalisiert werden, sondern liefert auch ein neues Feindbild: das Russland Putins. Dies kann in gewohnter Manier eingesetzt werden, um die Bevölkerung hinter sich zu scharen, aber auch, um von den Fehlern und Problemen der eignen Politik abzulenken – schließlich hat man ja jetzt mit Putin einen Sündenbock. Der Ethnologe Thomas Bargatzky spricht in diesem Zusammenhang sogar von »Russophobie als Staatsräson«.[279]

Eine zentrale Rolle dabei, wie bedrohlich der äußere Feind wahrgenommen wird und wie gerechtfertigt die Maßnahmen zu seiner Bekämpfung erscheinen, spielt die Wissenschaft – vor allem, aber nicht nur, falls es sich, wie bei der Klimakrise und der Coronakrise, um einen »natürlichen« Feind handelt. Sie genießt in der Bevölkerung (noch?) ein hohes Ansehen und die Politik kann mit ihrer Hilfe Entscheidungen als »objektiv«, »notwendig« oder »unausweichlich« darstellen. Dies funktioniert vor allem deswegen, weil sich die Öffentlichkeit ein falsches Bild von der Wissenschaft macht. Sie geht davon aus, dass sie von selbstlosen, nur am Wissensfortschritt interessierten Wissenschaftlern betrieben wird, deren Forschungen sichere und zuverlässige Ergebnisse liefern, aus denen sich eindeutige Empfehlungen für die Politik ableiten lassen. Dieses Bild entspricht aber nicht der

Realität. Wissenschaftler verfolgen auch Eigeninteressen, haben Vorurteile und sind für Ideologien anfällig – genau wie wir alle.

Objektivität und Verlässlichkeit werden nur dadurch erreicht, dass die Wissenschaft ein ergebnisoffener Prozess ist. Ständig werden neue Hypothesen formuliert, überprüft und verworfen oder akzeptiert – aber Letzteres nur vorläufig, da es keine endgültigen Wahrheiten gibt und sich auch erfolgreiche Theorien den Herausforderungen durch konkurrierende Hypothesen stellen müssen. Entscheidend ist also eine freie, offene und kritische Diskussion, bei der es keine Tabus und keine von der Kritik ausgenommenen Theorien geben darf. Mit anderen Worten: »Die« Wissenschaft im Sinne eines Katalogs unumstößlicher Wahrheiten gibt es nicht. Das impliziert insbesondere, dass auch eine herrschende Meinung, die von der Mehrheit der Wissenschaftler geteilt wird, sich als falsch und die Minderheitsmeinung sich als richtig erweisen kann. Beispiele hierfür gibt es in der Wissenschaftsgeschichte genug. Man denke nur an die Ablösung des geozentrischen Weltbilds durch die Theorien von Kopernikus und Kepler oder die Widerlegung der Theorie des Äthers durch Einsteins spezielle Relativitätstheorie.

Aber mit einem solchen Wissenschaftsverständnis ist der Politik nicht gedient. Sie will sich ja mithilfe der Wissenschaft gerade gegen Kritik immunisieren. Sie befördert deshalb nach besten Kräften das naive Wissenschaftsverständnis der Bevölkerung und tut so, als ob es »die« Wissenschaft geben würde. Und als Vertreter »der« Wissenschaft beruft sich die Politik dann gezielt auf diejenigen Wissenschaftler, deren Theorien und Argumente zu den jeweils verfolgten Zielen passen und die ohnehin geplanten Maßnahmen bestätigen. Es kommt also nicht zu einer unabhängigen Politikberatung, sondern zur Bekräftigung schon getroffener Entscheidungen.

Und wenn sich keine Wissenschaftler finden lassen, die die gewünschte Meinung vertreten? Nun, dann wird die Wissenschaft einfach ignoriert: Dies war bei der Einführung des Euro der Fall, vor welcher der überwiegende Teil der deutschen Volkswirte eindringlich gewarnt hatte. In anderen Krisen konnte und kann sich die Regierung dagegen auf ihr genehme Wissenschaftler berufen. So gab es in der Flüchtlingskrise Volkswirte, die so optimistisch waren, dass sie aufgrund der Zuwanderung der Flüchtlinge eine Linderung des Fachkräftemangels, eine Erhöhung des Wirtschaftswachstums und eine Zunahme des Wohlstandes der einheimischen Bevölkerung erwarteten.[280] Und auch in der Eurokrise fanden sich genug Ökonomen, die die Politik der Eurorettung unterstützten. Beispielsweise bezeichneten Martin Hellwig und Isabel Schnabel die Target-Salden der Bundesbank als vollkommen unproblematisch, wobei sie sich allerdings, wie Hans-Werner Sinn gezeigt hat, unhaltbarer Argumente bedienten.[281] Ungeachtet dessen wurde Isabel Schnabel wenig später mit einem Sitz im Direktorium der EZB belohnt.

In eine neue Phase ist das Verhältnis zwischen Wissenschaft und Politik in der Klima- und in der Coronakrise eingetreten. In diesen Krisen wurden nicht nur einfach wissenschaftliche Argumente zur Untermauerung der jeweiligen Regierungsposition herangezogen, sondern die Politik gibt ihre Entscheidungen als alternativlos aus, da ihr die Wissenschaft gar keine andere Wahl lasse.[282] In dieser »postnormalen« Situation verschmelzen die Domänen von Wissenschaft und Politik, werden Wissenschaftler zu politischen Akteuren und wird die Wissenschaft politisiert. Dies geschieht dadurch, dass nicht nur gezielt Wissenschaftler mit den passenden Meinungen angehört werden, sondern dass allen Wissenschaftlern mit einer anderen Meinung die Wissenschaftlichkeit abgesprochen und die eine passende Meinung als die einzig richtige, unumstößlich wahre Meinung hingestellt wird.[283] Dadurch wird die für die Wissenschaft wesentliche ergebnisoffene, kritische Diskussion behindert und so die Wissenschaft beschädigt.

Früher oder später wird darunter auch das Ansehen der Wissenschaft in der Öffentlichkeit leiden – dann nämlich, wenn die Einseitigkeit und Parteilichkeit der von der Politik präferierten Wissenschaftler nicht länger zu übersehen ist. Damit will ich nicht behaupten, dass diese Kollegen nicht von ihrer Meinung überzeugt wären und der Regierung bewusst nach dem Mund reden würden. Aber Wissenschaftler sind auch nur Menschen, und wenn man von der Regierung um Rat gefragt wird, Einfluss auf politische Entscheidungen zu erhalten scheint, ständig von den Medien hofiert wird und mit lukrativen Berater- oder Gutachterverträgen honoriert wird – dann erscheint einem die eigene Position immer überzeugender und unangreifbarer und Kritik daran immer unverständlicher und unhaltbarer. Eine selbstreflexive und kritische Diskussion findet nicht mehr statt; aus dem Wissenschaftler ist ein Politiker geworden, der nur noch so tut, als ob er ein Wissenschaftler sei.

Dann ist es nur noch ein kleiner Schritt, auf Wunsch der Politik nicht nur die eigenen Argumente vorzutragen, sondern die passenden Argumente erst zu produzieren. Inwieweit dies in den anderen Krisen passiert sein mag, entzieht sich meiner Kenntnis. Nur für die Coronakrise existieren Belege in Form eines Email- und Briefverkehrs für ein solch skandalöses Verhalten. Die Regierung hat sich am Anfang der Pandemie nicht nur der pessimistischsten Modelle und Hochrechnungen zur Ausbreitung des Virus und zur Opferzahl bedient, sondern diese explizit bestellt, um »die gewünschte Schockwirkung zu erzielen«.[284] Die Regierung wollte die Bevölkerung in Panik versetzen, um sie dazu zu bringen, die geplanten rigorosen Maßnahmen zu akzeptieren – und es haben sich Wissenschaftler gefunden, die die passenden Zahlen geliefert haben. Bis diese ihre Wirkung getan hatten, bis das Feindbild in der gewünschten Form heraufbeschworen werden konnte, musste man sich anderweitig behelfen: Man hat die Bevölkerung durch Lügen ruhiggestellt.

Bundesgesundheitsminister Spahn ließ am 14. März 2020 per Twitter verkünden:

> »Es wird behauptet und rasch verbreitet, das Bundesministerium für Gesundheit [bzw.] die Bundesregierung würde bald massive weitere Einschränkungen des öffentlichen Lebens ankündigen. Das stimmt NICHT! Bitte helfen Sie mit, ihre Verbreitung zu stoppen.«

Wer fühlt sich da nicht an Walter Ulbricht erinnert, der am 15. Juni 1961 versicherte: »Niemand hat die Absicht, eine Mauer zu errichten.« Ulbricht wurde nach zwei Monaten durch den Beginn des Baus der Berliner Mauer als Lügner überführt. Bei Spahn dauerte es nur wenige Tage, bis er durch die Verkündung des ersten Lockdowns entlarvt wurde – Tage, die genutzt wurden, um gezielt Panik zu schüren.[285] Auch in der Folgezeit bediente man sich gerne und oft dieses Mittels – durch immer neue pessimistische Prognosen, aber auch durch ein gezieltes »Framing« in den Medien. Beispielsweise änderte die Tagesschau die Farbskala ihrer Corona-Karte kurz vor der Einführung der »Bundesnotbremse«: Aus Gelb wurde Dunkelrot und aus Dunkelrot Schwarz.[286] Naive Zuschauer konnten den Eindruck gewinnen, dass sich die Lage deutlich verschärft hatte. Und diesen Eindruck sollten sie auch gewinnen.

Das Wahrheitsministerium

Ideologische Hegemonie erfordert, dass unbequeme Informationen, vor allem aber abweichende oder kritische Meinungen möglichst nicht in das Bewusstsein der Öffentlichkeit dringen. Je homogener und stromlinienförmiger die öffentliche Meinung erscheint, desto eher wird sich die »offizielle« Position als einzig akzeptable durchsetzen. Mit anderen Worten: Die Herrschaft über den öffentlichen Diskurs ist ein wesentliches Element der ideologischen Hegemonie. In Ozeanien hat das Wahrheitsministerium die Aufgabe, über die Reinheit der öffentlichen Meinung zu wachen. Diese Rolle spielen bei uns die Mainstream-Medien im Zusammenspiel mit der Regierung und den von ihr unterstützten zivilgesellschaftlichen Organisationen. Die Verlautbarungen der Regierung werden von den Medien weitgehend kritiklos übernommen und unter das Volk gebracht. Die »vierte Gewalt« hat ihre Wächterfunktion zum Großteil eingebüßt und agiert mehr als Erfüllungsgehilfe der Regierung.

Noch wichtiger als die Verbreitung und Verstärkung der Regierungsbotschaft ist aber die Ausblendung von »Störgeräuschen«. Auch dabei wird die Regierung tatkräftig von den Medien unterstützt. Das beginnt damit, dass über »unpassende« Tatsachen nicht berichtet wird. Während der Flüchtlingskrise kamen die geringen Qualifikationen der Flüchtlinge in den Medien so gut wie nie zur Sprache, da dies nicht so recht zum »Fachkräfte«-Narrativ passen wollte. Seither werden die langfristigen fiskalischen Folgen des Massenzustroms Nicht- oder Geringqualifizierter konsequent ignoriert. Und es ist auch kein Zufall, dass man heute kaum etwas zur Staatsangehörigkeit bzw. zum Migrationshintergrund von Straftätern erfährt. In der Coronakrise hört man von den etablierten Medien wenig von den Infektionen bzw. Erkrankungen Geimpfter oder von den Nebenwirkungen der Impfung. Schließlich soll ja die Impfkampagne der Regierung nicht gefährdet werden. Das geht so weit, dass bewusst falsche Zahlen veröffentlicht werden: Um das Narrativ von der »Pandemie der Ungeimpften« zu propagieren, wurden in Bayern, Hamburg und Sachsen alle Corona-Infizierten, deren Impfstatus nicht bekannt war, als »ungeimpft« deklariert.[287]

Wenn man nicht ganz so weit gehen will, besteht auch die Möglichkeit, nicht ins Bild passende Fakten gar nicht erst zu veröffentlichen. So existieren seit Beginn der Flüchtlingskrise bis heute noch keine offiziellen Zahlen zu den Gesamtkosten dieser Krise. Ein ähnliches Verhalten ist auch in der Coronakrise zu beobachten. Beispielsweise gibt das Gesundheitsamt der Stadt Weimar »die Zahl der Personen, die mit vollständigem Impfschutz in Kliniken behandelt werden« nicht mehr an. Der Oberbürgermeister begründet dies mit dem Bestreben, »so transparent wie nur irgendwie möglich zu sein«![288] Offensichtlich hat man zumindest einen der drei Wahlsprüche der in Ozeanien herrschenden Partei gut verinnerlicht: »Unwissenheit ist Stärke«. Es stellt sich natürlich die Frage, was die Zahlen des Robert-Koch-Instituts noch wert sind, da diese ja auf den Meldungen der Gesundheitsämter basieren ... Bemerkenswert ist auch folgender Fall: Die EU veröffentlicht für die Haushaltsjahre nach 2019 keine Zahlen mehr zu den Nettozahlern bzw. Nettoempfängern unter den Mitgliedsländern, um EU-Kritikern in den Nettozahlerländern keine Argumente zu liefern.

Anstelle der Falsch- oder Nichtveröffentlichung besteht eine beliebte Strategie auch in der »versteckten« Veröffentlichung. So verbergen sich die Target-Forderungen der Bundesbank in deren Bilanz hinter der nichtssagenden Bezeichnung »sonstige Forderungen innerhalb des Eurosystems«. Und aus den Sicherheitsberichten des Paul-Ehrlich-Instituts zur Coronaimpfung wurden ab September 2021 die Verdachtsfälle mit Todesfolge aus der Gliederung des Berichts entfernt und lediglich an einer Stelle im Text unauffällig erwähnt; außerdem wurde der Abstand der Veröffentlichung dieser Berichte ab Oktober 2021 von einem Monat auf zwei Monate verlängert.[289] Und schließlich wurde im März 2022 die Datenbank mit den in Deutschland gemeldeten Verdachtsfällen von Impfreaktionen und Impfnebenwirkungen geschlossen.[290]

Noch wichtiger, als unbequeme Fakten von der Bevölkerung fernzuhalten, ist es, missliebige Meinungen zu unterdrücken. Denn Fakten können nur politische Wirksamkeit entfalten, wenn man sie in Zusammenhänge einordnet, interpretiert und aus ihnen Schlussfolgerungen zieht. Deshalb ist es entscheidend, dass die Bevölkerung nur die »richtige« Interpretation zu hören bekommt. Andere, regierungskritische Meinungen werden mit großer Konsequenz unterdrückt und aus der öffentlichen Diskussion verbannt. Die etablierten Medien räumen Vertretern regierungskritischer Positionen kaum Platz ein. Die Kritiker von Eurorettung, Atomausstieg, Willkommenskultur, Klimaschutzpolitik und Coronapolitik kommen praktisch nicht zu Wort. Beispielsweise ließ der Bayerische Rundfunk im Oktober 2021 die »Seenotretterin« Carola Rackete in seiner Radiotalkshow »Die blaue Couch« eine Stunde lang ihre Meinungen zum Besten geben – während Kritiker der deutschen Flüchtlingspolitik wie Thilo Sarrazin selbstverständlich nicht die Möglichkeit bekommen, ihre Auffassungen öffentlich zu vertreten. Und als die Beitragszahler von der ARD Anfang Dezember 2020 eine Gesprächsrunde zur Coronapolitik forderten, in der neben den regierungstreuen Wissenschaftlern auch kritische Stimmen, wie die von Sucharit Bhakdi oder Stefan Homburg, Gehör finden sollten, wurde dieses Ansinnen ebenso selbstverständlich abgelehnt.[291]

Aber vollkommen kann auf Kritik auch nicht verzichtet werden. Schließlich erheben die Medien, insbesondere die öffentlich-rechtlichen, den Anspruch, Meinungsvielfalt zu repräsentieren und die Bürger umfassend und ausgewogen zu informieren. Dem versucht man durch Pseudokritik gerecht zu werden – indem man die eigentlichen Probleme ausblendet und sich auf Detailfragen vor dem Hintergrund »alternativloser« Entscheidungen konzentriert. So diskutiert man die besten Wege zur Integration von Flüchtlingen, prangert aber nicht die unrechtmäßige Grenzöffnung an und hinterfragt nicht die ökonomischen Konsequenzen der unkontrollierten Zuwanderung. Oder man kritisiert die Höhe der EEG-Umlage oder die Ausgestaltung der Förderung der Elektromobilität, thematisiert aber nicht die Verlässlichkeit der Klimamodelle oder den Sinn einer nationalen bzw. regionalen Klimaschutzpolitik.

In der Coronakrise werden 2G- und 3G-Regel miteinander verglichen und der Umfang der Maskentragepflicht erörtert, aber die grundsätzliche Frage, wie gefährlich das Virus wirklich ist und ob eine rigorose Infektionsschutzpolitik notwendig und verhältnismäßig ist, wird nicht gestellt. In diesem Zusammenhang sprechen die Medienwissenschaftler Dennis Gräf und Martin Hennig von einer »Verengung der Welt« durch die Corona-Sondersendungen von ARD und ZDF.[292] Etwaige Kritik würde sich »auf einer spezifischen Ebene« entfalten und es werde »implizit vorausgesetzt«, dass »die Maßnahmen an sich (…) insgesamt zielführend sind«. Dagegen würden »grundsätzliche Fragen der Angemessenheit und Effizienz der Regelsysteme« kaum diskutiert und »andere Sichtweisen als die eigene nicht zugelassen werden«. Folglich würden diese Sendungen »eine Tendenz zur Affirmation der staatlichen Maßnahmen aufweisen«.[293] Wenn die Medien überhaupt einmal grundsätzliche Kritik thematisieren, so geschieht dies meist mit dem Hintergedanken, diese zu diskreditieren: Zu dem Zweck lässt man nur solche Kritiker zu Wort kommen, die man dem Publikum wegen ihrer fehlenden Qualifikation, ihrer schwachen Argumente oder ihres ungeschickten Auftretens als abschreckende Beispiele präsentieren kann.

Auf diese Weise erreicht man nicht nur, dass unerwünschte Positionen an den Rand des öffentlichen Diskurses gedrängt werden und verhindert so, dass die Bürger auf dumme Gedanken kommen. Man erreicht auch, dass diejenigen Bürger, die bereits auf dumme Gedanken gekommen sind, also eine der Elitenideologie zuwiderlaufende Meinung vertreten, nicht mehr wagen, diese zu äußern, vielleicht an dieser zunehmend zweifeln und sie schließlich sogar aufgeben. Dahinter steckt das von Elisabeth Noelle-Neumann analysierte Phänomen der »Schweigespirale«.[294] Wenn eine bestimmte Position in den Medien ständig wiederholt wird und eine andere Position gar nicht vorkommt, dann entsteht bei den Medienkonsumenten, die diese andere Position vertreten, der Eindruck, sie wären in der Minderheit – obwohl diese Position vielleicht von der Mehrheit der Bevölkerung geteilt wird. Da Menschen zur Konformität neigen und sich scheuen, sich zu einer Minderheitsmeinung zu bekennen, wagen sie es nicht, ihre Meinung zu äußern, stellen sie immer stärker in Frage und ändern sie vielleicht sogar. Auf diese Weise kann aus einer Mehrheitsmeinung im Lauf der Zeit eine Minderheitsmeinung werden – nur deshalb, weil sie von den Medien totgeschwiegen wird.[295]

Dabei ist es hilfreich, wenn die privilegierte Position nicht nur ständig wiederholt, sondern auch auf eine Weise dargestellt wird, die eine Kritik daran fast schon als unanständig erscheinen lässt. Dass kann man durch die geeignete Wortwahl erreichen. Die eigene Position wird mit positiv konnotierten Begriffen, die »gegnerische« Position mit negativ konnotierten Begriffen beschrieben. Die Überfahrtshilfe für illegale Migranten gilt als »Seenotrettung« – und gegen die Rettung aus Seenot kann ja wohl niemand etwas haben? Kritiker werden der Unmenschlichkeit und der Fremdenfeindlichkeit geziehen – Eigenschaften, die sich niemand gerne zuschreiben lässt. Bei der Klimapolitik stehen »Klimaschutz« und die »Rettung der Erde« auf der einen, »Verschwendung«, »Rücksichtslosigkeit« und »Kurzsichtigkeit« auf der anderen Seite. In der Coronapolitik werden »Gesundheitsschutz« und »Solidarität« gegen »Egoismus« und »Uneinsichtigkeit« ins Feld geführt. Die Reihe der Beispiele ließe sich fortsetzen …

Dadurch schafft man es *erstens*, dass die eigene Position gewissermaßen gegen Kritik immunisiert wird: Wie könnte man auch den Schutz der Gesundheit oder die Rettung von Menschen, ja des ganzen Planeten kritisieren? *Zweitens* werden andere Positionen in ein schlechtes Licht gerückt und als so unmoralisch hingestellt, dass sie kein anständiger Mensch teilen kann. Als besonders effektiv bei dieser Neusprech-Strategie hat sich die Verwendung von »Kampfbegriffen« erwiesen – Termini, die nur genannt werden müssen, um jede Diskussion sofort zu beenden. Zu solchen Totschlagargumenten gehören Begriffe wie »Diskriminierung«, »Rassismus«, »Rechtsextremismus« oder »Populismus«. In jedem dieser Fälle wurde das betreffende Wort seines ursprünglichen Sinns beraubt und einseitig uminterpretiert. Eine solche Umwidmung der Sprache, wie sie von Orwell mit dem »Neusprech« Ozeaniens so eindringlich beschrieben wird, ist typisch für totalitäre Systeme jeder Couleur. Allein dies sollte bei allen Bürgern die Alarmglocken schrillen lassen.

Das Verb »diskriminieren« stammt aus dem Lateinischen (»discriminare«) und bedeutet ursprünglich »unterscheiden«, ist also grundsätzlich wertfrei. In der Tat findet Diskriminierung *in diesem Sinn* im privaten und öffentlichen Leben ständig statt – ja mehr noch, privates und öffentliches Leben wären ohne sie nicht denkbar. Wenn ein Unternehmen nur Abiturienten als Bewerber für einen Ausbildungsplatz akzeptiert, diskriminiert es Haupt- und Realschüler. Wenn die Bundeswehr bei ihren Kampfjetpiloten maximale Sehschärfe verlangt, diskriminiert sie Fehlsichtige. Eine Ungleichbehandlung ist nur dann problematisch, wenn sie nicht sachlich gerechtfertigt werden kann, sondern lediglich die Benachteiligung bestimmter Gruppen bezweckt. Im allgemeinen Sprachgebrauch wird »Diskriminierung« heute nur noch in diesem negativen Sinn gebraucht. Problematisch ist nicht so sehr der Wandel der Bedeutung dieses Begriffs, sondern vor allem seine selektive Verwendung, die nicht auf das Vorliegen oder Nichtvorliegen einer sachlichen Rechtfertigung für eine Ungleichbehandlung abstellt, sondern auf deren Ideologiekonformität. Ungleichbehandlungen, die sich mit der Elitenideologie nicht vereinbaren lassen, gelten immer als Diskriminierung, solche, die sich mit ihr vereinbaren lassen, dagegen nie. Oder prangern die Mainstream-Medien etwa die Diskriminierung der Ungeimpften oder der Besitzer von Autos mit Verbrennungsmotor an?

»Rassismus« bedeutet nicht mehr länger die Einstufung verschiedener Rassen als höher- bzw. minderwertig, um dadurch Herrschaft und Unterdrückung zu rechtfertigen. Heute versteht man darunter nicht nur jede Form von Fremdenfeindlichkeit, sondern auch jede Kritik an Angehörigen anderer Rassen, ja sogar schon die Auffassung, dass es unterschiedliche Rassen mit jeweils spezifischen Merkmalen überhaupt gibt. Mehr noch, heute existieren Phänomene wie »Altersrassismus«, »Geschlechterrassismus« oder »Glaubensrassismus« – womit der Rassismusbegriff vollkommen inhaltsleer und beliebig und damit zum perfekten Kampfbegriff geworden ist. Diese Eigenschaft hat er mit dem Begriff der Diskriminierung (im heute üblichen Sinn) gemeinsam, der ja genauso vage und unpräzise gebraucht wird.[296]

Noch häufiger wird in der öffentlichen Diskussion allerdings der Begriff des Rechtsextremismus missbraucht.[297] In den letzten Jahren ist es den Medien und den etablierten Parteien gelungen, »rechts« und »rechtsextrem« gleichzusetzen. »Rechts« bedeutet aber nichts anderes als »konservativ« (oder auch »nationalliberal«). Ein Rechter muss kein Rechtsextremer sein, also kein Nationalist, kein Rassist und schon gar kein Nationalsozialist.[298] Zu dem vom Grundgesetz abgesteckten Rahmen des politischen Spektrums gehört »rechts« genauso wie »links« oder die »Mitte«. Noch vor wenigen Jahren war dies allgemeiner Konsens. Heute gilt dagegen »rechts« immer auch als »rechtsextrem«. Diese Gleichsetzung wurde dadurch bewerkstelligt, dass man, wie es der Politologe Martin Wagener ausdrückt, »rechtsextreme Inhalte [nutzt], um eine rechte Einstellung zu beschreiben«.[299]

Das Ziel ist klar: Konservative Positionen sollen desavouiert werden, indem man sie nicht nur in die Nähe des Rechtsextremismus rückt, sondern sogar mit ihm gleichsetzt. Dazu passt, dass Medien und Politik zwar bei der Berichterstattung über linksextreme Gewalttaten sorgfältig darauf achten, dass kein Schatten auf die verfassungsgemäße Linke fällt, dass aber im Fall rechtsextremer Gewalt eine solche Sorgfalt nicht an den Tag gelegt wird. Im Gegenteil: Konservative werden in solchen Fällen regelmäßig der »geistigen Brandstiftung« bezichtigt und so in Sippenhaft genommen. Aus dem Kampf gegen den verfassungsfeindlichen Rechtsextremismus ist ein »Kampf gegen rechts« geworden. »Rechts« gilt heute als der Inbegriff der politischen Inkorrektheit. Deshalb wagt es heute kaum noch jemand, seine politische Einstellung mit dem Begriff »rechts« zu beschreiben oder dezidiert rechte Positionen zu vertreten. Zu groß ist die Gefahr, als Rechtsextremer angeprangert zu werden. Rechte, also konservative Positionen, gelten als suspekt und anrüchig, wohingegen linken Positionen kein solcher Makel anhaftet. Allein durch diese Neusprech-Strategie wurde der Wettbewerb der politischen Ideen beträchtlich zulasten konservativer Positionen verzerrt.

Ein vierter Kampfbegriff, der heute sehr häufig gebraucht wird, ist der des »Populismus«.[300] Was genau versteht man darunter? Ist ein Populist »einfach nur ein vom Programm her missliebiger populärer Machtkonkurrent« (Ralf Dahrendorf)[301] oder stellt er eine Bedrohung der Demokratie dar? Heute wird dieser Begriff vor allem im zweiten Sinn gebraucht, wobei aber – nicht ohne Grund – eine genaue Definition vermieden wird. Politikwissenschaftlich kann Populismus als eine Strategie der politischen Mobilisierung definiert werden, die mit Vereinfachungen, Dramatisierungen und der Berufung auf das Volk und dessen Interessen (im Gegensatz zu denen der Elite) arbeitet. Dieses Mittel wird in der politischen Auseinandersetzung von allen Parteien verwendet – ob die Grünen die Klimakatastrophe heraufbeschwören, Angela Merkel ihre Politik als »alternativlos« bezeichnet oder SPD und Linke gegen »Besserverdiener« wettern.

Eine Bedrohung der Demokratie ist darin nicht zu erkennen, eher schon könnte man vom Salz in der Suppe der Demokratie sprechen. Aber nicht in diesem ideologisch neutralen Sinn wird der Populismusbegriff heute gebraucht. Mit ihm wird mittlerweile jede grundsätzliche Kritik an der Regierungspolitik und der herrschenden Elitenideologie bezeichnet. Kommt sie von konservativer oder nationalliberaler Seite, gilt sie als Rechtspopulismus. Meist werden aber ohnehin Populismus und Rechtspopulismus gleichgesetzt. Auf diese Weise kann man unliebsame konservative oder nationalliberale Positionen mit einem doppelten Stigma versehen: dem des Populismus und dem des Rechtsextremismus.

Sehr beliebt ist es auch, fünftens, politisch Andersdenkende als »Verschwörungstheoretiker« zu verunglimpfen. Auf diesen Kampfbegriff und die Art und Weise, wie er verwendet wird, bin ich schon am Ende von Kapitel 6 ausführlich eingegangen.

Mithilfe dieses politisch korrekten Neusprechs, aber auch einer einseitigen und lückenhaften Berichterstattung, ist es der politisch-medialen Elite gelungen, die Diskursherrschaft in Deutschland zu erringen. Kritik an der herrschenden Ideologie kommt nicht nur in den etablierten Medien nicht vor, sondern, mehr noch, gilt heute als »unsagbar« – allein schon deswegen, weil sie zwangsläufig gegen die Regeln der politisch korrekten Sprache verstößt. Wer die politische Korrektheit verletzt, überschreitet damit auch die Grenzen des Anstands und ist einer seriösen Auseinandersetzung nicht wert. Die Wächter der politischen Korrektheit können es deshalb als Erfolg verbuchen, wenn laut einer Umfrage des Allensbach-Instituts aus dem Jahr 2021 nur noch 45 Prozent der Bevölkerung das Gefühl haben, man könne seine politische Meinung frei sagen, und immerhin 44 Prozent glauben, man solle besser vorsichtig sein.[302] Wenn bestimmte Positionen nicht mehr geäußert und nicht mehr diskutiert werden, dann verschwinden diese Positionen nicht nur aus der öffentlichen Debatte, sondern irgendwann auch aus den Köpfen der Bevölkerung. Und damit hätte das bundesrepublikanische Wahrheitsministerium sein eigentliches Ziel erreicht.

Unpersonen und Gedankenverbrechen

Es gibt noch kritische Stimmen aus dem konservativen und nationalliberalen Lager, die sich nicht geschlagen geben und sich der Diskursherrschaft nicht fügen. Sie äußern ihre Meinung und ihre Kritik in der Presse außerhalb des Mainstreams (um nur die wichtigsten Publikationen zu nennen: *Neue Zürcher Zeitung*, *Junge Freiheit*, *Tichys Einblick*, *Cicero*, *Cato*) oder im Internet.[303] Falls Ignorieren und Totschweigen nichts hilft und diese Stimmen ein gewisses Maß an Aufmerksamkeit erfahren, dann wird es notwendig, sie auf die eine oder andere Weise zum Schweigen zu bringen. Diese Aufgabe fällt zum größten Teil nicht der politischen, sondern der medialen Abteilung des bundesrepublikanischen Wahrheitsministeriums zu.

Zwar herrscht in Deutschland – im Gegensatz zu Ozeanien – Meinungsfreiheit, aber mehr de jure als de facto. Man kann zwar alles sagen, muss dann aber mit den Konsequenzen leben. Oder, um den ugandischen Diktator Idi Amin zu zitieren: »Es gibt die Freiheit der Rede, aber ich kann keine Freiheit *nach* der Rede garantieren.« Diese Konsequenzen sind zum größten Teil nicht strafrechtlicher Natur, können aber auch sehr unangenehm werden. Man läuft Gefahr, als Verschwörungstheoretiker oder Populist oder Rechter gebrandmarkt zu werden; Urteilsvermögen und Sachverstand werden in Frage gestellt, indem Kritiker der Klimapolitik zu »Klimaleugnern«, Kritiker der Coronapolitik zu »Corona-Leugnern« erklärt werden; niedere Beweggründe werden unterstellt, wenn Kritiker der Flüchtlingspolitik als »Ausländerfeinde«, »Rassisten« oder »Nazis« und Kritiker der Eurorettung als »Europafeinde« beschimpft werden. Dabei nehmen es die Wächter der politischen Korrektheit mit der Wahrheit nicht immer ganz genau: Unterstellungen, falsche, unvollständige oder aus dem Zusammenhang gerissene Zitate, Übertreibungen, Auslassungen – alles ist legitim im Kampf um die Meinungshoheit.

Solche Attacken bleiben nicht ohne Folge: Es drohen nicht nur gesellschaftliche Ächtung, sondern auch berufliche Nachteile, die vom Karriereende über die Kündigung bis zu Boykottaufrufen reichen können. Einmalige Ausrutscher können vergeben werden, wenn der Sünder sich reuig zeigt und Buße tut. So brach über den Ärztekammerpräsident Klaus Reinhardt ein Sturm der Entrüstung herein, als er die Maskenpflicht als »Vermummungsgebot« bezeichnete und den Sinn des Tragens von Masken insbesondere im Freien bezweifelte. Der SPD-Gesundheitspolitiker (und spätere Bundesgesundheitsminister) Karl Lauterbach forderte umgehend dessen Rücktritt. Reinhardt lenkte ein, widerrief und durfte im Amt bleiben.[304] Diese Chance bekam Andreas Schöfbeck nicht. Dem Vorstand der Betriebskrankenkasse ProVita wurde fristlos gekündigt, nachdem er auf die häufigen Nebenwirkungen der Corona-Impfung aufmerksam gemacht hatte.[305]

Verstockten und unbelehrbaren Sündern aber wird mit aller Härte begegnet. Sie werden nach allen Regeln der Kunst drangsaliert, diffamiert und zu »Unpersonen« gemacht. Die Erfahrungen, die Ulrich Vosgerau, der es wagte, auf die Unrechtmäßigkeit der Grenzöffnung vom Sommer 2015 hinzuweisen, und Thilo Sarrazin, der in seinem Buch »Deutschland schafft sich ab« hart mit der deutschen Migrations- und Integrationspolitik ins Gericht geht, machen mussten, zeigen deutlich, wie dieser »Tugendterror« funktioniert.[306]

Mit seiner Hilfe gelingt es nicht nur, hartnäckige Kritiker ins mediale und gesellschaftliche Abseits zu stellen, sondern auch dafür zu sorgen, dass Kritik gar nicht erst laut wird. Bevor es einem wie Sarrazin oder Vosgerau ergeht, hält man lieber den

Mund. Nicht ohne Grund handelt es sich bei den wenigen, die es noch wagen, sich mit kritischen Äußerungen unbeliebt zu machen, vor allem um Personen vorgerückten Alters, die ihre Karriere schon ganz oder zum Großteil hinter sich haben. Das liegt nicht am Altersstarrsinn, sondern daran, dass sie weniger zu verlieren haben als Jüngere.

Der Tugendterror macht sich leider auch in der Wissenschaft bemerkbar, vor allem in den Sozialwissenschaften, aber zum Teil auch in den Naturwissenschaften. Problematische Themen, bei denen man mit unliebsamen Ergebnissen rechnen muss, werden erst gar nicht bearbeitet – weil man um seine Hochschulkarriere, Beraterverträge und Drittmittel fürchtet. Wer doch einmal ein Tabu bricht, bekommt dies schnell zu spüren. Als der Psychologe Bruno Klauk die kognitive Kompetenz von Flüchtlingen untersuchte und feststellte, dass deren Intelligenzquotient im Durchschnitt deutlich unter dem Durchschnitts-IQ der deutschen Bevölkerung lag (nämlich um fast eine Standardabweichung) und den naheliegenden Schluss zog, dass von der Zuwanderung der Flüchtlinge kein Beitrag zur Lösung unseres Fachkräfteproblems zu erwarten sei, wurde er heftig angefeindet – zum Teil von den Medien, zum Teil aber auch von Kollegen, die so weit gingen, ihm Rassismus und Rechtspopulismus vorzuwerfen.[307]

Genau wie die Meinungsfreiheit im Allgemeinen erfährt die Wissenschaftsfreiheit auch zunehmend Einschränkungen, wenn nicht de jure, so doch de facto. Es stimmt bedenklich, dass sich Wissenschaftler in Deutschland vor Kurzem dazu veranlasst sahen, das »Netzwerk Wissenschaftsfreiheit« zu gründen, um eben dieselbe zu verteidigen – die doch eigentlich gemäß der grundgesetzlichen Garantie der Freiheit von Forschung und Lehre (Artikel 5 Absatz 3) außer Frage stehen müsste. Aber die Zeiten haben sich geändert …

Ein Tabubruch gilt bei den Wächtern über die politische Tugend als unverzeihlich, ja sogar als Todsünde, die den sofortigen

Ausschluss aus der »guten« Gesellschaft zur Folge hat: die Nähe zur AfD. Wie erwähnt gibt es zwar in allen Parteien Populisten, die auch als solche bekämpft werden. Die Inkarnation des Bösen stellt aber eine Partei dar, die nur aus Populisten, noch dazu nur aus Rechtspopulisten besteht, nämlich die AfD. Sie ist der »innere Feind«, das Pendant zur »Brüderschaft« von Ozeanien. Sie gilt es, mit alle Mitteln zu bekämpfen. Denn mit ihr hat erstmalig die konservativ-nationalliberale Opposition gegen die herrschende Ideologie den Einzug in den Bundestag und die Länderparlamente geschafft und so das Kartell der etablierten Parteien aufgebrochen.

Diese sind sich in ihrem Kampf gegen die AfD keines Mittels zu schade. Es genügt schon, sich mit einem AfD-Politiker zum Essen zu treffen, um den Job zu verlieren.[308] Wer sich als Unternehmer zur AfD bekennt, muss mit Boykottaufrufen rechnen.[309] Und wer als Wissenschaftler Vorträge bei Veranstaltungen der AfD hält, braucht sich keine Hoffnungen auf Einladungen von anderen Parteien oder deren Stiftungen zu machen.[310] Das Prinzip der Kontaktschuld wird mit großer Konsequenz umgesetzt, um diese Partei politisch und gesellschaftlich zu isolieren. Die Medien tragen dazu ihren Teil bei: Vor allem im öffentlich-rechtlichen Rundfunk kommen die Vertreter der AfD nur selten zu Wort und werden meist gezielt in ein schlechtes Licht gerückt.[311]

Diese Anti-AfD-Kampagne war durchaus erfolgreich: Viele Menschen scheuen sich, die AfD zu wählen, obwohl sie mit deren Positionen durchaus sympathisieren; noch bemerkenswerter ist, dass nach einer Studie der Konrad-Adenauer-Stiftung aus dem Jahr 2021 immerhin 57 Prozent der Bevölkerung nichts mit AfD-Wählern zu tun haben wollen.[312] Zwar hat sich die AfD ungeschickterweise durch problematische Äußerungen und unseriöse Politiker angreifbar gemacht und so der eignen Sache geschadet. Aber für die pauschale Ausgrenzung und Diffamierung dieser Partei gibt es nur einen wirklichen Grund: die Empörung darüber, dass sie der herrschenden Ideologie Paroli geboten hat.

Die Tatsache, dass der Tugendterror überwiegend nicht vom Staat, sondern von den Medien und deren zivilgesellschaftlichen Helfershelfern ausgeübt wird, macht die Sache nicht besser, wie Ulrich Vosgerau meint:

> »Der Bürger ist gegen Verleumdungen in den Massenmedien viel hilfloser und wehrloser, als er es gegen rechtswidriges Staatshandeln wäre. Denn der Staat darf den Bürger nicht unterdrücken, er ist an die Grundrechte gebunden. Die Medien hingegen üben Grundrechte aus, sie können und dürfen daher vieles, was der Staat aufgrund der rechtsstaatlichen Bindungen eben nicht dürfte. *Auch daher haben sie in unserer Gesellschaft die Rolle der politischen Polizei übernommen.*«[313]

Allerdings beginnen in letzter Zeit die Grenzen zwischen staatlichem und medialem Tugendterror zu verschwimmen, wovon besonders der Erzfeind der Elite, die AfD, betroffen ist. *Erstens* fördert der Staat immer stärker zivilgesellschaftliche Organisationen, die sich dem Kampf gegen den »Rechtsextremismus« verschrieben haben. Beispielsweise erhielt allein die Amadeu-Antonio-Stiftung 2019 und 2020 ca. 2,3 Millionen Euro an Bundesmitteln.[314] Und das war erst der Anfang. Denn für den Kampf gegen Rechtsextremismus und Rassismus sollten von 2021 bis 2024 mehr als 1,15 Milliarden Euro (!) zur Verfügung gestellt werden.[315]

Dass damit auch und vor allem der Kampf gegen »rechts« im Allgemeinen und gegen den Rechtspopulismus im Besonderen, wie er von der AfD verkörpert wird, gemeint ist, wird bei Durchsicht des entsprechenden Maßnahmenkataloges schnell klar. Große Teile desselben haben mit dem Kampf gegen den Rechtsextremismus nichts zu tun; vielmehr geht es um die Propagierung der herrschenden Ideologie und deren Verteidigung gegen ihre konservativen Kritiker. So ist unter anderem die Rede vom »Ausbau der interkulturellen und diversitätsorientierten Öffnung des öffentlichen Dienstes«.[316]

Das »Gesetz zur Stärkung und Förderung der wehrhaften Demokratie«, auf dessen Grundlage diese Gelder verteilt werden sollten, scheiterte zwar im Juni 2021 im Bundestag, als die Unionsfraktion unerwarteterweise darauf beharrte, dass sich die geförderten Organisationen zur freiheitlich-demokratischen Grundordnung bekennen müssten – was die SPD für überflüssig hielt. Aber die neue, SPD-geführte Bundesregierung will gemäß ihres Koalitionsvertrages die »Maßnahmen (...) des Kabinettsausschusses zur Bekämpfung von Rechtsextremismus und Rassismus (...) anpassen und weiterentwickeln«.[317] Es ist deshalb davon auszugehen, dass im Zuge des Kampfes gegen »rechts« die Zivilgesellschaft doch noch in den Genuss von Steuergeldern in erheblicher Höhe kommen wird – und wahrscheinlich, ohne irgendwelche lästigen Erklärungen zur Verfassungstreue abgeben zu müssen. Auf diese Weise wird die Politik ihre Hilfstruppen im Kampf gegen »rechts« verstärken. Denn willige Helfer, die sich für diesen Kampf gerne einsetzen und sehr gerne entlohnen lassen, wird sie leicht finden.

Zweitens sind Betreiber sozialer Netzwerke durch das Netzwerkdurchsetzungsgesetz, das 2017 erlassen und seither mehrmals verschärft wurde, dazu verpflichtet worden, über die Reinheit der öffentlichen Meinung zu wachen. Zwar geht es dabei explizit nur um »rechtswidrige Inhalte« (§ 1 Absatz 3), doch ist davon auszugehen, dass sich die betroffenen Unternehmen im Zweifel für die Löschung »verdächtiger« Inhalte entscheiden werden, um Kritik aus Politik und Medien, Bußgelder oder eine weitere Verschärfung des Gesetzes zu vermeiden. Außerdem haben die wichtigsten Anbieter dieser Dienste eigene inhaltliche Standards festgelegt, die weitgehend auf der Linie der herrschenden Ideologie liegen und mit denen deshalb konservative Positionen leicht in Konflikt geraten können. Auch unabhängig von gesetzlichen Regelungen kommt es allein dadurch zur Löschung zwar nicht rechtswidriger, aber doch politisch inkorrekter Inhalte. Direkt findet zwar in Deutschland »eine Zensur nicht statt« (Artikel 5 Absatz 1 Grundgesetz) – aber zumindest im Bereich des Internets kann man durchaus von einer indirekten, staatlicherseits tolerierten, vielleicht sogar gewünschten Zensur sprechen.[318]

Drittens werden zunehmend polizeiliche und geheimdienstliche Mittel zur Beeinflussung der öffentlichen Meinung eingesetzt. Was die Polizei angeht, so fällt auf, dass Demonstrationen mit zweierlei Maß gemessen werden: Kundgebungen gegen die Coronapolitik durften, falls sie nicht verboten werden konnten, nur unter strengen Auflagen stattfinden (z. B. Begrenzung der Teilnehmerzahl, Abstandsregeln, Maskenpflicht), die auch ohne großes Federlesen durchgesetzt wurden. Politisch genehme Demonstrationen von »Klimaaktivisten«, Vertretern der »Black Lives Matter«-Bewegung oder Teilnehmern an »Christopher Street Day«-Paraden wurden wesentlich großzügiger behandelt: Da drängten sich Tausende ohne Abstand und zum Großteil ohne Masken – und die Polizei schaute zu, sofern sie überhaupt anwesend war. Bemerkenswert ist auch, was im Januar 2022 in Hamburg passierte: Eine Demonstration gegen die Coronapolitik wurde verboten, aber eine für den gleichen Zeitraum angemeldete Gegendemonstration von Unterstützern dieser Politik wurde genehmigt.[319]

Eine wichtigere Rolle als die Polizei spielt allerdings der deutsche Inlandsgeheimdienst, bestehend aus dem Bundesamt für Verfassungsschutz und den entsprechenden Landesämtern. Seit der unbequeme Hans-Georg Maaßen als Präsident des Bundesverfassungsschutzes von dem loyalen Thomas Haldenwang ersetzt wurde, beschäftigt sich diese Behörde nicht mehr nur mit dem (sicher notwendigen und sinnvollen) Kampf gegen den politischen Extremismus, sondern immer stärker auch mit der Beobachtung und Einschüchterung der auf dem Boden der Verfassung stehenden politischen Opposition.[320] Konzepte wie das des »Ethnopluralismus«, die früher als unproblematisch galten, sind heute verfassungswidrig.[321] Die AfD wird als Ganzes oder in Teilen als Verdachts- oder als Prüffall eingestuft und diese Einschätzungen werden auch umgehend publik gemacht.

Und auch der sogenannten »Neuen Rechten« wird verstärkt Aufmerksamkeit gewidmet. Mit diesem Begriff werden nicht nur rechtsextreme, sondern auch konservative und nationalliberale Intellektuelle bezeichnet und so in bewährter Weise mit ersteren über einen Kamm geschoren. Das Ziel, das der Bundesverfassungsschutz mit diesen Aktionen verfolgt, ist offensichtlich: Jede rechte Position, ob extremistisch oder nicht, soll als verfassungsfeindlich oder zumindest als suspekt gelten und so delegitimiert werden. Allein durch die Erwähnung in Berichten des Verfassungsschutzes kommt es zu der gewünschten Einschüchterung und Selbstzensur: Vor allem Staatsdiener werden sich hüten, neu-rechte Meinungen zu vertreten oder sich für die AfD zu engagieren, da sie dienstrechtliche Konsequenzen befürchten müssen. Der Bundesverfassungsschutz hat zwar mit seiner medialen Offensive gegen die AfD zunächst einige Niederlagen vor dem Verwaltungsgericht Köln erlitten, welches sein Vorgehen als »rechtswidrig und unverhältnismäßig« verurteilt hat.[322] Der beabsichtigte Einschüchterungseffekt ist aber trotzdem erzielt worden.

Im Hauptverfahren hatte die Klage der AfD gegen den Verfassungsschutz allerdings keinen Erfolg (zumindest nicht in erster Instanz). Er darf die Partei als »Verdachtsfall« einstufen, da »Anhaltspunkte für verfassungsfeindliche Bestrebungen innerhalb der AfD« vorlägen, und er darf diese Einstufung öffentlich mitteilen, »um eine politische Auseinandersetzung zu ermöglichen«.[323] Diese Entscheidung ist insofern nachvollziehbar, als die AfD, wie erwähnt, in ihren Reihen Mitglieder und Funktionäre geduldet hat und noch duldet, die sich mit provozierenden und extremen Äußerungen hervortun. Bei ihnen kann sich der Verfassungsschutz bedanken, erleichterten sie ihm doch seine Aufgabe ganz wesentlich – nämlich den Kampf gegen den Rechtsextremismus zu einem Kampf gegen »rechts« im Allgemeinen auszudehnen und die gesamte AfD für das Fehlverhalten von Einzelnen bzw. von Teilen der Partei verantwortlich zu machen. Dass dies von der (alten und neuen) Bundesregierung gewollt wurde und auch entsprechende Erwartungen an Thomas Haldenwang herangetragen wurden, lässt sich Äußerungen des ehemaligen Bundesinnenministers Seehofer und der aktuellen Bundesinnenministerin Faeser entnehmen.[324] Das Ziel besteht vor allem darin, die Chancen der AfD im politischen Wettbewerb zu schwächen. Thomas Haldenwang hat dies – kaum verklausuliert – wie folgt ausgedrückt:

> »Wir wollen die Öffentlichkeit über diese Partei informieren, damit eben auch die Wähler entsprechende Entscheidungen treffen können.«[325]

Es wird sich zeigen, ob dieses Ziel auf Dauer erreicht wird, oder ob die AfD das Urteil des Verwaltungsgerichts Köln zum Anlass für die überfällige Selbstreinigung nimmt.

Seit Neuestem hat der Verfassungsschutz auch die nicht einer bestimmten politischen Richtung zuzuordnenden Kritiker der Coronapolitik im Visier. Da diese von keinem der bisherigen neun »Phänomenbereiche« abgedeckt werden (zu denen Rechtsextremismus, Linksextremismus und Islamismus gehören), deren geheimdienstliche »Bearbeitung« aber opportun erschien, wurde der neue Phänomenbereich »verfassungsschutzrelevante Delegitimierung des Staates« geschaffen. Schließlich seien die

Aktionen und Verlautbarungen der Kritiker der Coronapolitik dazu geeignet, »das Vertrauen in die staatlichen Institutionen und seine Repräsentanten nachhaltig zu erschüttern«.[326] Aufgrund dieser Formulierung ist es möglich, jede grundsätzliche Kritik an der Regierung als verfassungsgefährdend einzustufen, da ja eine solche Kritik immer auch impliziert, dass die Regierung bzw. deren Politik kein Vertrauen verdient. Wie wir gesehen haben, gibt es vor allem angesichts der Krisenpolitik der letzten 15 Jahre dafür mehr als genug Gründe. Anstatt sich aber das Vertrauen der Bürger zu verdienen, besteht die Reaktion auf lauter werdende Kritik offenbar darin, den Vertrauensentzug und diese Kritik zu kriminalisieren.

Angesichts dessen überrascht es dann auch nicht, wenn selbst die Wissenschaft Ziel der Anstrengungen des Bundesverfassungsschutzes wird. Im Herbst 2021 warf der Bundesverfassungsschutz dem Politologen Martin Wagener »Bestrebungen gegen die freiheitliche demokratische Grundordnung« vor, freilich ohne dies näher auszuführen.[327] Anlass dafür scheint das 2021 erschienene Buch von Wagener, »Kulturkampf um das Volk«, zu sein, in dem er sich entschieden gegen den Multikulturalismus ausspricht – in dem er aber auch die politische Instrumentalisierung des Verfassungsschutzes scharf kritisiert.[328] Ein Schelm, wer Böses dabei denkt …

Auf Ebene der verschiedenen Landesämter für Verfassungsschutz gibt es ähnliche Tendenzen: Auch sie erblicken ihre Aufgabe inzwischen weniger im Schutz des Kerns unserer Verfassung als im Schutz der herrschenden Ideologie gegen Kritik und Opposition.

Die gelenkte Demokratie

Wie wir gesehen haben, ist es der politisch-medial-zivilgesellschaftlichen Elite gelungen, die ideologische Vorherrschaft in Deutschland zu erringen. Dabei hat sie sich einiger Mittel bedient, die dem Instrumentarium der Machthaber von Ozeanien in George Orwells Roman »1984« sehr ähnlich sind. Es überrascht deshalb nicht, dass die auf diese Art erreichte Hegemonie einen dezidiert demokratiefeindlichen Charakter aufweist. Lassen wir noch einmal Lothar Fritze zu Wort kommen. Er sieht Deutschland auf dem Weg in eine »totalitäre Demokratie«:

> »Ein demokratischer Staat, in dem eine Elite eine ideologische Vorherrschaft etabliert hat und diese mit Methoden verteidigt, die Kritik und oppositionelles Handeln erschweren und tendenziell unmöglich machen, nimmt totalitäre Züge an. Er verwandelt sich in eine ›totalitäre Demokratie‹. (…) Errungene und jeweils auf Zeit verliehene politische Macht darf nicht genutzt werden, um das freie Spiel des Werbens um Zustimmung zu untergraben. (…) Die systematische geistige Manipulation durch staatliche Organe zerstört die Bedingungen der Möglichkeit der Selbstherrschaft des Volkes und verwandelt die Demokratie in eine Scheindemokratie.«[329]

Tatsächlich sind wir auf dem besten Wege in eine solche Scheindemokratie – oder leben vielleicht schon in ihr. Dies zumindest meinen immerhin 31 Prozent der Deutschen gemäß einer Umfrage des Allensbach-Instituts vom Februar 2022.[330] Und diese Meinung ist alles andere als unbegründet: Denn was sind Wahlen noch wert, wenn der politische Willensbildungsprozess nicht mehr frei und offen stattfinden kann? Eine solcherart gelenkte Demokratie, in der die Elite das Volk systematisch manipuliert, ist nicht nur keine richtige Demokratie mehr, sondern bewirkt auch eine Vergiftung des gesellschaftlichen Klimas – welches zunehmend durch Intoleranz, Konformitätsdruck, Gesinnungsschnüffelei, Duckmäusertum, Diffamierung und Ausgrenzung gekennzeichnet ist. Nicht zuletzt wird dadurch auch Verschwörungstheorien der Boden bereitet: Durch die konsequente Weigerung, kritische Positionen auch nur anzuhören, geschweige denn zu diskutieren, werden Spekulationen über die Motive eines solchen Verhaltens erst befeuert.

Verantwortlich für die ins Kraut schießenden Verschwörungstheorien – oder vielleicht besser: Verschwörungsfantasien – sind nicht nur deren Urheber, sondern auch die Elite, die die Voraussetzungen dafür geschaffen hat, dass sie entstehen und gedeihen können. Die Elite ist es auch, welche die von ihr selbst so sehr beklagte Spaltung der Gesellschaft zu vertreten hat. Wenn die Interessen des eigenen Volkes so mit den Füßen getreten werden, wie dies in den letzten Jahren der Fall gewesen ist, dann ist der Populismus nicht Ursache, sondern Symptom dieser Spaltung. Denn der von populistischen Politikern beklagte Gegensatz zwischen Volk und Elite existiert ja tatsächlich und wird von ihnen nicht bloß herbeigeredet. Insofern kann man das Erstarken einer populistischen Partei auch als Warnsignal für die Fehlentwicklungen in einer Demokratie interpretieren.

Der Frage, wodurch die schon so oft erwähnte Elite motiviert wird und welche Ziele sie außer dem Ziel der Etablierung eines europäischen Zentralstaats verfolgt, wollen wir uns im nächsten Kapitel zuwenden.

Kapitel 8: Der Weg zur neuen Knechtschaft

»Der vorherrschende Glaube an ›soziale Gerechtigkeit‹ ist gegenwärtig wahrscheinlich die schwerste Bedrohung der meisten anderen Werte einer freien Zivilisation.«

Friedrich August von Hayek[331]

1944 veröffentlichte der österreichische Ökonom Friedrich August von Hayek ein Buch, das ihn einer breiten Öffentlichkeit bekannt machen sollte: »Der Weg zur Knechtschaft«.[332] In ihm warnte er eindringlich vor den Gefahren des Sozialismus für die Freiheit, aber auch für den Wohlstand. Damals verstand man unter Sozialismus die Verstaatlichung der Produktionsmittel und die damit einhergehende zentrale Planung der Wirtschaft. Dieser traditionelle Sozialismus war ökonomisch motiviert und hatte als Ausgangspunkt den von Karl Marx postulierten Gegensatz von Arbeit und Kapital. Dieser Gegensatz – und damit die Ausbeutung der Arbeiter – sollte durch den Sozialismus überwunden werden. In diesem System würde eine Elite aus Planern und Technokraten die Wirtschaft so steuern, dass sowohl wirtschaftlicher Wohlstand als auch soziale Gerechtigkeit erreicht werden würde. Die sozialistische Elite würde sich dabei an den Interessen der Bevölkerung orientieren – oder an dem, was sie dafür hielt. Hayek zeigte, dass die Verwirklichung sozialistischer Ideen zwangsläufig zu Unfreiheit und langfristig zu Totalitarismus führen muss, worunter auch wirtschaftliche Leistungsfähigkeit und Wohlstand leiden würden.

Heute ist der traditionelle Sozialismus, so wie ihn Hayek und seine Zeitgenossen verstanden, zwar diskreditiert und spielt praktisch keine Rolle mehr, aber sozialistische Ideen wirken im

Gewand eines neuen Sozialismus weiter. Heute versteht man unter Sozialismus alle Bestrebungen, soziale Gerechtigkeit durch umfassende Eingriffe des Staates in Wirtschaft und Gesellschaft zu realisieren, und zwar nicht mehr nur durch Maßnahmen zur Umverteilung von Einkommen und Vermögen. Denn soziale Gerechtigkeit wird heute sehr viel weiter als früher definiert: Es geht nicht mehr nur um die Ausbeutung der Arbeiter durch die Kapitalisten, sondern um die Verwirklichung von Gleichheit in jeglicher, also nicht nur wirtschaftlicher Hinsicht. Der neue Sozialismus ist nicht mehr ökonomisch, sondern ideologisch motiviert, und die neu-sozialistische ist keine ökonomische, sondern eine ideologische Elite. Ihr Ziel ist es, ihre Prinzipien und Ideale, die sie als moralisch überlegen begreift, durchzusetzen – und zwar nicht im Interesse des Volkes, sondern unabhängig von und notfalls auch im Gegensatz zu dessen Interessen, so wie das heute überwiegend der Fall ist. Der Gegensatz, den es heute zu überwinden gilt, ist nicht mehr der zwischen Kapital und Arbeit, sondern der zwischen Elite und Volk. Überwunden werden soll er dadurch, dass die Elite dem Volk ihre Vorstellungen oktroyiert.

Trotz vieler Unterschiede zwischen altem und neuen Sozialismus gibt es auch wichtige Gemeinsamkeiten. In beiden Fällen existiert eine Elite, die ihren Führungsanspruch durch ihre angebliche Überlegenheit begründet. Im alten Sozialismus besteht diese in einer besseren Einsicht in ökonomische Zusammenhänge und Gesetze, im neuen Sozialismus in einer besseren Gesinnung. Deshalb sind sowohl alte als auch neue Elite davon überzeugt, die »wahren« Interessen des Volkes zu befördern – selbst wenn sie gegen dessen Wünsche handeln. Eine andere Parallele besteht darin, dass der jeweilige Sozialismus als unvermeidlich und zwangsläufig hingestellt wird. Der alte Sozialismus galt als die unausweichliche Konsequenz von technischem Fortschritt, Monopolisierungstendenzen und zunehmender Komplexität der

Wirtschaftsbeziehungen. Der neue Sozialismus wird für notwendig gehalten, da sich nur durch den mit ihm einhergehenden Staatsinterventionismus bedrohliche Krisen, die teils globale Auswirkungen haben, bewältigen lassen könnten. Ins Feld geführt wird hier insbesondere die Klimakrise.

Alt-sozialistische Bestrebungen – oder zumindest Sympathien – gab es nicht nur in den dezidiert sozialistischen, sondern praktisch in allen politischen Parteien. Heute haben sich die neu-sozialistischen Ideen ebenfalls in allen etablierten Parteien durchgesetzt – selbst in der, die das Wort »frei« im Namen führt. Genau wie 1944 hätte Hayek sein Buch auch heute »den Sozialisten in allen Parteien« widmen können.[333]

Die wichtigste Gemeinsamkeit zwischen altem und neuen Sozialismus besteht aber in dem gemeinsamen Endresultat, auf das beide hinauslaufen: Unfreiheit und Totalitarismus. Dass dies für den alten Sozialismus gilt, hat der »real existierende Sozialismus« zur Genüge bewiesen. Und im Fall des neuen Sozialismus ist nichts Anderes zu erwarten. Die Tendenzen dazu sind unübersehbar: Freiheiten und Rechte werden immer mehr eingeschränkt; staatliche Regulierungen werden immer umfassender; und eine Diktatur gilt nicht mehr als Schreckgespenst, sondern als probates Mittel zur Krisenbewältigung. Wir befinden uns auf dem Weg zu einer neuen Knechtschaft – einem Weg, auf dem wir schon ein gutes Stück fortgeschritten sind und auf dem wir uns immer schneller voran bewegen. Hayeks Warnung vor dem Sozialismus ist deshalb heute aktueller denn je, obwohl – oder gerade weil – der Sozialismus heute eine andere Form angenommen hat.

Eines der Ziele, das die Sozialisten von heute verfolgen, haben wir in Kapitel 6 diskutiert: das Ziel der Schaffung eines europäischen Zentralstaats. In Kapitel 7 haben wir gesehen, mit welchen Mitteln versucht wird, sich die Bevölkerung gefügig zu machen, um dieses Ziel und andere Ziele zu erreichen. In diesem Kapitel wollen wir versuchen zu klären, welcher Art die herrschende Ideologie ist, welche diese anderen Ziele sind und wie eigentlich jene Elite funktioniert, von der schon so oft die Rede gewesen ist.

Gesinnung statt Verantwortung – der politische Moralismus

Die heute dominierende Ideologie ist ein Paradebeispiel für Gesinnungsethik. Um sie und ihre Anhänger zu verstehen, muss man sich zunächst den grundlegenden Unterschied zwischen Gesinnungs- und Verantwortungsethik vor Augen führen. Diese Unterscheidung geht auf den Soziologen und Ökonomen Max Weber zurück.

> »Wir müssen uns klarmachen, dass alles ethisch orientierte Handeln unter *zwei* voneinander grundverschiedenen, unaustragbar gegensätzlichen Maximen stehen kann: es kann ›gesinnungsethisch‹ oder ›verantwortungsethisch‹ orientiert sein.«[334]

Weber weist daraufhin, dass sich Gesinnung und Verantwortung nicht gegenseitig ausschließen. Schließlich wird jedes politische Handeln durch bestimmte Werte und Ziele, also durch eine bestimmte Gesinnung, motiviert; und auch der überzeugteste Gesinnungsethiker kann die Augen vor den Folgen seines Tuns nicht auf Dauer verschließen. Aber »[w]enn die Folgen einer aus reiner Gesinnung fließenden Handlung üble sind, so gilt ihm nicht der Handelnde, sondern die Welt dafür verantwortlich«.[335] Der Verantwortungsethiker ist dagegen bereit, sich die Folgen seines Handeln zurechnen zu lassen und richtet sein Handeln vor allem an den Folgen desselben aus. Anders der Gesinnungsethiker: »›Verantwortlich‹ fühlt sich der Gesinnungsethiker nur dafür, dass die Flamme der reinen Gesinnung, die Flamme z. B. des Protestes gegen die Ungerechtigkeit der sozialen Ordnung, nicht erlischt.«[336]

In neuerer Zeit hat der Philosoph Hermann Lübbe auf die Gefahren der Gesinnungsethik und deren verderblichen Einfluss auf die Politik aufmerksam gemacht. Eine gesinnungsethisch motivierte Politik bezeichnet er als politischen Moralismus, der den »Triumph der Gesinnung über die Urteilskraft« darstelle (so der Untertitel seines Buches zu diesem Thema).[337]

> »Statt der Ansicht und Absicht des politischen Gegners mit Sachargumenten oder auch mit moralischen Argumenten zu widersprechen, qualifiziert man moralisierend die Person dieses Gegners und gibt sich öffentlich erstaunt und empört, was für einer er doch sei.«[338]

Zwischen der Art und Weise, Politik zu betreiben – nämlich gesinnungs- oder verantwortungsethisch – und dem Inhalt bzw. den Zielen dieser Politik besteht ein gewisser Zusammenhang: Zum einen spielt der politische Moralismus vor allem in totalitären Systemen eine große Rolle, weil diese sich auf einen Austausch von Argumenten und eine offene Diskussion natürlich nicht einlassen können.[339] Zum anderen gibt es unter den politischen Moralisten »eine unverkennbare Links-Drift«, weil das linke Ideal »einer Gesellschaftsordnung, in der individuelle und kollektive Interessen nicht nur versöhnt, vielmehr identisch geworden sein werden«, politische Moralisten besonders anspricht.[340]

Lübbe kritisiert die in den letzten Jahren zu beobachtende Dominanz des politischen Moralismus in Deutschland. Insbesondere weist er darauf hin, dass die Debatten über »die Migrationspolitik« und die »Unionisierung Europas (…) statt von Interessen und Zweckmäßigkeiten geleitet zu sein, an die Kette vermeintlich erörterungsunbedürftiger Höchstwerte gelegt« sind.[341]

Es dürfte klar sein, dass es mit der Qualität politischer Entscheidungen in diesen beiden und überhaupt in allen Fällen, in denen Moral und Gesinnung dominieren, nicht zum Besten stehen kann. Wenn die Folgen der Politik entweder ignoriert oder zumindest als unwichtig vernachlässigt werden und statt guter Resultate nur der gute Wille zählt – dann ist nicht damit zu rechnen, dass eine rationale, an Kosten und Nutzen orientierte Politik im Interesse der Bevölkerung betrieben wird.

Leider wohnt dem politischen Moralismus bzw. der gesinnungsethischen Politik die Tendenz inne, im Zeitablauf stärker zu werden – und zwar unabhängig vom Inhalt einer solchen Politik. Dies liegt vor allem daran, dass sie so bequem und verführerisch ist: Wenn es nur um Gesinnung und Moral geht, wenn man keine Verantwortung für die Konsequenzen seiner Politik übernehmen muss, dann braucht man sich auch keine Gedanken um diese Konsequenzen zu machen und muss Politik nicht mit dem Verstand, sondern kann sie mit dem Gefühl betreiben. Man benötigt auch keine besonderen Kompetenzen und keinen Sachverstand: Allein die gute Absicht zählt. Und wenn man diese Grundvoraussetzung erfüllt, dann braucht man nur dickes Sitzfleisch, spitze Ellbogen und ein biegsames Rückgrat, um in der Politik Erfolg zu haben – ein klarer Verstand und ein fundiertes Wissen sind nicht nötig, ja sogar schädlich. Schließlich fällt es umso schwerer, eine bestimmte Gesinnung bedingungslos zu vertreten, je mehr man zu selbständigem und kritischem Denken fähig ist.

Das führt zu einer Negativselektion der Politiker: Vor allem diejenigen, die auf anderen Gebieten gescheitert sind oder scheitern würden, zieht es in die Politik. Dadurch entsteht ein Teufelskreis: Je mehr solcher Politiker es gibt, desto mehr setzt sich der politische Moralismus durch und desto weniger kommt es auf Kompetenzen an. Dadurch zieht es immer mehr Inkompetente in die Politik, wodurch der politische Moralismus noch stärker wird. Aber nicht nur für Politiker und Menschen, die Politiker werden wollen, ist der politische Moralismus bequem. Auch die Bürger können sich leicht an ihn gewöhnen: Sie brauchen sich nicht länger zu bemühen, Argumente zu verstehen und Positionen gegeneinander abzuwägen, sondern müssen sich nur noch vergewissern, ob ein Politiker die »richtige« oder die »falsche« Gesinnung hat – eine Entscheidung, bei der sie von den Medien tatkräftig unterstützt werden. Diejenigen, bei denen die Denkfaulheit die Oberhand gewonnen hat, legen keinen Wert mehr auf eine verantwortungsethisch motivierte Politik und lehnen eine solche sogar ab – zumindest bis sie die Konsequenzen des politischen Moralismus am eigenen Leib oder Geldbeutel verspüren.

Außerdem hat die Gesinnungsethik einen nicht zu unterschätzenden Wettbewerbsvorteil gegenüber der Verantwortungsethik: Die Gesinnungsethiker sind von sich und ihrer überlegenen Moral überzeugt und halten sich deshalb nicht nur für berechtigt, sondern auch für verpflichtet, diese Moral politisch umzusetzen – und zwar mit allen Mitteln. Dazu gehört »die Selbstermächtigung zum Verstoß gegen die Regeln des gemeinen Rechts und des moralischen Commonsense unter Berufung auf das höhere Recht der eigenen, nach ideologischen Maßstäben besseren Sache«.[342] Toleranz gegenüber anderen politischen Positionen, die Prüfung und Würdigung anderer Argumente und die Beachtung rechtsstaatlicher Prinzipien sind für sie verzichtbar – nicht jedoch für die Verantwortungsethiker. Sie müssen, eben weil sie Verantwortungsethiker sind, auf solche altmodischen Grundsätze Rücksicht nehmen und sind deshalb prinzipiell im Nachteil.

Die dem politischen Moralismus innewohnende Dynamik wirkt sich nicht auf alle Bereiche des politischen Spektrums gleichermaßen aus. Aufgrund der großen Affinität zwischen linken politischen Positionen und dem politischen Moralismus wird es vor allem die Linke sein, die eine moralistische Politik betreibt – und sich die selbstverstärkenden Tendenzen des politischen Moralismus zunutze machen kann.

Die Ideologie der Gleichheit

Die Affinität von politischem Moralismus und linker Politik zeigt sich auch im Fall der Elitenideologie in Deutschland: Diese ist nicht nur gesinnungsethischer Natur, sondern auch ausgeprägt egalitär.

Die von den Neu-Sozialisten propagierte Gleichheit ist nicht nur viel umfassender als beim alten Sozialismus, sie hat auch einen anderen Stellenwert. Den Alt-Sozialisten ging es um ökonomische Gleichheit, während die Neu-Sozialisten Gleichheit in praktisch allen Lebensbereichen propagieren. Früher galt die ökonomische Ungleichheit als Tatbestand, den man überwinden wollte. Heute postuliert man eine umfassende Gleichheit aller Menschen und sieht etwaige realweltliche Ungleichheiten nur als Resultat äußerer Umstände, die entsprechend geändert werden müssten. Gleichheit ist Ideal, moralisches Gebot und Glaubensgrundsatz – und damit das Leitprinzip der neu-sozialistischen Politik. Sie gilt es umfassend und konsequent durchzusetzen, unabhängig von den Folgen einer solchen Politik.

Wer sich nicht zu diesem Prinzip bekennt, ist nicht nur einfach anderer Meinung, sondern moralisch verkommen, ein schlechter Mensch. In der heute dominierenden Ideologie verbinden sich Egalitarismus und politischer Moralismus in einer Art und Weise, die es rechtfertigt, von einer »Gleichheitsreligion« zu sprechen.[343] Denn das Prinzip der Gleichheit ist rationalen Argumenten oder sachlicher Kritik nicht zugänglich. Der Historiker Rolf Peter Sieferle beschreibt das so:

> »Es handelt sich hierbei um eine religiöse Gewissheit, die wie jede andere religiöse Wahrheit nicht des Beweises bedarf. Das Dogma lautet: Alle Menschen sind gleich, auch wenn es offensichtlich ist, dass dieses Dogma im Gegensatz zur Realität steht. Der normative Satz: ›Alle Menschen sind gleich‹ ist mit dem empirischen Befund: ›Alle Menschen sind ungleich‹ inkompatibel. In einer solchen Situation verfährt man nach der Devise: ›Umso schlimmer für die Tatsachen‹ und leitet daraus das Programm ab, alle Menschen einander anzugleichen.«[344]

Die Apologeten des Egalitarismus nehmen für sich in Anspruch, mit ihrer Politik eine gerechte Gesellschaftsordnung zu realisieren. Gerechtigkeit ist ein Wert, der im Prinzip von jedem anerkannt und gewollt wird. Wer würde schon nach Ungerechtigkeit streben? Das Problem besteht darin, was genau man unter Gerechtigkeit versteht. Die politische und philosophische Diskussion zur Bedeutung und zum Inhalt von Gerechtigkeit hat sich schon immer zwischen den Polen Gleichheit und Freiheit bewegt. Zwischen Gleichheit und Freiheit muss kein Gegensatz bestehen – wenn man unter Gleichheit die Gleichheit vor dem Gesetz, also die formale Gleichheit versteht. Im Gegenteil, diese formale Gleichheit, wie sie vom Rechtsstaat verkörpert wird, ist sogar die Voraussetzung für Freiheit, da sie den Einzelnen vor Willkür schützt. Dies hat vor allem Hayek betont:

> »Der Rechtsstaat in dem Sinne der Herrschaft der formalen Rechtsnorm, die keine gesetzlichen Vorrechte für bestimmte von der Regierung ausgewählte Einzelpersonen kennt, sichert allein jene Gleichheit vor dem Gesetz, die das Gegenteil der Willkürherrschaft ist.«[345]

Auch mit rechtsstaatlichen Prinzipien vereinbar ist die Forderung nach Chancengleichheit. Diese geht über die Forderung nach formaler Gleichheit hinaus, muss jedoch nicht im Widerspruch zu ihr stehen, selbst wenn sie notwendigerweise eine gewisse Einschränkung der Freiheit mit sich bringt, beispielsweise indem Steuern erhoben werden, um für Jeden Schulbildung und medizinische Versorgung zu ermöglichen. Auch Hayek räumt dies ein:

> »Es ist auch kein Grund vorhanden, warum der Staat die Individuen nicht in der Vorsorge für jene gewöhnlichen Wechselfälle des Lebens unterstützen sollte, gegen die wegen ihrer Ungewissheit nur wenige sich ausreichend sichern können.«[346]

Problematisch, ja gefährlich wird es, wenn Gleichheit als materielle Gleichheit, also als Ergebnisgleichheit interpretiert wird, so wie dies heute überwiegend der Fall ist. Denn Ergebnisgleichheit ist unvereinbar mit Rechtsstaat und Freiheit, worauf Hayek eindringlich hinweist:

> »Eine notwendige und nur scheinbar paradoxe Schlussfolgerung aus dem Vorstehenden ist, dass die formale Gleichheit vor dem Gesetz sich im Widerstreit befindet, ja unvereinbar ist mit einer Politik, die bewusst die materielle oder substantielle Gleichheit verschiedener Individuen anstrebt und dass irgendeine Politik, die sich direkt das substantielle Ideal der Verteilungsgerechtigkeit zum Ziel setzt, zur Zerstörung des Rechtsstaates führen muss. Wenn man verschiedene Individuen in dieselbe Lage bringen will, so muss man sie notwendigerweise verschieden behandeln. Verschiedenen Individuen dieselben objektiven Lebensbedingungen verschaffen, heißt nicht, dass man jedem einzelnen genau die gleichen Chancen gibt.«[347]

Die Feststellung Hayeks, dass Chancengleichheit nicht zur Ergebnisgleichheit führt, gilt a fortiori, wenn man sich nicht nur, wie Hayek, auf die ökonomische Gleichheit, sondern, wie die Neu-Sozialisten, auf eine allumfassende Gleichheit bezieht. Daraus folgt unmittelbar, dass die »Zerstörung des Rechtsstaates« umso weitergehen muss, je weiter man die Ergebnisgleichheit auffasst. Angesichts der objektiv vorhandenen großen Unterschiede zwischen den Menschen ist das Postulat einer allumfassenden Ergebnisgleichheit zwar vollkommen unrealistisch. Aber die Anhänger der Gleichheitsreligion halten umso hartnäckiger daran fest und sind nur zu bereit, ihm den Rechtsstaat zu opfern. Gerade die Unerreichbarkeit des Ziels macht es so gefährlich: Es wird nie ein Genug bei der Einschränkung von Freiheiten und Rechten geben, da man das Ziel ja nie erreichen wird. Wenn man in einer Hinsicht Gleichheit verwirklicht hat, fallen die Bereiche, in denen es noch Ungleichheit gibt, umso mehr auf. Das Programm der Egalisierung muss folglich immer mehr ausgeweitet werden.

Die einfachste – und zugleich die traditionelle – Form der Egalisierung ist die ökonomische Egalisierung. Durch Besteuerung und Umverteilung lassen sich die Ergebnisse der wirtschaftlichen Aktivitäten der verschiedenen Menschen angleichen, im Extremfall sogar ausgleichen – allerdings mit den wohlbekannten Nachteilen für Effizienz und Wirtschaftswachstum. Da es die Neu-Sozialisten damit nicht bewenden lassen können, müssen sie die Ungleichheit auch in anderen, nicht ökonomischen Erscheinungsformen bekämpfen. Auf diesen Gebieten ist die Egalisierung zwar ungleich schwieriger und problematischer, aber die Anhänger der Gleichheitsreligion bemühen sich dennoch nach besten Kräften – mit teils erschreckenden Ergebnissen, beispielsweise im Bildungssektor.[348]

Die neuen Sozialisten denken nicht mehr national, wie noch die alten Sozialisten, sondern global. In der Tat ist dies nur konsequent: Wenn es keine Pluralität der Individuen geben darf, darf es auch keine Pluralität der Völker und Nationen geben. Der radikale Egalitarismus ist mit dem Prinzip der Staatsbürgerschaft und dem Prinzip des Nationalstaats nicht vereinbar, sondern impliziert einen Weltstaat bzw. eine Weltregierung. Ein wichtiger Schritt auf diesem Weg besteht darin, alle Menschen auf der Welt nicht nur formal, sondern auch materiell gleich zu behandeln. Das bedeutet insbesondere, dass alle Menschen das Recht haben müssen, sich in jedem Land niederzulassen und dessen Sozialleistungen in Anspruch zu nehmen.

Dass dadurch die Stabilität potentieller Migrationszielländer und ihrer Sozialsysteme gefährdet wird, spielt nicht nur keine Rolle, sondern wird billigend in Kauf genommen, da man auf diese Weise die Abschaffung der Nationalstaaten beschleunigen kann. Folglich müssen die Grenzen möglichst durchlässig gemacht und der Migration möglichst wenige Hindernisse in den Weg gelegt werden. Dieses Programm kommt klar im UN-Migrationspakt von 2018 zum Ausdruck, der die Migration grundsätzlich begrüßt. Sie wird pauschal als »Quelle des Wohlstands, der Innovation und der nachhaltigen Entwicklung« dargestellt.[349] Deshalb soll Migration sicher und geordnet erfolgen; irreguläre Migration soll legalisiert werden; die Integrationspflichten der Zielländer werden erweitert; und die Unterzeichnerstaaten sollen der Kritik an der Migration entgegenwirken.

Die universalistische Tendenz der Elitenideologie zeigt sich in allen westlichen Ländern, ist aber in Deutschland besonders stark ausgeprägt. Es gehen unter den etablierten Parteien zwar nur die Linken soweit, »offene Grenzen für alle Menschen« zu fordern.[350] Aber alle diese Parteien unterstützen die Willkommenskultur – und arbeiten eifrig daran mit, die deutsche Kulturnation zu einer »multikulturellen Willensnation« zu machen.[351] Unisono wird die »Doktrin der Fernstenliebe« (wie sie der Historiker und Politologe Hans-Peter Schwarz nennt) unterstützt, die auf europäischer Ebene im Gemeinsamen Europäischen Asylsystem und auf nationaler Ebene im deutschen Asylrecht verankert ist.[352] Diese Doktrin, so Schwarz, »eröffnet jedem einzelnen Menschen im weiten Erdenrund, der sich in seinen Menschenrechten bedroht fühlt, das Recht auf Ingangsetzung eines Asylverfahrens, sobald er das Territorium eines EU-Landes erreicht hat«.[353]

Mehr noch, die universalistisch-egalitäre Ideologie impliziert auch, dass jedem Asylberechtigten der gleiche Zugang zu den Sozialleistungen des Aufnahmelandes wie den Einheimischen gewährt wird – ein Grundsatz, der in Deutschland vom Bundesverfassungsgericht 2012 auch auf Asylbewerber (und zwar auch auf die abgelehnten!) angewandt wurde (siehe Kapitel 2).[354] Von da aus ist es nur ein kleiner Schritt, jedem Menschen weltweit das Recht auf Zugang zu den deutschen Sozialleistungen zu gewähren. So abwegig wie dies sein mag, kann es doch angesichts der in den letzten Jahren immer stärker werdenden universalistischen Tendenz des Bundesverfassungsgerichts nicht ausgeschlossen werden. Erst vor Kurzem hat es ein Urteil zu den Befugnissen der deutschen Nachrichtendienste gefällt, welches das Grundrecht auf Unverletzlichkeit des Brief-, Post- und Fernmeldegeheimnisses (Artikel 10 Grundgesetz) auf Ausländer im Ausland (!) ausdehnt.[355] Warum sollten diesem »Schritt in Richtung einer internationalen Gewährleistung der Menschenrechte«, wie das Urteil von der Süddeutschen Zeitung gelobt wird, nicht weitere folgen?[356]

Nicht nur die Willkommenskultur genießt in Deutschland einen (noch) höheren Stellenwert als in anderen westlichen Ländern, auch die Bereitschaft und das Bemühen, das eigene Land in einem europäischen Zentralstaat aufgehen zu lassen, ist hierzulande stärker ausgeprägt als anderswo. Diese Sonderstellung Deutschlands, dieser Radikalismus bei der Verwirklichung der Gleichheitsideologie hat (mindestens) zwei Gründe: Zum einen spielt wahrscheinlich die deutsche geistesgeschichtliche Tradition eine gewisse Rolle, die sich schon immer mehr durch Idealismus als durch Pragmatismus ausgezeichnet hat. Zum anderen – und dies scheint mir der wichtigere Grund zu sein – lässt sich die deutsche »Politik des Verschwindens«, wie sie Sieferle so treffend bezeichnet, durch den Umgang mit den Verbrechen des Nationalsozialismus erklären.[357] Für viele, insbesondere für viele Linksintellektuelle scheint der einzige Weg zur moralischen Bewältigung dieser Verbrechen darin zu bestehen, tatkräftig an der Abschaffung des eigenen Landes mitzuarbeiten. Deren Gesinnung beschreibt Sieferle so:

> »[Sie] möchten daher als Volk verschwinden, d. h. sie möchten sich in ›Europa‹ oder gar in der ›Menschheit‹ auflösen. Wenn es keine ›Völker‹ mehr gibt, sondern nur noch ›Menschen‹, dann gibt es auch keine Deutschen mehr, die Erlösung vom schmutzigen Deutschland hat also erfolgreich stattgefunden.«[358]

Wohin führt der Weg?

Die Gleichheitsideologie ist zutiefst gesinnungsethisch, sodass aus ihrer Sicht die Konsequenzen der so motivierten Politik keine Rolle spielen. Da diese Konsequenzen aber nicht verschwinden, wenn man den Kopf in den Sand steckt und da deshalb vernünftigerweise eine Politik nicht nur nach ihren Absichten, sondern auch – und ich wage zu behaupten: vor allem – nach ihren Folgen beurteilt werden muss, wollen und können wir uns diesen Standpunkt nicht zu eigen machen.

Mit welchen Folgen ist also bei der egalitär-universalistischen Politik zu rechnen? Bei der Beantwortung dieser Frage können wir auf die im ersten Teil und in Kapitel 6 gewonnenen Erkenntnisse zurückgreifen, denn gerade bei der Krisenpolitik der letzten Jahre zeigen sich die Konsequenzen des politischen Moralismus überdeutlich. Die Durchsetzung des egalitär-universalistischen Programms macht sowohl eine Ausdehnung als auch eine Intensivierung der staatlichen Interventionen nötig. In immer mehr Lebensbereichen greift der Staat immer mehr ein. Die Zunahme des staatlichen Einflusses wird sich nicht nur in einer zunehmenden Staatsquote, d. h. einem Anstieg des Anteils der gesamten Staatsausgaben am Bruttoinlandsprodukt, niederschlagen. Denn die Stärke des Staatseinflusses korreliert nicht direkt mit der Höhe der Staatsquote, weil viele Regulierungen und Vorschriften nicht unmittelbar zu steigenden Staatsausgaben führen. Man denke nur an Frauen- und andere Diversitätsquoten, ein Tempolimit auf Autobahnen oder Ausgangs- und Kontaktbeschränkungen.

Tatsächlich hat sich die Staatsquote in den letzten Jahren trotz deutlich zunehmender Regelungsdichte und Eingriffsintensität kaum erhöht. Erst im Coronajahr 2020 gab es wegen der massiven Unterstützungszahlungen des Staates einen deutlichen Sprung nach oben, auf 50,8 Prozent; 2021 wird die Staatsquote voraussichtlich 51,5 Prozent betragen; danach soll sie wieder zurückgehen.[359] Unabhängig von der Entwicklung dieser Quote ist aber damit zu rechnen, dass es zu mehr Bevormundung und zu mehr Zwang kommen wird, wie wir das in der Klima- und Coronapolitik schon erfahren mussten und vor allem in der Klimapolitik noch erwarten können.

Auf der anderen Seite wird der Staat aber auch den Bürgern, die sich einsichtig und folgsam zeigen, Wohltaten erweisen. Ideologiekonformes Verhalten wird gefördert, so wie wir das beispielsweise in der Klimapolitik bei der Subventionierung von Elektromobilität und erneuerbaren Energien kennen. Eine solche Politik verursacht nicht nur extrem hohe Kosten; so wurden allein durch die Krisenpolitik der letzten 15 Jahre Hunderte von Milliarden Euro verschwendet.[360] Langfristig noch schädlicher sind andere, nicht direkt in Euro und Cent messbare Konsequenzen. Denn der Staat muss und wird noch weitergehen: Ein konsequenter Egalitarismus erfordert auch, dass niemand unter den Wechselfällen des Lebens leidet, dass es Glückspilzen nicht besser geht als Pechvögeln.

Der Staat wird sich deshalb noch mehr als bisher nicht nur als Retter in allen Notlagen, sondern auch als Helfer bei allen möglichen Problemen gerieren. Er wird dem Bürger immer mehr Verantwortung abnehmen und eine Vollkaskomentalität befördern. Der Bürger wird daran gewöhnt, in jeder Notlage, bei jedem Problem nach dem Staat und dessen Hilfe zu rufen, der sie ihm auch bereitwillig gewähren wird – aber um den Preis seiner Freiheit. Eine solche Beschneidung von Eigeninitiative und Eigenverantwortung ist nicht nur gesellschaftspolitisch und ökonomisch höchst problematisch, sie ist auch, worauf Hans-Jürgen Papier hinweist, mit unserer freiheitlichen Verfassung nicht vereinbar:

> »[D]er Kern unserer Verfassung ist die Freiheit, das müssen wir uns immer wieder vergegenwärtigen. Das bedeutet auch, dass Gesetze nicht primär dafür da sind, uns irgendetwas zu garantieren, sondern prinzipiell dazu dienen sollten, ein selbstbestimmtes Leben in Freiheit und Sicherheit zu ermöglichen.«[361]

Die Anhänger der Gleichheitsreligion kümmert dies freilich wenig. Wie bereitwillig sie Gesetze brechen und zurechtbiegen, hat sich in der Krisenpolitik deutlich gezeigt. Angesichts dessen wird ihnen ein Abstraktum wie der Geist der Verfassung kaum besonders wichtig sein. Diese Geisteshaltung ist typisch für jede Art des politischen Moralismus, sind doch, wie Hermann Lübbe festgestellt hat, »Institutionentreue und Regelkonvenienz (…) als Medien der Demonstration höherer Moral ungeeignet«.[362] Mehr noch, es sind gerade Regelverstöße und die Missachtung der Prinzipien der Rechtsstaatlichkeit, mit denen sich die eigene höhere Moral trefflich demonstrieren lässt.

Tatsächlich zeigt sich immer deutlicher, dass die Entwicklung, vor der Hayek beim alten Sozialismus so eindringlich gewarnt hat, auch für sein modernes Pendant typisch ist: Der Rechtsstaat gerät immer mehr unter die Räder und unsere Freiheiten werden immer mehr eingeschränkt – alles natürlich im Namen großer Ideale und edler Motive, mit denen man glaubt, alles rechtfertigen zu können. Um nochmals Hans-Jürgen Papier zu zitieren:

> »[U]nsere Freiheitsrechte als Bürgerinnen und Bürger, das wertvollste Gut der Verfassung, werden von der Politik zusehends infrage gestellt.«[363]

Aber das ist noch nicht alles: Infrage gestellt wird auch der Nationalstaat selbst. Das geschieht zum einen indirekt durch die zur herrschenden Ideologie wesensnotwendig gehörende permissive Migrationspolitik. Diese gefährdet einerseits die Stabilität von Sozialsystem und Staatsfinanzen, andererseits ändert sie Struktur und Charakter der Gesellschaft – mit entsprechenden Folgen für die Funktionsfähigkeit des Staates und den Zusammenhalt der Gesellschaft. Es ist offensichtlich, dass dies nicht im Interesse des deutschen Volkes sein kann – und deshalb auch verfassungswidrig ist. Denn unser Grundgesetz verpflichtet insbesondere die höchsten Amtsträger auf die Interessen des deutschen Volkes, wie dies beispielsweise in der Eidesformel des Artikels 56 zum Ausdruck kommt, in der vom »Wohle des deutschen Volkes« die Rede ist und davon, »seinen Nutzen [zu] mehren [und] Schaden von ihm [zu] wenden«. Das soll freilich nicht heißen, dass die deutsche Politik und insbesondere die deutsche Krisenpolitik im Übrigen *nicht* gegen diesen Amtseid verstoßen hätte – aber der Verstoß ist wohl in keinem Fall so offensichtlich wie in dem der Migrationspolitik.

Zum anderen wird die Existenz Deutschlands auch direkt infrage gestellt, indem die Selbstabschaffung Deutschlands zugunsten eines europäischen Zentralstaats betrieben wird. Das ist zwar auf dem Boden des Grundgesetzes nicht machbar, aber ob die Protagonisten dieser Selbstabschaffung auf eine solche Petitesse Rücksicht nehmen werden, erscheint mehr als fraglich.

Nicht fraglich ist, dass Deutschland mit großen Schritten auf eine neue Knechtschaft zumarschiert. Die totalitären Tendenzen sind nicht zu übersehen – sowohl was die Ziele der gegenwärtigen Politik angeht als auch die Mittel, mit denen diese durchgesetzt werden sollen. Dass diese Knechtschaft nicht eine nationale, sondern eine supranationale sein wird, macht die Sache nur noch schlimmer, da es weniger Möglichkeiten geben wird, sich ihr zu entziehen.

Die Rolle der Krisenpolitik

Und was hat die Krisenpolitik mit der Gleichheitsideologie zu tun? Sehr viel. Die Krisenpolitik spielt eine zentrale, mehr noch, die zentrale Rolle bei der Verwirklichung der durch diese Ideologie motivierten politischen Ziele.

An erster Stelle ist die Bedeutung der Krisenpolitik für die Etablierung eines europäischen Zentralstaats zu nennen – die nicht nur um ihrer selbst willen, sondern zumindest von einem Teil der Neu-Sozialisten auch als wichtiges Zwischenziel auf dem Weg zum Fernziel einer Weltregierung angestrebt wird. Wir haben in Kapitel 6 gesehen, auf welche Weise die Krisen instrumentalisiert wurden und werden, um diesen europäischen Zentralstaat Schritt für Schritt zu verwirklichen. Eine solche Instrumentalisierung ist vor allem deshalb möglich, weil in Krisen ein geringerer Widerstand der Bevölkerung gegen die von der Regierung ergriffenen Maßnahmen zu erwarten ist, als dies sonst der Fall wäre. Denn Krisen erlauben es, die Maßnahmen als unausweichlich, als »alternativlos« erscheinen zu lassen; außerdem sieht es die Bevölkerung in Krisenzeiten typischerweise als ihre staatsbürgerliche Pflicht an, die Regierung und deren Politik zu unterstützen.

Aber die Krisenpolitik erfüllt noch eine weit wichtigere Funktion: Sie befördert die egalitär-universalistische Ideologie nicht nur indirekt dadurch, dass sie die Etablierung des europäischen Zentralstaats vorantreibt. Sie trägt auch direkt zur politischen Umsetzung dieser Ideologie bei. Das funktioniert mittels zweier Mechanismen. *Erstens* wird die konkrete Krisenpolitik so weit als möglich egalitär betrieben, was sich vor allem bei der Flüchtlings-, Klima- und Coronapolitik zeigt. In der Flüchtlingspolitik werden beispielsweise Einheimische und Asylberechtigte beim Zugang zu den deutschen Sozialleistungen gleichbehandelt; wenn über das Bleiberecht von Flüchtlingen nach Wegfall des (oder bei Nichtexistenz eines) Asylgrunds entschieden wird, macht man keinen Unterschied zwischen hoch und niedrig qualifizierten Bewerbern.

In der Klimapolitik steht der Egalitarismus der Orientierung an Effizienz und Kostenoptimierung entgegen. Eine ökonomisch rationale Politik würde sich Anreizen (in Form der Bepreisung von Treibhausgasemissionen) bedienen und nicht Geboten oder Verboten. Aber aus gleichheitsideologischer Sicht darf es nur eine direkte Verhaltenssteuerung durch Gebote und Verbote geben. Denn eine wie auch immer geartete Preislösung würde ja dem Gleichheitspostulat widersprechen, da nicht alle Bürger Fahrrad oder Elektroauto fahren, eine Photovoltaikanlage installieren oder auf bestimmte Flugreisen verzichten müssten, sondern es zwar teurer, aber grundsätzlich weiter möglich wäre, einen hubraumstarken Achtzylinder zu fahren, sein Haus mit Öl zu beheizen und von München nach Hamburg zu fliegen. Und diese Vorstellung ist unseren politischen Moralisten ein Graus …

In der Coronapolitik machte sich die Gleichheitsideologie dadurch bemerkbar, dass unterschiedslos alle Bürger, ob infiziert oder nicht, ob krank oder nicht, ob für COVID-19 anfällig oder nicht, mit gravierenden Freiheitseinschränkungen drangsaliert wurden. Die zwischenzeitlich erfolgte Differenzierung zwischen Geimpften und Ungeimpften war nur ein kurzes Zwischenspiel: Auch Geimpfte wurden immer stärkeren Restriktionen unterworfen; außerdem sollte eine allgemeine Impfpflicht kommen. Durch diese hätte der ideologisch gebotene Übergang von der Chancengleichheit, wie er vom »Impfangebot« verkörpert wird, zur Ergebnisgleichheit bewerkstelligt werden können. Auch das Ziel, das mithilfe der egalitären Anti-Corona-Maßnahmen erreicht werden soll, ist ein egalitäres – und ein unerreichbares: Möglichst niemand soll an COVID-19 schwer erkranken oder gar versterben – ob er nun alt oder jung, krank oder gesund ist. Und dieses Ziel wird, wie wir in Kapitel 4 gesehen haben, ohne Rücksicht auf Verluste verfolgt – eben typisch gesinnungsethisch.

Zweitens erreicht man durch eine derartige Krisenpolitik, dass sich die Bürger an immer stärkere Eingriffe des Staates gewöhnen, sich immer mehr auf dessen Hilfe verlassen und immer bereitwilliger auf ihre Rechte und Freiheiten verzichten. Man könnte hier von einem Teufelskreis sprechen: Durch die im Rahmen der Krisenpolitik erfolgte Gewöhnung an staatliche Eingriffe steigt die Akzeptanz der Bürger für eine größere Rolle des Staates in ihrem Leben, wodurch wiederum der Boden bereitet wird für noch weitergehende Eingriffe bei zukünftigen Krisen und so weiter …

In der Tat besteht ein sehr enges und wechselseitiges Verhältnis zwischen Krisenpolitik und Gleichheitsideologie: Einerseits ist diese Ideologie der Hauptantrieb für die Krisenpolitik, so wie sie heute betrieben wird; andererseits dienen Krisen und Krisenpolitik zur Durchsetzung dieser Ideologie. Nicht umsonst werden Krisen – und hier vor allem die Klimakrise – als Hauptargument ins Feld geführt für die Hinwendung zu einem »starken«, »aktivierenden« oder »gestaltenden« Staat – und was der Euphemismen für den interventionistischen Staat auch sonst sein mögen.[364] Mit anderen Worten: Die Gleichheitsideologie bewirkt die Krisenpolitik, welche ihrerseits diese Ideologie befördert. Gleichheitsideologie und Krisenpolitik bedingen sich gegenseitig, worin man einen zweiten Teufelskreis erblicken könnte: Während sich der erste Teufelskreis auf der Ebene der politischen Maßnahmen dreht, bewegt sich der zweite auf der Ebene der Ziele und Prinzipien.

Deshalb kann die Stärke des Zusammenhangs zwischen Gleichheitsideologie und Krisenpolitik gar nicht übertrieben werden. Ohne die Gleichheitsideologie ist die aktuelle Krisenpolitik in Deutschland und Europa nicht denkbar; und ohne diese Krisenpolitik wäre die Gleichheitsideologie zwar nicht nur ein Hirngespinst linker Intellektueller, aber sie hätte wesentlich weniger Einfluss auf die Politik, als sie heute leider tatsächlich hat.

Wie konnte es so weit kommen?

Die Geschichte des Siegeszugs der egalitär-universalistischen Ideologie in Deutschland und in anderen westlichen Ländern muss erst noch geschrieben werden. Im Rahmen des vorliegenden Buches kann ich dies nicht leisten und werde mich daher auf einige wenige Bemerkungen beschränken. So wie ich es sehe, ist die heutige Lage das Ergebnis eines längeren gesellschaftlichen Wandlungsprozesses, der durch äußere »Schocks« beschleunigt wurde.

Schauen wir uns zunächst diesen Wandlungsprozess an, in dem sich verschiedene interdependente Strömungen unterscheiden lassen. Als erstes stellt sich die Frage, wie neu-sozialistische Positionen überhaupt in Gesellschaft und Politik Fuß fassen konnten. Das Aufkommen der Gleichheitsideologie verdankt sich einem Generationenwechsel. Die 68er-Generation war dezidiert links eingestellt, was man zum Teil durch die schon immer große Anziehungskraft sozialistischer Ideen gerade auf die

Jugend, zum Teil auf das Verlangen nach Bewältigung der nationalsozialistischen Vergangenheit Deutschlands und auch zum Teil als Ausdruck der Rebellion gegen die vorgefundene Ordnung und das »Establishment« erklären kann.[365]

Wie dem auch sei, diese Generation hat mitsamt ihrem ideologischen Gepäck den Marsch durch die Institutionen angetreten – und in dem Maße, wie ihre Vertreter Führungspositionen in Politik und Gesellschaft erreichten, dieser Ideologie allmählich zur Durchsetzung verholfen. Dabei war die Partei Die Grünen, die schon immer stark gesinnungsethisch geprägt gewesen ist, ein wichtiger Katalysator;[366] die Etablierung und das Erstarken dieser Partei trugen wesentlich dazu bei, dass die neu-sozialistischen Ideen in allen Parteien salonfähig wurden. Diese Ideen haben dann die für den politischen Moralismus typische Eigendynamik entwickelt, wodurch der Aufstieg des neuen Sozialismus beschleunigt wurde.

Mit der Hinwendung zur Gleichheitsideologie ging eine Abnahme der Qualität der Politik einher. Das liegt daran, dass die Kompetenz der Politiker tendenziell umso niedriger ist, je mehr sich der politische Moralismus durchsetzt. Dies äußert sich insbesondere darin, dass sich immer mehr Personen ohne Studien- oder Berufsabschluss in den Parlamenten, ja sogar auf den Regierungsbänken finden. Es ist kein Zufall, dass im gleichen Maße die Qualität der Politik immer schlechter geworden ist – was bei der handwerklichen Qualität (z. B. der juristisch einwandfreien Formulierung von Gesetzen und Verordnungen) beginnt, aber bei Weitem nicht endet. Auch der in den letzten Jahren sprunghaft gestiegene Einsatz externen Berater und Sachverständiger ist mindestens zum Teil auf die fehlende Kompetenz der politischen Moralisten zurückzuführen. Die Abkehr von der Verantwortungsethik hat sich nicht nur auf die Qualität, sondern auch auf den Stil der Politik ausgewirkt: Die Bereitschaft, persönliche Verantwortung zu übernehmen, ist heute kaum noch vorhanden.

Ein Rücktritt wird selbst bei offensichtlichem Versagen nicht mehr für notwendig gehalten. Warum auch? Die gute Absicht war vorhanden und das ist alles, was zählt.[367]

Der Marsch durch die Institutionen kam am schnellsten im Bildungswesen voran.[368] Hier wurden zunächst die Lehrinhalte »egalisiert«. Die Leugnung jeglicher Unterschiede zwischen den Kulturen hat zur Geringschätzung abendländischer Werte, Prinzipien und Traditionen geführt, die die Grundlage des ökonomischen und zivilisatorischen Fortschritts der westlichen Welt gewesen sind. Diese Entwicklung beschreibt Sieferle wie folgt:

> »Das Bildungswesen ist (...) auf die Aneignung von ›Kompetenzen‹ ausgerichtet, nicht aber von Traditionen (die eigentlich das ›kulturelle Gedächtnis‹ und damit die Identität prägen). Die eigentümliche europäische Tradition ist damit in das Dunkel des Vergessens zurückgesunken.«[369]

Damit einhergegangen ist eine stetige Absenkung der Anforderungen und eine zunehmende Abkehr vom Leistungsprinzip. Das Bemühen, Abitur und Hochschulabschluss allen, die das wollen, zugänglich zu machen und so »Bildungsgerechtigkeit« zu verwirklichen, hat für deutliche Qualitätseinbußen und eine Nivellierung der schulischen und universitären Leistungen nach unten gesorgt. Immer mehr Schüler machen das Abitur mit immer besseren Noten; immer mehr Studenten schließen ein Studium mit immer besseren Ergebnissen ab.

Die schädlichen Folgen für die langfristige wirtschaftliche Entwicklung und die Wettbewerbsfähigkeit Deutschlands sind schon heute abzusehen, obwohl sie sich noch nicht in ganzer Konsequenz bemerkbar machen. Das darf jedoch alles keine Rolle spielen, solange der Egalitarismus befördert wird. Direkt geschieht dies dadurch, dass das Bildungsunterschiede immer geringer werden. Aber auch indirekt trägt diese Entwicklung zur

Durchsetzung der Gleichheitsideologie bei: Je geringer die intellektuellen Fähigkeiten sind, desto schwerer fällt die kritische Auseinandersetzung mit Sachargumenten und desto attraktiver erscheint der politische Moralismus. Ähnlich wirkt auch der Verlust der abendländischen Tradition, vor allem das fehlende Bewusstsein für die Werte der Aufklärung. Wer die Mahnung Kants, den Mut zu haben, sich des eigenen Verstandes zu bedienen (»Sapere aude!«), nicht kennt und schon gar nicht verinnerlicht hat, wird sich leicht vom politischen Moralismus verführen lassen.

Nicht nur im Bildungsbereich gelangten die durch die Institutionen Marschierenden an ihr Ziel. Auch das Gebiet der Sozialpolitik wurde von ihnen wesentlich geprägt. Sie beförderten wesentlich den Ausbau des Sozialstaates, wobei ihnen zugutekam, dass dieser eine gewisse Eigendynamik entfaltet: Je mehr sich der Staat kümmert, je mehr er den Menschen Verantwortung abnimmt, desto mehr gewöhnen sie sich daran und desto mehr steigen die Anforderungen, die sie an den Staat stellen. Viele Menschen sind gerne bereit, dafür ihre Freiheit zu opfern – einerseits, weil sie nicht gelernt haben, selbst Verantwortung zu tragen, andererseits, weil es einfach bequemer ist, sich auf den Staat zu verlassen. Aus Sicht des Politökonomen und Nobelpreisträgers James Buchanan geht dies so weit, dass viele Menschen Angst davor haben, frei zu sein.[370]

Auch dabei wird der Verlust der europäischen, insbesondere der klassisch-liberalen Traditionen eine Rolle gespielt haben. Diese Entwicklung verlief nicht geradlinig und ohne Brüche. Einen solchen Bruch stellt die Agenda 2010 von Gerhard Schröder dar. Die im Rahmen dieser Agenda durchgeführten Reformen bremsten das Wachstum des Sozialstaats und kehrten es in Teilbereichen sogar um. Allerdings ist die langfristige Entwicklung in Richtung immer mehr Sozialstaat wohl eindeutig. In dieses Bild passt auch, dass sich die neue Bundesregierung die

»Entschärfung« der Agenda-Reformen, vor allem der Hartz-IV-Regelungen auf die Fahnen geschrieben hat. Zu diesem Zweck wird ein »Bürgergeld« eingeführt, das »unkompliziert zugänglich sein« soll.[371] In Hinsicht auf die Gewöhnung der Bürger an staatliche Unterstützung und deren Entwöhnung von Eigenverantwortung wirkt der Ausbau des Sozialstaats ähnlich wie die Krisenpolitik – weshalb beide zu mehr Staatsinterventionismus führen und dadurch die Gleichheitsideologie befördern.

Auch die technologische Entwicklung begünstigte den Aufstieg dieser Ideologie. Zum einen haben die großen Fortschritte in der Informationstechnik dem Staat die Mittel an die Hand gegeben, die Bürger umfassend zu kontrollieren und weitgehende regulatorische Maßnahmen überhaupt erst umzusetzen. Zum anderen konnten sich die Angehörigen verschiedenster gesellschaftlicher Minderheiten mittels des Internets und der sozialen Medien organisieren. Auf diese Weise konnten sie politisch aktiv werden, Aufmerksamkeit in der Öffentlichkeit gewinnen und Forderungen an die Politik richten. In den meisten Fällen inszenieren sie sich dabei selbst als Opfer, um ihr Begehr nach staatlicher Privilegierung zu rechtfertigen. Denn Gleichberechtigung verstehen sie nicht nur als Nichtdiskriminierung, sondern immer auch als Ergebnisgleichheit. Solche Forderungen liegen ganz auf der Linie der Gleichheitsideologen, für die keine Minderheit zu klein oder zu unbedeutend ist, um nicht staatlichen Schutzes und staatlicher Fürsorge zu bedürfen. Man denke nur an die rechtlichen Sonderregelungen für »Diverse«. Indem sie sich dieser Minderheiten annehmen, können die Gleichheitsideologen ihr Programm rechtfertigen und sich gleichzeitig der Unterstützung kleiner, aber lautstarker Interessengruppen versichern.

Diese Entwicklungen, die sich, wie wir gesehen haben, zum Teil gegenseitig verstärken, gewannen unter dem Einfluss verschiedener äußerer »Schocks« noch an Fahrt. Aus meiner Sicht sind es vor allem folgende Schocks, die eine große Rolle gespielt haben. *Erstens* brach 1989 der real existierende Sozialismus zusammen. Das »Ende der Geschichte« schien gekommen, da sich offenbar das westliche Gesellschaftssystem mit seiner freiheitlichen Demokratie und seiner marktwirtschaftlichen Ordnung auf ganzer Linie durchgesetzt hatte.[372] Sozialistische Ideen waren vollkommen diskreditiert, und die Freiheit schien keiner Bedrohung mehr ausgesetzt zu sein. Das führte im Westen zu Selbstzufriedenheit und Blindheit für illiberale Tendenzen aus einer anderen Richtung. Ja mehr noch, gerade weil die äußere Bedrohung weggefallen war, kam die Vorstellung auf, man könne jetzt gefahrlos mit sozialistischen Konzepten experimentieren.

Auf diese Weise wurde es dem neuen Sozialismus erleichtert, im Westen Fuß zu fassen – obwohl, oder gerade weil – niemand mehr den alten Sozialismus mit Kollektiveigentum an Produktionsmitteln und zentraler Wirtschaftslenkung forderte (zumindest nicht mehr offen). Es überrascht wenig, dass diese Tendenz in der ehemaligen DDR und in Osteuropa deutlich schwächer ausgeprägt ist als in Westdeutschland und Westeuropa. Wer das Leben in einem totalitären System noch vor Augen hat und wer seine Freiheit erst vor Kurzem errungen hat, der weiß diese höher zu schätzen und ist eher bereit, sich gegen den Verlust dieser Freiheit zu wehren, als jemand, der sich durch ein langes Leben in Freiheit in Sicherheit wiegt.

Zweitens wurde mit der Einführung des Euro am 1. Januar 1999 einer gesinnungsethisch motivierten Politik der Weg bereitet. Der Euro wurde gegen alle Bedenken und trotz aller Warnungen von Seiten der Wirtschaftswissenschaft eingeführt. Die mit ihm verbundenen Gefahren und die zu erwartenden Probleme wurden ignoriert – oder aber sie wurden sehenden Auges in Kauf genommen, um das Projekt des europäischen Zentralstaats mit Gewalt voranzutreiben (siehe dazu Kapitel 6). In jedem Fall gab man der europafreundlichen Gesinnung Vorrang vor allen ökonomischen Argumenten.

An diesem Beispiel zeigt sich, dass trotz des engen Zusammenhangs zwischen Gesinnungsethik und linken politischen Positionen die Linke kein Privileg auf eine gesinnungsethische Politik hat. Schließlich wurde 1998 die Einführung des Euro auf deutscher Seite von einer konservativ-liberalen Regierung beschlossen. Aber wenn es um Europa geht, scheint in Deutschland bei allen Parteien schon immer die Gesinnungsethik dominiert zu haben ... Nachdem der politische Moralismus in dieser für Deutschland zentralen Frage den Sieg davongetragen hatte, gab es bald kein Halten mehr. Ein weiterer Meilenstein war das Erneuerbare-Energien-Gesetz aus dem Jahr 2000. Seinen endgültigen Siegeszug sollte der politische Moralismus dann im Rahmen der Krisenpolitik antreten.

Damit wären wir, *drittens*, bei der ersten der von uns diskutierten Krisen, der Banken- und Finanzkrise von 2007 bis 2009 (siehe Kapitel 1). Sie stellt eine wirtschaftspolitische Zäsur ersten Ranges dar. Sie erschütterte das Vertrauen in die freie Marktwirtschaft und verschaffte dem Neoliberalismus ein für alle Mal einen schlechten Ruf – allerdings nicht zu Recht, weil die eigentliche Ursache der Krise nicht Marktversagen, sondern staatliches Regulierungsversagen war. In der Öffentlichkeit hat aber dieses Staatsversagen gegenüber der erfolgreichen Krisenbewältigung durch den Staat kaum eine Rolle gespielt.

Auf diese Weise wurde das Vertrauen in den Staat und in dessen wirtschaftspolitische Kompetenz gestärkt, obwohl die Krise, die der Staat erfolgreich bewältigen konnte, zuvor von ihm selbst verursacht worden war. Staatliche Interventionen und eine stärkere Regulierung der Wirtschaft waren nun nicht nur kein Tabu mehr, sondern wieder en vogue. Damit war der Boden bereitet für einen immer stärkeren Einfluss des Staates auf das Wirtschaftsleben. Paradoxerweise war es die rationale und unideologische – also verantwortungsethische – Politik, durch deren Erfolg eine aktivere Rolle des Staates an Akzeptanz gewann – was sich in der Folge die Gleichheitsideologie mit ihrer gesinnungsethisch motivierten Politik zunutze machen konnte. Denn die Politik in den nachfolgenden Krisen war, wie wir in den Kapiteln 2 bis 5 feststellen mussten, alles andere als verantwortungsbewusst.

Jede dieser nachfolgenden Krisen stellte wieder einen »äußeren Schock« dar. Jedes Mal ist es zu mehr Staatsinterventionismus und Freiheitseinschränkungen gekommen – wenngleich in unterschiedlichem Ausmaß. Diesbezüglich am folgenreichsten sind Klima- und Coronakrise gewesen (siehe Kapitel 3 und 4).

Um zusammenzufassen: Die heutige Dominanz der Gleichheitsideologie bzw. des egalitär-universalistischen politischen Moralismus lässt sich erklären als das Ergebnis des Zusammenwirkens verschiedener Entwicklungstendenzen und bestimmter einzelner Ereignisse, zwischen denen vielfältige Interdependenzen bestehen. Dieser Prozess fand nicht nur in Deutschland, sondern in der gesamten westlichen Welt in ähnlicher Weise statt. Wenn man will, könnte man ihn als einen Ausdruck des Zeitgeistes bezeichnen.

Die Elite – Struktur und Machtmechanismen

Von der Elite war schon oft die Rede. In Kapitel 7 wurde geklärt, welche Personengruppen zu ihr gehören und welcher Mittel sie sich bedient, um für ideologische Reinheit in den eigenen Reihen zu sorgen. Nun soll die Frage beantwortet werden, durch welche Merkmale sich die Mitglieder der Elite auszeichnen und welche Beziehungen zwischen den verschiedenen Teilen der Elite bestehen. Zuerst sind aber einige Vorbemerkungen zum besseren Verständnis der folgenden Ausführungen nötig.

Erstens ist es klar, dass keine Ideologie einfach so vom Himmel fällt. Ein politisches Konzept wie die gegenwärtig vorherrschende Gleichheitsideologie kann sich nicht von selbst durchsetzen. Dazu braucht es politische Akteure, die sie vertreten, verkörpern und propagieren. Diese Akteure sind es, aus denen sich die Elite, von der ich spreche, rekrutiert.

Zweitens darf die Elite nicht als homogene Gruppe, die *als Gruppe* handelt, missverstanden werden. Ich verwende den Begriff »Elite« nur zur Beschreibung einer Gruppe von Individuen, die eine bestimmte Ideologie, bestimmte Ziele und bestimmte Interessen gemeinsam haben und über Einfluss in der Gesellschaft verfügen. Es sind diese Individuen, die handeln, nicht die Elite als solche.[373] Und dieses Handeln wird nicht nur von den gemeinsamen Zielen und Interessen, sondern auch von den jeweiligen höchst persönlichen Zielen und Interessen beeinflusst. Darum gibt es auch innerhalb der Elite Konflikte und Kämpfe um Macht und Einfluss. Aber diese spielen für die Zwecke unserer Betrachtung kaum eine Rolle und werden deshalb vernachlässigt.

Im Übrigen ist es wahrscheinlich, dass nicht bei allen Mitgliedern der Elite die gemeinsamen Ziele und Interessen tatsächlich an erster Stelle kommen. Viele werden sich als Mitläufer dem Zeitgeist angepasst haben, um ihre persönlichen Ziele desto besser verfolgen zu können. Auch solche Mitläufer können eine wichtige Rolle spielen – was nicht zuletzt das Beispiel von Angela Merkel zeigt. Der erstaunliche Wandel ihrer politischen Ansichten im Laufe der Zeit legt die Vermutung nahe, dass sie die Elitenideologie hauptsächlich als Mittel zum Zweck des Machterhalts angesehen hat.[374] Zu sagen, dass Angela Merkel sich des Zeitgeistes bedient hat, wäre aber nur die halbe Wahrheit; genauso könnte man sagen, dass sie ein williges Werkzeug des Zeitgeistes gewesen ist.

Drittens handelt es sich beim Aufstieg der Gleichheitsideologie *nicht* um eine Verschwörung, die von dunklen Mächten und finsteren Bösewichten im Hintergrund gesteuert wird. Die Überlegungen im vorhergehenden Abschnitt machen deutlich, dass dieser Aufstieg das Resultat eines vielschichtigen Wechselspiels von gesellschaftlichen Strömungen und zeitgeschichtlichen Ereignissen gewesen ist. In diesem Wechselspiel hat die Elite sicher eine wichtige Rolle gespielt, indem sie diese Strömungen nach Kräften befördert und diese Ereignisse so weit wie möglich ausgenutzt hat. Aber ebenso sind es diese Strömungen und Ereignisse gewesen, die erst den Gleichheitsideologen zu Einfluss verholfen und ihnen damit ermöglicht haben, zur Elite zu werden. Damit will ich nicht bestreiten, dass es einzelne Personen gibt, die einen großen Einfluss auf die Elite haben und die für die Propagierung der Elitenideologie von großer Bedeutung sind – obwohl sie keine politischen Ämter innehaben. Zu nennen wären in diesem Zusammenhang die Gründer finanzkräftiger Stiftungen, wie etwa Bill Gates und George Soros, oder die Leiter von Organisationen mit einer einflussreichen und gut vernetzten Mitgliedschaft, wie etwa Klaus Schwab vom Weltwirtschaftsforum.

Viertens ist die Existenz einer Elite *an sich* kein Problem. Tatsächlich muss es in jeder Gesellschaft eine Elite geben – eine Gruppe von Personen, die aufgrund ihres formalen oder informalen Einflusses die Geschicke des betreffenden Landes lenkt.[375] Zu den formal Einflussreichen gehören führende Politiker, Spitzenbeamte, Richter und Vorsitzende großer zivilgesellschaftlicher Organisationen. Informalen Einfluss üben beispielsweise bekannte Intellektuelle und Wissenschaftler, Journalisten und Redakteure von Massenmedien oder »Stars« verschiedenster Couleur aus. Aus der Existenz einer Elite folgt auch nicht zwangsläufig ein Gegensatz zwischen Elite und Volk. Diese kann durchaus dieselben Interessen vertreten und dieselben Ziele verfolgen wie die Mehrheit der Bevölkerung – so wie dies in der Bundesrepublik Deutschland im Großen und Ganzen bis etwa zur Jahrhundertwende der Fall gewesen zu sein scheint.

Genauso unvermeidlich wie die Existenz von Eliten ist deren Tendenz, ein gewisses Klassenbewusstsein zu entwickeln und für eine gewisse Homogenität zu sorgen, indem sie den Zugang zu ihrem Kreis reglementieren und etwaige Abweichler daraus verstoßen. Es werden beispielsweise Netzwerke gebildet oder auf andere Weise gewisse Zugangsvoraussetzungen etabliert, die meist informaler Natur sind.[376] Auch dies muss kein Problem sein – wenn die Elite eine Leistungselite ist und die Zugehörigkeit zur Elite auf Kompetenz, Leistung und Verantwortungsbereitschaft beruht.

Und damit wären wir bei der eingangs gestellten Frage und bei der deutschen Elite von heute. Diese ist keine Leistungs-, sondern eine Gesinnungselite. Ihre Mitglieder zeichnen sich in erster Linie durch eine gemeinsame Gesinnung aus, nämlich die Gleichheitsideologie. Und das ist aus zwei miteinander zusammenhängenden Gründen ein großes Problem. Zum einen führt der politische Moralismus zwar zu einer prinzipientreuen, aber in den seltensten Fällen problemadäquaten, rationalen Politik – und deshalb oft zu Resultaten, die nicht den Wünschen und Interessen der Bevölkerung entsprechen. Zum anderen erlaubt es der politische Moralismus der Elite, diese Resultate entweder zu ignorieren oder mit Verweis auf ihre höhere Moral zu rechtfertigen. Es kann also zu einem Interessengegensatz zwischen Elite und Volk kommen, wie er gegenwärtig in Deutschland herrscht. Dieser Gegensatz wird von der Elite nicht nur nicht als Problem, sondern geradezu als ihre Existenzberechtigung angesehen. Betrachtet sie es doch als ihre Aufgabe, das Volk auf den rechten Weg zu führen – notfalls auch gegen dessen Willen. Teilweise hat man sogar den Eindruck, als ob der Elite ihre Gleichheitsideologie vor allem deswegen als »besser« oder »höherstehend« als die im Volk verbreiteten Vorstellungen gilt, *weil* es eine Minderheitsposition ist.

Wir hatten in Kapitel 7 schon festgestellt, dass sich die Elite in Deutschland aus den führenden Vertretern aus Politik, Medien und Zivilgesellschaft zusammensetzt. Sie bilden eine Art polit-medial-zivilgesellschaftlichen Komplex, den wir nunmehr näher betrachten wollen. Die Bezeichnung »Komplex« verwende ich deshalb, weil es eine Vielzahl personeller und finanzieller Verbindungen zwischen den drei Sektoren der Elite gibt.

Im Zentrum dieser Verbindungen steht die Politik, die einerseits zu den Medien, andererseits zu den zivilgesellschaftlichen Organisationen in Beziehung steht. Was die Medien angeht, so sind die Beziehungen zwischen Politik und öffentlich-rechtlichem Rundfunk besonders eng. Dieser wird zum Großteil durch den Rundfunkbeitrag finanziert, also eine Zwangsabgabe, über die politisch entschieden wird (wenngleich der Entscheidungsspielraum der Politik durch das jüngste Urteil des Bundesverfassungsgerichts zu diesem Gegenstand deutlich eingeschränkt wurde). Außerdem werden die Rundfunkräte – die Aufsichtsräte der öffentlich-rechtlichen Sender – direkt oder indirekt durch die Politik besetzt: direkt durch die Entsendung von Abgeordneten in diese Räte, indirekt durch die Berufung von Vertretern der verschiedenen als gesellschaftlich relevant erachteten Gruppen.

Umgekehrt kommen viele Regierungs- oder Ministeriumssprecher vom öffentlich-rechtlichen Rundfunk. Die Beziehungen zwischen Politik und Medien beschränken sich aber nicht auf diesen, sondern erstrecken sich auch auf andere Medien. So haben auch viele Regierungs- oder Ministeriumssprecher eine Karriere in Zeitungsredaktionen oder Verlagen hinter sich. Zwischen diesen und der Politik gibt es auch finanzielle Beziehungen: Die Zeitungszustellung wurde 2020 mit 40 Millionen Euro gefördert. Weitergehende Pläne zur Förderung vor allem der »digitalen Transformation« wurden aufgrund rechtlicher Bedenken zwar zurückgezogen, aber angesichts der lautstarken Forderungen der Verlage scheint in dieser Angelegenheit noch nicht das letzte Wort gesprochen worden zu sein. Die neue Bundesregierung beabsichtigt jedenfalls, »Fördermöglichkeiten« für die »flächendeckende Versorgung mit periodischen Presseerzeugnissen« zu prüfen.[377]

Auch zwischen Politik und zivilgesellschaftlichen Organisationen bestehen enge Verbindungen. Diese sind teils personeller Natur, wie der Ökonom Siegfried Franke anhand verschiedener Beispiele zeigt.[378] Teils sind sie finanzieller Natur, da viele zivilgesellschaftliche Organisationen vom Staat gefördert werden. Dabei steht, wie in Kapitel 7 geschildert, der Kampf gegen »rechts« in allen seinen Facetten im Vordergrund. Als »anti-rechts« gelten auch Organisationen, die sich dem Kampf gegen Rassismus, gegen jede Art von Diskriminierung und für die Flüchtlingsintegration verschrieben haben. Hoch angesehen und förderwürdig sind des Weiteren Umweltschutz- und Klimaschutzorganisationen.

Einen besonders eklatanten Fall personeller und finanzieller Verflechtungen stellt die »Agora Energiewende« dar, eine gemeinnützige GmbH, die sich Fragen der Energie- und Klimapolitik widmet und auch (direkt oder indirekt) Gelder vom Bund erhalten hat.[379] Ihr ehemaliger Direktor, Patrick Graichen, war vor seiner Tätigkeit bei dieser Organisation Referatsleiter im Bundesministerium für Wirtschaft und kehrt unter der neuen Bundesregierung als Staatssekretär in dieses Ministerium zurück (das jetzt Bundesministerium für Wirtschaft und Klimaschutz heißt).[380] Damit nicht genug: Eine andere Lobbyistin, Jennifer Morgan, die Ko-Direktorin von Greenpeace International, wird Staatssekretärin im Außenministerium, wo sie als »Sonderbeauftragte für internationale Klimapolitik« wirken soll.[381]

Durch die – zum Teil recht großzügige – finanzielle Unterstützung all dieser Organisationen wird offensichtlich die ursprüngliche Idee der vom Staat unabhängigen, durch die Privatinitiative von Bürgern betriebenen Organisation ad absurdum geführt. Viele der angeblichen »Nichtregierungsorganisationen« sind schon längst zu »Regierungsorganisationen« verkommen. Denn, wie Siegfried Franke konstatiert, »[i]hre Projekte entsprechen nicht selten dem, was der mehr oder weniger verborgenen

Ideologie der Parteien entspricht, die die fördernden Ministerien prägen«.[382] Selbstredend erhalten Organisationen, die nicht auf Linie dieser Ideologie liegen, keine Unterstützung. Kein Ministerium käme auf die Idee, einer Bürgerinitiative wie dem »Aufbruch 2016«, die sich »für eine realistische Flüchtlingspolitik« einsetzt, Geld zu geben.[383]

Dass zivilgesellschaftliche Organisationen für die Politik nützlich sein können, ist auch auf europäischer Ebene erkannt worden: Gemäß Artikel 11 Absatz 2 des Vertrags über die Europäische Union (EUV) haben die Organe der EU »einen offenen, transparenten und regelmäßigen Dialog« mit diesen Organisationen zu pflegen. Selbstverständlich wird dieser Dialog auch finanziell begleitet. Im Rahmen des Förderprogramms »Citizens, Equality, Rights and Values« werden bis 2027 1,55 Milliarden Euro (!) an zivilgesellschaftliche Organisationen verteilt – natürlich nur an solche, die ideologiekonform sind.[384] Im Übrigen sei angemerkt, dass die Zivilgesellschaft nicht nur von der Politik, sondern auch von vermögenden Privatleuten unterstützt wird, die dieselbe Ideologie vertreten – und zwar meist indirekt über Stiftungen wie die »Bill and Melinda Gates Foundation« oder die »Open Society Foundation« von George Soros, die jährlich Hunderte von Millionen an ihnen genehme zivilgesellschaftliche Organisationen verteilen. Insoweit fördert sich die Zivilgesellschaft sozusagen selbst.[385]

Im Vergleich zu den Beziehungen zwischen Politik und Medien einerseits und zwischen Politik und Zivilgesellschaft andererseits scheinen die Beziehungen zwischen Medien und Zivilgesellschaft eine deutlich geringere Rolle zu spielen. Dass die Politik im Zentrum des polit-medial-zivilgesellschaftlichen Komplexes steht, verwundert nicht. Da sie es ist, die über die öffentlichen Finanzen bestimmt, dominiert sie zwangsläufig die finanziellen Beziehungen. Was die personellen Verflechtungen angeht, so sind im politischen Sektor Macht und Einfluss konzentriert. Deshalb ist dieser ein attraktives Betätigungsfeld für Medienschaffende und zivilgesellschaftliche Akteure; umgekehrt haben Mitglieder der politischen Elite aufgrund ihrer Verbindungen gute Karrierechancen im Medien- und im Zivilgesellschaftssektor.

Für den Zusammenhalt des Elitekomplexes ist aber vor allem eines entscheidend: die Gleichheitsideologie, die die Mitglieder der Elite gemeinsam haben. Personelle und finanzielle Verflechtungen sind lediglich die Folge dieser ideologischen Harmonie; sie verstärken und stabilisieren den Zusammenhalt der Elite, sind aber nicht dessen Ursache. Es ist diese Ideologie, die dem symbiotischen Miteinander der Elite zugrunde liegt. Diese Symbiose findet ihren Ausdruck vor allem darin, dass sich die etablierten Medien weniger als Wächter, denn als Sprachrohr der Regierung sehen – und zwar ohne dass hierzu Zwang notwendig wäre. Dies stellt auch Siegfried Franke fest:

> »Die Journalisten springen der Regierung freiwillig bei, weil sie in ihrer Mehrheit den gleichen, selten hinterfragten ›Narrativen‹ folgen. Viele fungieren kaum noch als objektive Berichterstatter, die Fakten und Kommentare so weit wie möglich sorgsam trennen, sondern eher als ›Erziehungsgehilfen‹, um skeptische Geister zu den ›Narrativen‹ des Mainstreams zu führen.«[386]

Diese Tendenz wurde besonders deutlich in der Coronakrise, als es kaum kritische Berichterstattung und fast nur Regierungspropaganda zu hören und zu sehen gab. Für diesen »Haltungsjournalismus« revanchiert sich die Politik: einerseits, indem sie bereitwillig Anregungen der Medien aufgreift und sich den von diesen als solchen identifizierten Problemen widmet und zu lösen versucht; andererseits mit finanziellen Zuwendungen (zum Großteil indirekt in Form des Schaltens von Anzeigen, zum Teil aber auch direkt).[387]

Ähnlich symbiotisch ist die Beziehung zwischen Politik und Zivilgesellschaft. Ideologiekonforme zivilgesellschaftliche Organisationen werden großzügig gefördert und helfen der Politik im Gegenzug, die gemeinsamen Vorstellungen durchzusetzen – nicht nur, indem sie einen scheinbaren Druck erzeugen, dem die Politik dann scheinbar nachgibt, sondern vor allem, indem sie in der Öffentlichkeit den Eindruck vermitteln, es gäbe eine breite gesellschaftliche Bewegung zugunsten der Elitenideologie.

Die Mitglieder der Elite haben neben der Gleichheitsideologie noch etwas Anderes gemeinsam: die Unempfindlichkeit gegenüber den Konsequenzen der von dieser Ideologie motivierten Politik. Denn selbst wenn Prinzipien und Moral an erster Stelle stehen und die Konsequenzen keine Rolle spielen dürfen, treten dieselben doch auf und machen sich bemerkbar. Wer politischen Moralismus betreiben will, muss daher auf die eine oder die andere Art in der Lage sein, diese Konsequenzen zu ignorieren.

Eine solche Unempfindlichkeit kann auf verschiedenen Wegen erreicht werden: *Erstens* kann sie auf Naivität beruhen. Naive Gesinnungsethiker glauben fest daran, dass eine auf gutem Willen und Idealismus gegründete Politik einfach erfolgreich sein muss und gar keine Probleme verursachen kann. Sie können die nachteiligen Konsequenzen des politischen Moralismus gar nicht wahrnehmen oder halten sie für ein Hirngespinst. Wenn zum Beispiel die Energiewende mit Verweis auf die mangelnde Versorgungssicherheit und die hohen Kosten erneuerbarer Energien kritisiert wird, gehen Menschen mit dieser Einstellung nicht etwa auf die Einwände ein, sondern entgegnen nur mit Äußerungen wie: »Man muss es nur wollen.«

Zweitens gibt es auch Gesinnungsethiker, die in der Lage sind, die Konsequenzen der von ihnen propagierten Politik zu erkennen, aber diese bewusst um ihrer Prinzipien und Ideale willen in Kauf zu nehmen bereit sind. Das sind die Fundamentalisten unter den Gleichheitsideologen, die ihre Ziele ohne Rücksicht auch auf eigene Verluste durchsetzen wollen.

Drittens kann es natürlich auch sein, dass man von den negativen Auswirkungen der eigenen Politik nicht betroffen wird, vielleicht sogar zu den wenigen Profiteuren derselben gehört. In der Flüchtlingspolitik vertreten nicht zufällig gerade diejenigen am lautstärksten die Willkommenskultur, die unter der Zuwanderung Geringqualifizierter nicht zu leiden haben – weil die Zuwanderer für sie keine Konkurrenz auf Arbeits- und Wohnungsmarkt darstellen, weil die eigenen Kinder auf Schulen mit geringem Flüchtlingsanteil gehen und weil man sich vielleicht sogar eine Verbesserung der eigenen Einkommenssituation durch die Zuwanderung erwartet. Dabei handelt es sich typischerweise um hochqualifizierte Gutverdiener, die verbeamtet oder in Berufen tätig sind, zu denen die Zuwanderer auf absehbare Zeit keinen Zugang haben werden (z. B. Journalisten) und um Angehörige von Berufsgruppen, die unmittelbar vom Flüchtlingszuzug profitieren (z. B. Rechtsanwälte, die Asylbewerber vor Gericht vertreten oder Anbieter von Sprach- bzw. Integrationskursen).[388] Auch in der Klima- und Umweltpolitik werden radikale Positionen am ehesten von denjenigen vertreten, die davon kaum betroffen sind (z. B. Stadtbewohner ohne Auto oder mit Elektroauto) oder die davon profitieren (z. B. Vertreter der Solar- und Windenergiebranche).

Mir erscheint diese dritte Möglichkeit die quantitativ bedeutendste zu sein – und zwar nicht nur für den Fall der Mitläufer. Die Angehörigen der Elite sind zum Großteil von den negativen Konsequenzen ihrer Politik isoliert oder gehören zu denjenigen, die von dieser Politik Vorteile zu erwarten haben. Etwas Anderes wäre aus ökonomischer Sicht auch höchst unwahrscheinlich: Naivität und Idealismus bis zur Selbstaufopferung sind eher selten. Man muss sich eine gute Gesinnung auch leisten können.

Unabhängig von ihrer persönlichen Betroffenheit oder Nichtbetroffenheit ist den Mitgliedern der Elite ein – für den politischen Moralismus typischer – Charakterzug gemeinsam: die unerschütterliche Überzeugung von der Richtigkeit ihrer Meinung und das Fehlen jeglicher Selbstzweifel. Deshalb sind sie, so der frühere tschechische Staatspräsident Václav Klaus und der Ökonom Jiři Weigl, »nicht bereit, den Meinungsstreit als einen Konflikt prinzipiell gleichberechtigter Ideen und Weltanschauungen zu betrachten. Sie betrachten ihn stattdessen als einen Konflikt zwischen Gut (das sind sie) und Böse (das sind [...] die anderen)«.[389] Paradoxerweise sind sie darin, obwohl sie doch die Existenz einer nationalen Identität und von nationalen Charakteristika verneinen, typisch deutsch. Schon vor über 150 Jahren hat Tolstoi solche »hoffnungslos sturen, bis zur Schmerzgrenze selbstbewussten Menschen« als typisch deutsch bezeichnet, »weil nur Deutsche aufgrund einer abstrakten Idee, einer Wissenschaft, selbstbewusst sind, das heißt, wegen der vermeintlichen Kenntnis der vollkommenen Wahrheit«.[390]

Die Intoleranz nicht nur der Elite, sondern auch der Anhänger der von der Elite propagierten politischen Positionen bestätigt eine Studie der Konrad-Adenauer-Stiftung aus dem Jahr 2021, wonach 26 Prozent der Anhänger der Linken, 20 Prozent der Anhänger der SPD und 18 Prozent der Anhänger der Grünen persönliche Kontakte wegen abweichender politischer Ansichten abbrechen – aber nur 5 Prozent der Anhänger der AfD.[391] Diese Dichotomie von linker Intoleranz und rechter Toleranz ist nicht typisch für Deutschland, sondern ein in der westlichen Welt weit verbreitetes Phänomen.[392]

Ein neuer Feudalismus?

In den letzten Jahren hat die politisch-medial-zivilgesellschaftliche Elite neue Mitstreiter und Unterstützer bekommen. Das politische Programm der Elite wird zunehmend auch von einflussreichen wirtschaftlichen Akteuren geteilt und gefördert. Dies beschränkt sich nicht mehr nur darauf, dass vermögende Privatpersonen mit ihren Stiftungen zivilgesellschaftliche Organisationen, zum Teil auch Politiker, unterstützen. Auch viele Unternehmen – und zwar typischerweise Großunternehmen – bekennen sich zur dominierenden Ideologie. Dieses Phänomen, das als »wacher Kapitalismus« (»woke capitalism«) bezeichnet wird, äußert sich am auffälligsten in den Botschaften von Werbung und Öffentlichkeitsarbeit, die die politisch korrekte Gesinnung durch die Betonung von Diversität, Buntheit, Nichtdiskriminierung und Multikulturalismus transportieren.

Aber den Worten folgen in vielen Fällen auch Taten: Man verpflichtet sich zur Einhaltung bestimmter Diversitätsquoten auf den Führungsebenen, richtet das Güterangebot ideologiekonform aus (indem man beispielsweise »freiwillig« auf die Produktion von Autos mit Verbrennungsmotor verzichtet) oder spendet den etablierten Parteien und den mit ihnen auf einer Linie liegenden zivilgesellschaftlichen Organisationen Geld. Ein solches Verhalten mag zum Teil einer Anpassung an den herrschenden Zeitgeist und dem Bemühen, den im Dienst der Gleichheitsideologie stehenden »Aktivisten« keine Angriffsfläche zu bieten, geschuldet sein.

Zum Teil wird es wahrscheinlich aber auch in der Absicht verfolgt, sich den offenbar unaufhaltbaren Siegeszug diese Ideologie zunutze zu machen und, wenn möglich, zum eigenen Vorteil zu beeinflussen. Dies ist insofern nicht überraschend, als Unternehmen ihrem Wesen nach prinzipienlos sind. Wenn ihren Geschäftsinteressen durch politische Korrektheit und Ideologiekonformität am besten gedient ist, dann werden sie sich eben dementsprechend verhalten. Das gilt vielleicht weniger für Personenunternehmen, aber auf jeden Fall für große Kapitalgesellschaften.

Dieser Sinneswandel von Großindustrie und Großkapital wird am deutlichsten von der aktuellen »Great Reset«-Initiative des Weltwirtschaftsforums verkörpert. Bei dieser von Klaus Schwab gegründeten und geleiteten Stiftung handelt es sich um eine Lobbyorganisation, die von ca. 1000 Großunternehmen aus der ganzen Welt finanziert wird und als deren politisches Sprachrohr agiert. Die Initiative für einen »Großen Umbruch« wurde im Mai 2020 ins Leben gerufen, um die Coronakrise als Gelegenheit zu einer grundlegenden Neugestaltung von Wirtschaft und Gesellschaft zu nutzen. Die drei Hauptziele bestehen in einer gerechten Gesellschaft, einer nachhaltigen Wirtschaftsweise und der Nutzung des durch die »vierte industrielle Revolution« möglichen technischen Fortschritts zum Wohl der Allgemeinheit.[393]

Hinter diesen wohlklingenden und sich allgemeiner Zustimmung erfreuenden Zielen verbirgt sich die neu-sozialistische Ideologie der herrschenden Elite, worauf beispielsweise der Ökonom Thorsten Polleit aufmerksam macht:

> »Ein WEF-Werbevideo zeigt: Bis 2030 wird zum Beispiel niemand mehr etwas besitzen, alle sind glücklich, die Privatsphäre ist aufgehoben; was der Mensch braucht, soll er sich leihen; einkaufen gehen gibt es nicht mehr, Drohnen liefern alles; Fleischkonsum wird minimiert.«[394]

Warum aber sollte »dieser ungeheuerliche sozialistische Entwurf« – so Polleit weiter – von Großunternehmen und deren Anteilseignern unterstützt werden?

Neben den genannten Gründen für eine Anpassung der Wirtschaft an den Zeitgeist ist dafür auch eine gewisse Interessenharmonie verantwortlich, die zwischen interventionistischem Staat und Großunternehmen besteht. Wie in Kapitel 6 erwähnt, funktioniert eine interventionistische Wirtschaftspolitik umso besser, je weniger wirtschaftliche Akteure es gibt. Der Politik wäre es am liebsten, sie hätte es auf Unternehmensseite nur mit wenigen Großunternehmen zu tun. Dann wäre es leicht möglich, sich miteinander zu arrangieren. Die Unternehmen agieren politisch korrekt und erhalten als Gegenleistung Steuervorteile, Subventionen und Schutz vor unangenehmem Wettbewerb.

Zwischen Staat und Großkapital zerrieben wird dagegen der unternehmerische Mittelstand: Selbständige, Freiberufler, Gewerbetreibende, Kleinunternehmer oder Handwerker, die eine gewisse Unabhängigkeit gegenüber Staat auf der einen und Großunternehmen auf der anderen Seite besitzen – und genau deshalb aus Sicht der Elite »Störfaktoren« sind. Es ist kein Zufall, dass die Politik der letzten Jahre – und zwar nicht nur die Krisenpolitik – vor allem zulasten des Mittelstands ging, der unter der steigenden Abgabenlast und der zunehmenden Regulierung und Bürokratisierung stärker als Großunternehmen zu leiden hat.

Der amerikanische Geograph Joel Kotkin sieht sogar einen neuen Feudalismus heraufziehen.[395] Im Feudalismus des Mittelalters gab es drei Stände: den dominierenden Adel; den Klerus, der die Gesellschaftsordnung mit den Vorrechten des Adels legitimierte; und den dritten Stand, den großen Rest der Bevölkerung, der weitgehend rechtlos war und auf dessen Kosten die ersten beiden Stände lebten. Im künftigen Feudalismus werde es eine Oligarchie von Großkapitalisten geben, die zusammen mit einer linken intellektuellen Elite, dem modernen Klerus, Wirtschaft, Politik und Gesellschaft dominierten. Zusammen würden diese beiden Klassen eine Politik in ihrem Interesse und nach ihren Vorstellungen durchsetzen, die traditionellem Bürgertum und Mittelstand schaden werde. So werde eine neue Unterschicht entstehen, die mit »Brot und Spielen« gefügig gemacht werden würde – dem »Brot« staatlicher Sozialleistungen und den »Spielen« eines zunehmend infantilisierenden Medienangebots.

Eine zentrale Rolle beim Aufstieg dieses Neofeudalismus würden die Technologie- und Internetkonzerne und deren Eigentümer spielen, die über eine nie zuvor dagewesene Kombination von ökonomischer und informationeller – und damit auch politischer – Macht verfügten. Der Staat und die ihn dominierende Elite würden eng mit diesen Technologieunternehmen zusammenarbeiten und sich der Möglichkeiten, die der informationstechnische Fortschritt eröffnet hat, zu politischen Zwecken bedienen. Diese Kooperation äußert sich heute beispielsweise darin, dass die dominierenden Internetkonzerne immer bereitwilliger den Vorgaben der Elite folgen und sich bei den in sozialen Medien erlaubten Inhalten an den Forderungen der politischen Korrektheit orientieren. Zum Ausgleich belässt ihnen der Staat ihre monopolistischen oder quasi-monopolistischen Positionen, die ihnen erlauben, Gewinne in Milliardenhöhe zu erzielen. Aufgrund dieser Tendenzen droht nach Meinung von Kotkin auch bei uns die totale Überwachung der Bevölkerung, so wie sie heute schon in China praktiziert wird.

Aus dieser Sicht erscheint die Vision einer »Post-Choice« und »Post-Voting Society«, die am Ende von Kapitel 6 erwähnt wurde, nicht als reines Hirngespinst, sondern als Ausblick auf das, was uns infolge des »Großen Umbruchs« erwartet: die neue Knechtschaft.

Epilog: Was wollen Sie sein – Bürger oder Untertan?

»Wenn Unrecht zum Gesetz wird, dann wird Widerstand zur Pflicht.«

Thomas Jefferson

Der Leser, der mir bis hierher gefolgt ist, wird sich eine Frage stellen, die sich eigentlich jeder Bürger Deutschlands stellen sollte: Bin ich mit dieser Entwicklung einverstanden? Daraus folgt unmittelbar eine andere Frage: Will ich Bürger oder Untertan sein? Denn eines dürfte klargeworden sein: Wenn es so weiter geht wie bisher, dann werden wir keine freien Bürger in einem freien Land mehr sein, dann werden wir keine Staatsbürger im Sinne Kants bleiben, die sich durch »gesetzliche Freiheit«, »bürgerliche Gleichheit« und »bürgerliche Selbständigkeit« auszeichnen.[396] Wir werden stattdessen Untertanen werden, denen der Staat und die ihn dominierende Elite vorschreibt, was sie zu tun und zu lassen haben, ja, was sie zu sagen und zu denken haben.

Uns wird immer mehr Verantwortung abgenommen werden und der Bereich unseres selbstbestimmten Lebens wird immer kleiner werden. Aber dafür wird sich der Staat um uns kümmern und umfassend für uns sorgen. Er wird uns von der Wiege bis zur Bahre fürsorglich und wohlwollend, aber auch besserwisserisch und bevormundend zur Seite stehen und uns bei allen Problemen helfen, ja mehr noch: dafür sorgen, dass wir gar nicht erst Probleme bekommen. Wollen wir das? Wollen wir auf diesen Handel eingehen und unsere Freiheit gegen eine beschützte Unfreiheit eintauschen?

Deutschland steht an einem Scheideweg: In den letzten beiden Jahrzehnten haben wir uns von einer freiheitlichen Demokratie zu einer gelenkten Demokratie entwickelt. Wenn sich diese Entwicklung fortsetzt, werden wir zu einer totalitären Demokratie werden, die wohl am treffendsten durch die Vision einer »Post-Choice« und »Post-Voting Society« charakterisiert werden kann. Wenn es dazu kommen sollte, haben wir nicht mehr die Möglichkeit der Entscheidung. Die Zeit der Entscheidung ist heute – solange es noch möglich ist, diese Entwicklung aufzuhalten und umzukehren. Heute – und nicht morgen – müssen wir uns fragen, was wir sein wollen: Bürger oder Untertan?

Wenn wir Bürger bleiben wollen und unsere Freiheit nicht nur erhalten, sondern wieder zurückgewinnen wollen, dann ist ein grundlegender Wandel notwendig: In Politik und Gesellschaft darf nicht mehr Gesinnung über Verantwortung triumphieren; die Gleichheitsideologie darf nicht mehr alle Lebensbereiche durchdringen; und die polit-medial-zivilgesellschaftliche Elite darf nicht länger die Geschicke Deutschlands bestimmen. Was wir brauchen ist eine Abkehr von der Gesinnungsethik und eine Rückkehr zur Verantwortungsethik. Oder um es mit den Worten von Helmut Schmidt auszudrücken:

> »Keine Begeisterung sollte größer sein als die nüchterne Leidenschaft zur praktischen Vernunft.«[397]

Unser oberstes Leitprinzip darf nicht mehr »Gleichheit«, sondern muss wieder »Freiheit« sein – so wie es auch unsere Verfassung gebietet. Die Politik muss sich wieder an den Interessen und Wünschen des Volkes orientieren und nicht an denen der Elite. Untrennbar verbunden mit einem solchen Wandel ist eine Renaissance unseres Nationalbewusstseins. Wir müssen uns wieder unserer Geschichte, unserer Traditionen und unserer Kultur bewusst werden, uns wieder als Volk und Nation mit einer deutschen Identität begreifen. Nur so wird uns auch bewusst werden, was wir schon alles verloren haben und was wir noch alles im Begriff sind zu verlieren. Und nur so wird uns auch bewusstwerden, dass der europäische Zentralstaat nicht »alternativlos« ist, dass wir uns auch für ein, wie Charles de Gaulle es genannt hat, »Europa der Vaterländer« entscheiden können – ein durch die Vielfalt und Eigenständigkeit der verschiedenen Länder geprägtes Europa, in dem dessen Völker ihre Kultur bewahren und weiterentwickeln und selbst über ihr Geschick entscheiden können.[398] Insofern ist die Renaissance unseres Nationalbewusstseins sowohl Voraussetzung als auch Konsequenz des notwendigen Wandels, des Wandels von der Gesinnung zur Verantwortung und von der Gleichheit zur Freiheit.

Ohne einen solchen grundlegenden Wandel wird es nicht gehen. Man darf sich nichts vormachen: Ohne ihn müssen alle Reformvorschläge Makulatur bleiben. Eine ökonomisch rationale Migrations-, Klima-, Energie- und Geldpolitik wird ein Wunschtraum bleiben – ebenso wie andere notwendige Reformen, z. B. im Bildungswesen. Denn solche Reformen werden im herrschenden politischen Klima, das von Gesinnungsethik und Gleichheitsideologie gekennzeichnet ist, nicht umgesetzt werden.

Das Schweigen der Lämmer

Es stellt sich die Frage, ob die Deutschen diesen grundlegenden Wandel, diesen »Großen Umbruch« in die andere Richtung, überhaupt wollen. Vielleicht sind sie ja in ihrer Mehrheit mit der Entwicklung der letzten Jahre einverstanden und damit zufrieden, vom Bürger zum Untertanen zu werden. So zumindest könnte man die Wahlergebnisse dieser letzten Jahre interpretieren. James Buchanan, den wir schon im vorhergehenden Kapitel zitiert haben, ist jedenfalls pessimistisch. Nach seiner Meinung wird der Neu-Sozialismus seinen Siegeszug fortsetzen. Um die

Sache der Freiheit sei es schlecht bestellt, weil sich die meisten Menschen schon zu sehr an die Fürsorge des Staates gewöhnt hätten und gar keinen Wert mehr auf ihre Freiheit legen würden.[399]

Ähnlich skeptisch sieht dies Thilo Sarrazin, nach dessen Meinung der Ruf nach mehr Freiheit für viele Bürger »offenbar eine Bedrohung« darstellt.[400] Wenn das stimmen sollte, wenn sich die Mehrheit in diesem Land bereitwillig zu Untertanen machen lässt, dann muss man das wohl oder übel akzeptieren. Dann bleiben den Freunden der Freiheit nur zwei Alternativen: Entweder man wandert aus oder man zieht sich ins Privatleben zurück und versucht, zumindest im Privaten ein Leben nach seinen Vorstellungen zu führen, in der Hoffnung, dass – irgendwann und irgendwie – das neu-sozialistische Projekt an den harten Tatsachen scheitern wird. Die zweite Alternative mag zwar bequem und für viele auch verlockend sein, aber man muss bedenken, dass dieser Privatbereich im Laufe der Zeit immer kleiner und der Staat immer übergriffiger werden wird. Vor was wird ein Staat, der die Polizei in Privatwohnungen schickt, um Kindergeburtstage aufzulösen,[401] denn überhaupt zurückschrecken? Abgesehen davon ist diese Alternative ohnehin dann keine Alternative, wenn man Verantwortung für die Zukunft von Kindern trägt.

Ob Buchanan und Sarrazin Recht haben, wird die Zukunft zeigen. Ich bin nicht so pessimistisch wie sie und halte Anstrengungen, den neu-sozialistischen Entwicklungen entgegenzutreten, nicht von vornherein für aussichtslos. Ich bezweifle nämlich, dass die Wahlentscheidungen in Deutschland wirklich die Präferenzen und Wünsche der Wähler widerspiegeln, da diese Entscheidungen ja unter dem Einfluss der ideologischen Hegemonie der Elite, unter den Bedingungen einer gelenkten Demokratie stattgefunden haben. Nur weil die Lämmer schweigen, heißt das noch lange nicht, dass sie auch geschlachtet werden wollen.

In dieser Ansicht bestärkt mich der Widerstand gegen den Neu-Sozialismus in den ostdeutschen Bundesländern. Hier, wo die Erinnerung an die alt-sozialistische Diktatur bei vielen noch gegenwärtig ist, ist man sich des Wertes der Freiheit stärker bewusst als im Westen. Deshalb reagieren die Ostdeutschen sensibler auf Versuche, ihnen ihre Freiheit wieder zu nehmen und sind eher bereit, sie zu verteidigen – auch deshalb, weil sie sich ihre Freiheit mühsamen selbst erkämpfen mussten. Vielleicht ist diese Erfahrung auch der Grund dafür, dass das Bewusstsein für nationale und kulturelle Identität in den ostdeutschen Bundesländern stärker ausgeprägt ist als in den westdeutschen.

Aber auch im Westen scheint allmählich ein Sinneswandel stattzufinden. Die Freiheitseinschränkungen im Zuge der Coronakrise waren wohl doch etwas zu weitgehend und haben vielen zu denken gegeben. Auch viele Westdeutsche sind zunehmend um ihre Freiheiten und Rechte besorgt und nehmen in immer größerer Zahl an Demonstrationen teil, um sie zu verteidigen. Ein gutes Zeichen ist auch, dass die offiziellen Verlautbarungen nicht mehr ohne Weiteres geglaubt, sondern zunehmend kritisch hinterfragt werden. Beispielsweise haben einer Anfang 2022 publizierten Umfrage zufolge nur noch 32 Prozent der Bevölkerung Vertrauen in die vom Robert-Koch-Institut veröffentlichen Zahlen.[402]

Im Übrigen machen sich die Konsequenzen der Krisenpolitik immer stärker auch im eigenen Geldbeutel bemerkbar – und zwar bei Westdeutschen und bei Ostdeutschen. Die ökonomisch unvernünftige Klima- und Energiepolitik hat zu stark gestiegenen Energiepreisen geführt, die die Haushalte immer mehr belasten. Und nicht nur die Energiepreise steigen, das Preisniveau insgesamt steigt immer stärker. Die Inflation ist da, die Geldentwertungskrise hat begonnen. Die schon erlittenen und noch drohenden finanziellen Einbußen haben bei vielen das Bewusstsein für die Probleme der aktuellen Politik geschärft und viele zum Umdenken bewegt.

Dieses Umdenken kommt keinen Tag zu früh. Denn die Geldentwertungskrise ist schon ausgebrochen und der Ukraine-Krieg wirkt nicht nur auf diese Krise wie ein Brandbeschleuniger. Eine Entscheidung ist jetzt unausweichlich. Entweder setzt sich die Elite in Deutschland und in Brüssel mit ihren Plänen endgültig durch, und der europäische Zentralstaat mit seiner neu-sozialistischen Agenda wird etabliert. Oder den Bürgern gelingt es, ihre Rechte und Freiheiten zu verteidigen und zu verhindern, dass sie zu Untertanen gemacht werden. Dies wird nicht einfach sein. Es ist zwar latent schon eine große Unzufriedenheit mit der Politik in der Bevölkerung vorhanden, aber das bedeutet noch lange nicht, dass ein grundlegender Wandel unmittelbar bevorstehen würde. Die Bevölkerung kann weiter durch Tugendterror eingeschüchtert und durch »Brot und Spiele« ruhiggestellt werden – solange sie sich dies gefallen lässt.

Auch in der DDR hat es ja lange gedauert, bis sich die Unzufriedenheit in der Revolution von 1989 entlud. Aber Zeit haben wir nicht mehr. Es bedarf jetzt großer Anstrengungen, um die Unzufriedenheit vieler Bürger und ihren Wunsch nach Veränderungen zu kanalisieren und den notwendigen Umbruch herbeizuführen.

Zurück zur Deutschen Mark

Dreh- und Angelpunkt eines solchen Umbruchs ist die Abschaffung des Euros und die Rückkehr zur Deutschen Mark. Wie wir in Kapitel 6 gesehen haben, spielt der Euro eine entscheidende Rolle für das Projekt des europäischen Zentralstaats. Ohne den Euro kann es einen europäischen Zentralstaat nicht geben, mit ihm muss es ihn geben. Denn die Existenz des Euros und die mit ihr einhergehende Verfestigung und Verstärkung wirtschaftlicher Ungleichgewichte, die sich immer wieder krisenhaft zuspitzen werden, erzwingt eine immer stärkere finanz-, sozial- und wirtschaftspolitische Integration, die schließlich in der Etablierung des lange angestrebten europäischen Zentralstaats münden wird.

Diese Entwicklung begann latent mit der Einführung des Euros, wurde durch die verschiedenen Krisen immer mehr beschleunigt und wird mit der Geldentwertungskrise ihren Höhe- und Schlusspunkt erreichen. Es gibt nur die Wahl zwischen zwei Alternativen: dem Euro in einem europäischen Zentralstaat oder nationalen Währungen in einem Europa der Vaterländer. An der Notwendigkeit der Wahl zwischen diesen beiden Alternativen werden auch mögliche Reformbestrebungen nichts ändern – weder ein neuer Stabilitätspakt noch eine Reform des Eurosystems selbst. Was Letzteres angeht könnte man etwa an einen Mechanismus zum regelmäßigen Ausgleich der Target-Salden, eine Änderung der Stimmrechtsverhältnisse im Direktorium und im Rat der EZB oder Vorschriften zur Begrenzung der indirekten Staatsfinanzierung durch die EZB denken.

Aber selbst wenn solche neuen Regeln beschlossen und dann auch eingehalten werden würden (wofür angesichts der bisherigen Erfahrungen wenig spricht), würde das grundsätzliche Problem fortbestehen: der Konflikt zwischen der gemeinsamen Geldpolitik und der national unterschiedlichen Finanz-, Sozial- und Wirtschaftspolitik sowie der national unterschiedlichen wirtschaftlichen Entwicklung. Dieser Konflikt wird immer zu Krisen führen, die einmal schwächer und einmal stärker ausfallen, aber nie völlig verschwinden werden.

Wenn wir also an der Souveränität Deutschlands festhalten wollen, wir Deutschland als selbständiges Land in einer Gemeinschaft anderer selbständiger Länder erhalten wollen, dann führt kein Weg daran vorbei: Deutschland braucht endlich wieder eine eigene Währung. Der Euro muss aufgegeben, die Mark wiedereingeführt werden. Damit wäre höchstwahrscheinlich auch das Ende des Eurosystems besiegelt. Denn die anderen Euroländer würden ohne die stärkste Volkswirtschaft Europas kaum an der gemeinsamen Währung festhalten.

Ich verkenne nicht, dass das Vorhaben einer Rückkehr zur Mark mit großen Schwierigkeiten verbunden ist. Zunächst einmal gibt es juristische Hindernisse. Die Einführung des Euros war und ist »unwiderruflich« (Artikel 140 Absatz 3 AEUV) und der Euro ist als gemeinsame Währung der EU festgeschrieben (Artikel 3 Absatz 4 EUV). Deshalb gibt es zwar Regeln über den Austritt eines Mitgliedslandes aus der EU, aber keine Regeln über den Austritt eines Eurolandes aus der Eurozone.

Dennoch wird es faktisch nicht möglich sein, ein Land gegen seinen Willen zum Verbleib in der Eurozone zu zwingen (schon gar nicht das wirtschaftlich stärkste Land) – nicht zuletzt deshalb, weil ja immer auch die Möglichkeit eines EU-Austritts besteht. Im Übrigen könnte man argumentieren, dass ein Austritt aus der Eurozone zumindest dann erlaubt sein muss, wenn ein Verbleib die »nationale Identität« eines Mitgliedslandes gefährden würde, deren Achtung ja in Artikel 4 Absatz 2 EUV garantiert ist. Und über kurz oder lang wird der Euro diese nationale Identität nicht nur gefährden, sondern zerstören.

Was die technisch-organisatorische Seite angeht, so bestehen keine Zweifel daran, dass die Bundesbank in der Lage wäre, die Wiedereinführung der Mark zu bewerkstelligen. Am schwerwiegendsten werden die unmittelbaren wirtschaftlichen Nachteile sein. *Erstens* werden die Target-Forderungen der Bundesbank höchstwahrscheinlich verloren sein. Zwar würden auch die Verbindlichkeiten der Bundesbank aufgrund ihres negativen Bargeldsaldos entfallen, doch ergäbe sich immer noch ein gewaltiger Nettoverlust von 749,7 Milliarden Euro (Stand 31. Dezember 2021).[403] Man müsste auf jeden Fall versuchen, die in Höhe dieses Verlusts bestehenden Forderungen gegen das Eurosystem auf die Verpflichtungen anzurechnen, die Deutschland im Rahmen des ESM und des Corona-Wiederaufbaufonds eingegangen ist.

Zweitens würde es die D-Mark gegenüber dem Euro, wenn er denn weiter existieren sollte, oder gegenüber den anderen nationalen Währungen deutlich aufwerten (im Vergleich zu den Referenzkursen bei der Einführung des Euros), sodass sich der in D-Mark gemessene Wert von Vermögensanlagen in den (ehemaligen) Euroländern reduzieren würde. Und schließlich würde aus demselben Grund, nämlich der Aufwertung der D-Mark, die Exportwirtschaft Einbußen erleiden, weil ihre Produkte in den (ehemaligen) Euroländern teurer werden würden.

Allerdings stehen die hohen Exportüberschüsse Deutschlands volkswirtschaftlich gesehen ohnehin nur auf dem Papier. Die deutschen Exporteure erhalten zwar ihr Geld, aber von der Bundesbank, die dafür Forderungen an das Eurosystem in Form der Target-Salden aufbaut. Ob diese jemals zu einem realen Vermögenstransfer nach Deutschland führen, ist höchst ungewiss. Gewiss ist dagegen, dass sich Deutschland durch die Möglichkeit des endgültigen Ausfalls dieser Forderungen erpressbar macht – und zwar umso mehr, je höher sie sind. Auch deshalb, und nicht nur aufgrund der Geldentwertungskrise, die eine Entscheidung erzwingen wird, sollte man eher heute als morgen handeln. Ein Ende mit Schrecken ist besser als ein Schrecken ohne Ende.

Außerdem stehen den kurzfristigen Kosten langfristig beträchtliche Vorteile gegenüber. Deutschland könnte endlich wieder eine den Bedürfnissen seiner Volkswirtschaft entsprechende Geldpolitik betreiben. Ohne Rücksicht auf andere Länder könnte die Bundesbank die deutsche Wirtschaft mit Geld versorgen und die Preisniveaustabilität gewährleisten. Eine »Selbstbedienung« der Euroländer bei der Bundesbank zur Finanzierung ihrer Leistungsbilanzdefizite wäre nicht länger möglich. Durch die Befreiung der deutschen Volkswirtschaft von den Fesseln des Eurosystems würde es zu einem Wachstumsschub kommen, wenngleich über dessen Ausmaß nur spekuliert werden kann.

Auf jeden Fall hätten wir einen wesentlichen Teil unserer nationalstaatlichen Souveränität zurückgewonnen und damit die Voraussetzung für den Fortbestand Deutschlands als selbständigen, souveränen Staat geschaffen. Gleichzeitig hätten wir damit dem Projekt des europäischen Zentralstaats den Todesstoß versetzt. Die Wiedereinführung der Deutschen Mark ist deshalb nicht nur die notwendige Voraussetzung für den von uns geforderten grundlegenden Wandel, sondern auch ein wesentlicher Bestandteil desselben. Sie stellt den ersten, wichtigsten und leider auch schwersten Schritt unseres »Großen Umbruchs« dar. Denn jener erste Schritt wird nur gelingen, wenn die neu-sozialistische Elite abgelöst und eine Orientierung der Politik am Wohl des Volkes durchgesetzt werden kann. Und wenn das geschafft ist, werden alle anderen Schritte, alle weiteren notwendigen Reformen (insbesondere der Migrations- und der Klima- bzw. Energiepolitik) leichter sein.

Formen des Widerstandes

Aber auf welche Weise kann unser »Großer Umbruch« bewerkstelligt werden? Der eingangs zitierte Aufruf zum Widerstand von Thomas Jefferson sollte nicht so verstanden werden, als ob ich zu zivilem Ungehorsam, Gesetzesbruch oder gar zu Gewalt aufrufen würde. Wenn ich die Missachtung von Recht und Gesetz bei der Durchsetzung des neu-sozialistischen Programms kritisiere, kann ich ja schließlich nicht eine ebensolche Missachtung von anderer Seite gutheißen. Noch leben wir in einer zwar nicht mehr freiheitlichen, aber immerhin rechtsstaatlichen Demokratie; noch kann man sich nicht auf das Widerstandsrecht von Artikel 20 Absatz 4 des Grundgesetzes berufen.

Ich muss allerdings zugeben, dass es nicht ganz einfach fällt, für die konsequente Achtung von Recht und Gesetz einzutreten, wenn man sieht, in welchem Ausmaß in den letzten Jahren Gesetze und andere Rechtsnormen in Deutschland und auf europäischer Ebene gebrochen, zurechtgebogen oder umgangen worden sind. Was immer Jefferson unter »Widerstand« verstanden haben mag, die Bedingung, an die er seine Aufforderung zum Widerstand geknüpft hat, ist in Deutschland jedenfalls erfüllt: Unrecht ist zum Gesetz geworden. Denn meistens geht es formal mit rechten Dingen zu; die Regierung wahrt die Form und gießt materielles Unrecht in formal-juristisch korrekte Gesetze und Verordnungen. Man könnte deshalb, mag es sich noch so paradox anhören, von einer Herrschaft des Unrechts *durch* das Recht sprechen.[404]

Deshalb und auch wegen der Politisierung der Justiz können wir uns auf die Gerichte nicht verlassen. Die Beschlüsse und Urteile des Bundesverfassungsgerichts zeigen deutlich, dass sich gerade das höchste deutsche Gericht eher als Erfüllungsgehilfe der Regierung und Sachwalter der Elite sieht, denn als Verteidiger des Grundgesetzes und der Bürgerrechte. Da sich die anderen Gerichte an der Rechtsprechung des Bundesverfassungsgerichts orientieren, ist auch vom Rest der Justiz wenig Hilfe zu erwarten. Es wird also ohne eigene Anstrengungen nicht gehen; Engagement und Eigeninitiative der Bürger sind gefragt.

Wenn man so wie ich davon ausgeht, dass »Widerstand« auf dem Boden von Recht und Gesetz noch möglich ist, stellt sich natürlich die Frage, wie dieser aussehen könnte. Die Politik wird sich nur dann ändern, wenn sich die Machtverhältnisse ändern. Voraussetzung dafür ist, dass die ideologische Hegemonie der neu-sozialistischen Elite beendet wird. Denn nur wenn ein freier, offener und gleichberechtigter Wettbewerb der politischen Positionen und Meinungen, bei dem es weder Tabus noch Vorurteile geben darf, stattfindet, werden sich die Interessen und Wünsche der Bevölkerung wieder in der Politik niederschlagen. Denn nur dann werden sich die Bürger wieder trauen, ihre Meinung zu äußern und gemäß ihren Vorstellungen ihre Stimme abzugeben.

Und nur dann sind die Parteien wieder gezwungen, sich an den Interessen und Wünschen der Bevölkerung zu orientieren. Dann wäre die »Responsivität«, die für eine indirekte Demokratie so wichtig ist, wiederhergestellt.

Die Elite wird aus gutem Grund und wohlverstandenem Eigeninteresse an ihrer ideologischen Hegemonie festhalten und diese mit allen Mitteln verteidigen. Dennoch ist dieser Kampf nicht aussichtslos – wenn eine gewisse »kritische Masse« der Bevölkerung ihr Schweigen bricht und politisch in der einen oder anderen Form aktiv wird. Denn die Elite ist, wie erwähnt (siehe Kapitel 8), kein monolithischer Block. Zu ihr gehören auch viele Mitläufer, die ihre Fahne sofort nach einem neuen Wind drehen werden, sobald ein solcher erst einmal aufgekommen ist und ihnen ins Gesicht weht.

Wenn man nicht will, dass einem seine Rechte genommen werden, muss man sie nutzen. Dafür ist heute ein gewisses Maß an Zivilcourage erforderlich. Was aber kann jeder Einzelne ganz konkret tun? Da gibt es viele verschiedene Möglichkeiten. Zunächst könnte man daran denken, sich in politischen Parteien zu engagieren. Man könnte, wenn man Mitglied einer etablierten Partei ist oder wird, versuchen, deren Ausrichtung zu beeinflussen – so wie das die CDU/CSU-Mitglieder tun, die in der Werteunion aktiv sind. Oder man könnte sich in einer nicht etablierten Partei engagieren und auf diese Weise mithelfen, einen politischen Wandel herbeizuführen. Dann gibt es noch die Möglichkeit, Bürgerinitiativen zu gründen oder bei ihnen Mitglied zu werden – wie beispielsweise bei dem schon erwähnten Aufbruch 2016. Durch die Veranstaltung von und die Teilnahme an Demonstrationen kann man ebenfalls seiner politischen Meinung Gehör verschaffen. Diese Aktivitäten werden umso wirksamer sein, je besser und je enger die einzelnen Akteure zusammenarbeiten. Der Schriftsteller Boris Preckwitz schreibt:

»Dies erfordert Organisationen in zeitgemäßer Gestalt und Partizipationsformen: mit Vereinen im vorpolitischen Raum und Vernetzungen durch die gesamte Gesellschaft, mit Stiftungen und Pressure Groups, mit zivilen Initiativen und Nichtregierungsorganisationen, mit bürgerschaftlichen Bündnissen und Bewegungen auf der Straße.«[405]

Aber das liegt nicht jedem. Nicht jeder kann und will ein »Aktivist« sein – mag er auch noch so sehr von der guten Sache überzeugt sein. Doch das heißt noch lange nicht, dass diese Bürger »Passivisten« (wie ich es nennen möchte) bleiben müssen. Ganz im Gegenteil: Jeder, wirklich jeder, kann das Seinige dazu beitragen, dass sich das politische Klima in unserem Land ändert und die ideologische Hegemonie der Elite endlich gebrochen wird. Auch in diesem Fall gilt: Steter Tropfen höhlt den Stein.

Im Wesentlichen sind es vier Dinge, die jeder Einzelne tun kann. *Erstens* ist es unbedingt notwendig, an Wahlen teilzunehmen. Jede nicht abgegebene Stimme ist eine Stimme für »Weiter so!«, ist eine Stimme für die etablierten Parteien. Dessen muss sich jeder Nichtwähler bewusst sein. Die Wahlergebnisse der letzten Jahre mögen zwar für alle, die einen Politikwechsel für lange überfällig halten, frustrierend sein, aber durch Nichtwählen wird man einen solchen Wechsel auf keinen Fall erreichen. Und wenn man wählt, sollte man sich genau überlegen, wen man wählt. Man sollte sich die Parteiprogramme anschauen und die Partei wählen, deren Programm am ehesten den eigenen Vorstellungen und Wünschen entspricht – und nicht die Partei, die man schon immer gewählt hat. Keinesfalls sollte man sich von der Elite vorschreiben lassen, welche Parteien man wählen darf – und welche nicht.

Zweitens sollte man sich umfassend informieren – nicht nur, um seinen kritischen Blick zu schärfen, sondern auch und vor allem, um eine wohlinformierte Wahlentscheidung treffen zu können. Wenn man nur die etablierten Medien konsumiert, wird man nur die Propaganda der Elite zu hören und zu sehen bekommen. Eine halbwegs objektive und umfassende Information wird man nur erlangen, wenn man auch »alternative« Medien nutzt, sei es in gedruckter Form, sei es im Internet oder sei es im Fernsehen. Was Letzteres angeht, so ist der Blick über die Landesgrenzen hilfreich: Kritiker der Elitenpolitik und der dahinterstehenden neu-sozialistischen Gleichheitsideologie kommen etwa beim österreichischen Sender *Servus TV* zu Wort. Wenn man Zeitungen wie die *Junge Freiheit* oder Magazine wie *Tichys Einblick* oder *Cato* abonniert, erweitert man nicht nur seinen Horizont, sondern trägt durch die Unterstützung solcher Publikationen auch zur Meinungsvielfalt in Deutschland bei.

Eine vielfältige Medienauswahl ist aber nur eine notwendige und keine hinreichende Bedingung, um umfassend informiert zu sein. Es genügt nämlich nicht, die Medieninhalte nur passiv zu konsumieren, man muss sie aktiv rezipieren. Seien Sie also immer kritisch, hinterfragen Sie alles und glauben Sie nichts und niemand ohne Weiteres. Denn weder die etablierten noch die alternativen Medien haben die Wahrheit für sich gepachtet. Machen Sie sich Ihre eigenen Gedanken und, um nochmals das Motto von Kant zu zitieren, haben Sie den Mut, sich Ihres Verstandes zu bedienen. Das mag zwar am Anfang anstrengend sein, aber es lohnt sich. Und das können Sie ausnahmsweise glauben …

Drittens sollte man die Erziehung und Bildung seiner Kinder keinesfalls dem Staat allein überlassen. Ein Großteil der Lehrerschaft ist links eingestellt, was nicht ohne Auswirkungen auf die Tendenz des Unterrichts gerade in sozialwissenschaftlichen Fächern wie Geschichte, Sozialkunde oder Wirtschaft und Recht bleiben kann.[406] Um einem tendenziösen Unterricht oder vielleicht sogar bewusster Indoktrination entgegenzuwirken, sollte man mit seinen Kindern auch politische Themen diskutieren und dabei auch Positionen ansprechen, die sie in der Schule nicht (oder nur verzerrt) kennenlernen. Von großer Bedeutung ist auch, seinen Kindern ein Bewusstsein für die deutsche Kultur und die deutsche Geschichte zu vermitteln. Man sollte sie darauf aufmerksam machen, dass die deutsche Geschichte nicht nur aus den zwölf Jahren des Nationalsozialismus besteht und es in dieser Geschichte auch vieles gibt, auf das man als Deutscher stolz sein kann. Und schließlich sollte man den, wie Herman Lübbe sie nennt, »subkulturellen Erscheinungen des Verfalls gemeinhin üblicher Standards von Ordnung, Sauberkeit, Arbeitsdisziplin und sozialer Rücksichtnahme« entgegenwirken und auf die Bedeutung auch dieser sogenannten »Sekundärtugenden« hinweisen.[407]

Viertens sollte man sich nicht scheuen, seine Meinung zu sagen und zu vertreten. Tabus wirken nur so lange, wie sich alle an sie halten. Das fängt im Familien-, Freundes- und Bekanntenkreis an. Wenn Sie, wie Helmut Schmidt, der Meinung sind, dass wir »die weitere Zuwanderung aus fremden Kulturen unterbinden« müssen, dann sollten Sie das auch offen sagen; wenn Sie die Freiheitseinschränkungen im Zuge der Coronakrise für unverhältnismäßig halten, dann sollten Sie sich zu ihrer Meinung bekennen; wenn Sie das Gerede von der »Klimakatastrophe« für maßlos übertrieben halten, dann sollten Sie mit dieser Ansicht nicht hinter dem Berg halten; und wenn Sie die in diesem Buch vorgetragenen Argumente für plausibel und nachvollziehbar halten und Deutschland auf dem Weg in eine totalitäre Demokratie sehen, dann sollten Sie diese Besorgnis auch äußern.

Sich zu solchen politisch inkorrekten Ansichten zu bekennen, wird zunächst schwerfallen. Schließlich besteht einer der wichtigsten Effekte der ideologischen Hegemonie genau darin: eine Hemmung zu erzeugen, offen seine Meinung zu sagen, wenn sie nicht politisch korrekt ist. Aber Sie werden feststellen, dass viel mehr Menschen, als Sie erwartet hätten, mit Ihnen einer Meinung sind. Außerdem ist es erfahrungsgemäß nicht schwer, etwaigen Empörten und Entsetzten den Wind aus den Segeln zu nehmen. Wenn man Ihnen vorwirft, »Rassist«, »Rechtsradikaler«, »Populist« oder »Verschwörungstheoretiker« zu sein, dann fragen Sie doch einfach ganz ruhig Ihr Gegenüber, was es genau unter diesen Begriffen versteht und aus welchen Gründen man Sie mit diesen Begriffen attackiert. In den meisten Fällen werden Sie nur betretenes Schweigen ernten. Vielleicht gelingt es sogar, den einen oder anderen zum Nachdenken zu bewegen ... Seine Meinung kann und sollte man auch bei anderen Gelegenheiten vertreten – indem man Leserbriefe schreibt, die Versammlungen politischer Parteien besucht und dort kritische Fragen stellt, an seinen Landtags- oder Bundestagsabgeordneten schreibt und dessen Bürgersprechstunden besucht. Der Möglichkeiten sind viele.

Seine Meinung zu sagen, sollte eigentlich selbstverständlich sein, aber in der heutigen Zeit gehört Mut dazu. Und gerade deshalb ist es so wichtig, dass möglichst viele Bürger diesen Mut aufbringen und beginnen, Verantwortung für die Zukunft unseres Landes zu übernehmen. Das ist es, was entscheidend sein wird: die Bereitschaft, Verantwortung zu übernehmen – für sich selbst, für seine Familie und für sein Land. Nur wenn diese Bereitschaft vorhanden ist, wenn wir uns nicht in allen Dingen auf den Staat verlassen, sondern unsere Freiheiten selbstbewusst und verantwortungsvoll nutzen, können wir verhindern, dass wir zu Untertanen gemacht werden. Denn wer sich entmündigen und bevormunden lässt, der wird auch entmündigt und bevormundet werden. Es liegt nur an uns selbst.

Anmerkungen

Anmerkungen zum Prolog

1 CDU/CSU (2017).
2 Sarrazin (2021b).
3 Bundespräsident (2020).
4 Papier (2019; 2021).
5 BAMF (2021b, S. 166).
6 Rationalität und Kompetenz haben nichts miteinander zu tun. Rationalität wird in der Ökonomie vorausgesetzt, ist also eine Verhaltensannahme. Kompetenz ist eine Eigenschaft, die empirisch anhand von Kriterien wie Erfahrung, Bildung oder Intelligenzquotient gemessen werden kann. Auch ein vollkommen inkompetenter Mensch handelt annahmegemäß rational.

Anmerkungen zu Kapitel 1

7 Die beste allgemeinverständliche Darstellung der Finanz- und Wirtschaftskrise ist immer noch Sinn (2010). Diese Krise wird von Reinhart und Rogoff (2009) in den historischen Kontext anderer Krisen eingeordnet. Anhand dieses Vergleichs wird vor allem deutlich, dass die große Rezession nicht so unvorhersehbar war, wie dies häufig behauptet wird. Das Versagen der ökonomischen Theorie bei der Vorhersage und Erklärung der Krise thematisiert Mirowski (2013).
8 Statistisches Bundesamt (2021f, S. 6).
9 Die entsprechenden gesetzlichen Regelungen wurden im ersten und zweiten Finanzmarktstabilisierungsgesetz, im Finanzmarktstabilisierungsergänzungsgesetz und im Finanzmarktstabilisierungsfortentwicklungsgesetz getroffen.
10 Finanzagentur (2020, S. 2). Anfang 2018 wurde die Bundesanstalt für Finanzmarktstabilisierung in die Deutsche Finanzagentur integriert und dieser auch die Verwaltung des Finanzmarktstabilisierungsfonds übertragen. Im Zuge der Coronakrise wurde der Finanzmarkstabilisierungsfonds im März 2020 zum Wirtschaftsstabilisierungsfonds erweitert (Finanzagentur 2021, S. 2).
11 SVR (2009, S. 166–167).

12 Statistisches Bundesamt (2021f, S. 6).

13 Statistisches Bundesamt (2021g, S. 2).

14 Statistisches Bundesamt (2021c, S. 220).

15 Der Vertrag von Maastricht von 1992 sieht eine Defizitquote von maximal 3% und eine Schuldenstandquote von maximal 60% als Voraussetzungen für den Beitritt zum Euro vor. Im Stabilitäts- und Wachstumspakt von 1996 haben sich die Euroländer dazu verpflichtet, diese Grenzen auf Dauer einzuhalten. Die Defizitquote ist definiert als staatliche Nettoneuverschuldung im Verhältnis zum Bruttoinlandsprodukt, die Schuldenstandquote als Bruttoschuldenstand des Staates im Verhältnis zum Bruttoinlandsprodukt.

16 Statistisches Bundesamt (2021b, S. 209; 2021c, S. 220).

17 Lux (2013, S. 19).

18 Mithilfe statistischer Methoden konnte gezeigt werden, dass Griechenland schon seit Jahren falsche bzw. gefälschte Daten zu seiner Verschuldung und anderen wirtschaftlichen Kennzahlen lieferte (Rauch et al. 2011).

19 Zur Eurokrise besonders zu empfehlen ist die Darstellung von Sinn (2015). Mody (2018) behandelt ausführlich die Vorgeschichte und den Ablauf der Eurokrise. Aktuellere Entwicklungen und vor allem die Politik der Europäischen Zentralbank werden von Homburg (2019), Sinn (2019; 2021) und Suntum (2019) diskutiert. Die politischen und historischen Hintergründe der Eurokrise werden von Sarrazin (2012) beschrieben. Eine aufschlussreiche Darstellung der politischen Manöver zur Durchsetzung der Eurorettung in Deutschland liefern die beiden Insider Klaus-Peter Willsch und Christian Raap (2015), der eine ein Bundestagsabgeordneter der CDU, der andere sein Mitarbeiter.

20 Bundesministerium der Finanzen (2021b).

21 Interessanterweise unterliegt der ESM *nicht* der Bankenaufsicht.

22 In Abweichung vom Gründungsvertrag kann der ESM seit Ende 2014 Banken *unmittelbar* unterstützen, also ohne den »Umweg« über deren Heimatstaaten; das hat für diese den Vorteil, dass sich ihr Schuldenstand durch derartige Hilfen nicht erhöht.

23 ESM (2022).

24 Diese Bestimmung findet sich schon als Artikel 104b im Vertrag von Maastricht.

25 EZB (2013).

26 Im Gegensatz dazu waren sowohl das Programm für Wertpapiermärkte als auch die OMTs grundsätzlich als geldmengenneutral konzipiert, da die durch diese Programme bewirkten Geldmengenerhöhungen durch eine anderweitige Verringerung der Geldmenge kompensiert werden sollten.

27 EZB (2021a, S. S2).

28 EZB (2010b, S. 3; 2020b, S. 1).

29 EZB (2010a, S. 249; 2020a).

30 Eurostat (2022b). Die Wachstumsrate des Bruttoinlandsprodukts der Eurozone bezieht sich auf die 19 EU-Mitglieder, die seit 2015 Mitglied der Eurozone sind. Das gilt auch für die Jahre vor 2015.

31 Da sich das reale Wachstum von 14,9% von Anfang 2010 bis Ende 2019 auf das Bruttoinlandsprodukt aller aktuell 19 Mitglieder der Eurozone bezieht, aber in diesem Zeitraum drei Länder (nämlich Estland, Lettland und Litauen) der Eurozone neu beigetreten sind, wäre das erforderliche Geldmengenwachstum tatsächlich etwas höher als diese 14,9% gewesen. Schließlich mussten auch die Neumitglieder mit Geld versorgt werden. Da es sich bei diesen aber um sehr kleine Volkswirtschaften handelt, spielt dieser Effekt praktisch keine Rolle.

32 EZB (2021a, S. S4).

33 Kerber (2019). Die Klage gegen die Bankenunion vor dem Bundesverfassungsgericht wurde mit dem Urteil vom 30. Juli 2019 abgewiesen, weil angeblich keine »offensichtliche Kompetenzüberschreitung« vorliegen würde (Bundesverfassungsgericht 2019).

34 Zur Funktionsweise des Target-2-Systems vgl. Deutsche Bundesbank (2017). Beim Target-2-System handelt es sich um die 2008 eingeführte zweite Generation des Target-Systems. Im Folgenden spreche ich der Einfachheit halber immer nur vom «Target-System«. Gemeint ist dabei stets das aktuelle Target-2-System.

35 Deutsche Bundesbank(2013, S. 144).

36 Deutsche Bundesbank (2015, S. 74).

37 Deutsche Bundesbank (2020, S. 42). Im Zuge der Coronakrise nahmen sowohl die Geldmenge als auch die Target-Forderungen der Bundesbank weiter zu; die aktuellen Zahlen finden sich deshalb im Abschnitt über die Coronakrise.

38 Für Deutschland ergeben sich aus dem hohen Target-Saldo auch dann Verlustrisiken, wenn es nicht zu einem Euroaustritt von

Schuldnerländern oder einem Zusammenbruch des Eurosystems kommt. Auf diese kann hier nicht näher eingegangen werden (vgl. dazu Sinn 2019).

Anmerkungen zu Kapitel 2

39 An dieser Stelle sei mir ein wenig Eigenwerbung erlaubt. In Söllner (2019) diskutiere ich ausführlich und allgemeinverständlich aus ökonomischer Sicht die Ursachen der Flüchtlingskrise und ihre Folgen für Deutschland. Bei der Darstellung der Flüchtlingskrise beziehe ich mich vor allem auf dieses Buch. Speziell mit den Auswirkungen der Masseneinwanderung auf den Sozialstaat und mit den politischen Hintergründen der Flüchtlingskrise beschäftigen sich Schwarz (2017) und Sieferle (2018). Das Phänomen der Migration im Allgemeinen behandelt Collier (2014). Sarrazin (2020) analysiert die Migrationsprobleme der Gegenwart vor dem Hintergrund historischer Wanderungsprozesse.

40 Die Flüchtlingskrise betrifft, wie der Name schon sagt, nur die Zuwanderung von Flüchtlingen, nicht die Migration im Allgemeinen. *Migranten* bzw. Zuwanderer können zum einen *Einwanderer* sein; dann handelt es sich um eine vom Zielland gesteuerte und kontrollierte Migration. Zum anderen können *Flüchtlinge* zuwandern; in diesem Fall erfolgt die Migration ungesteuert bzw. unkontrolliert. Flüchtlinge können entweder einen Asylgrund haben; dann gelten sie als *Asylberechtigte*. Oder sie machen sich aufgrund von Armut und wirtschaftlicher Not in ihren Heimatländern auf den Weg, dann handelt es sich um *Wirtschaftsflüchtlinge*.

41 Die Zahl der Erstanträge auf Asyl, die für in Deutschland geborene Personen im Alter von unter einem Jahr gestellt wurden, werden erst ab dem Jahr 2018 gesondert ausgewiesen.

42 BAMF (2022, S. 17).

43 BAMF (2022, S. 20, 24).

44 Selbst wenn man die hier geborenen Antragsteller herausrechnet, war 2021 die verbleibende Zahl fast drei Mal so hoch wie die Gesamtzahl aus dem Jahr 2010. Im Übrigen macht es für die Größe der Flüchtlingspopulation in Deutschland keinen Unterschied, ob sie durch einen Grenzübertritt oder eine Geburt zunimmt.

45 Deutscher Bundestag (2018a; 2019; 2020), Trimborn (2021). Anfra-

gen beim BAMF und beim Auswärtigen Amt zu Zahlen für das Jahr 2021 blieben leider unbeantwortet.

46 BAMF (2022, S. 17).

47 World Bank (2022).

48 Die Bezeichnung »Deluxe-Asylrecht« stammt von dem Verwaltungsrichter und Asylrechtsexperten Jan Bergmann (Klingst 2016).

49 Bundesverfassungsgericht (2012).

50 Im Jahr 2021 betrug der durchschnittliche Zahlungsanspruch eines »erwerbsfähigen Leistungsberechtigten im Kontext Fluchtmigration« € 688 pro Monat, also € 8.256 pro Jahr (Quelle: Sonderauswertung der Bundesagentur für Arbeit vom 21. März 2022).

51 BAMF (2021a, S. 63). Auch in den Vorjahren lag die Klagequote immer bei ca. 75%.

52 Im Folgenden erwähne ich nur die legalen Wege; daneben gibt es natürlich auch noch die Möglichkeit des »Untertauchens«.

53 Statistisches Bundesamt (2021e).

54 Europäischer Gerichtshof für Menschenrechte (2012).

55 Es stimmt *nicht*, dass keine Grenzöffnung stattfand, weil die Grenze ohnehin offen gewesen sei. Es gab zwar Reisefreiheit und offene Grenzen – aber nur für EU-Bürger im Rahmen des Schengener Abkommens. Für Nicht-EU-Ausländer war die Grenze vor jenem fatalen Tag im September 2015 geschlossen in dem Sinn, dass sie nur mit einem Visum oder einem anderen Aufenthaltstitel einreisen durften.

56 Papier (2019, S. 53–59), Vosgerau (2018).

57 Deutscher Bundesrat (2017, S. 39; 2018, S. 36; 2019, S. 36; 2020, S. 39; 2021, S. 40).

58 Vgl. für eine Schätzung der Kosten von 2015 bis 2020 Pellack (2020).

59 Bundeskriminalamt (2021, S. 9), Statistisches Bundesamt (2021e).

60 Von den *volljährigen* Asylerstantragstellern des ersten Halbjahres 2021 (des Jahres 2017), die Fragen zum Schulbesuch bzw. zur Berufstätigkeit beantworteten, hatten 32,1% (30,5%) als höchste Bildungseinrichtung eine Grundschule (!) besucht und 31,8% (32,6%) waren in ihrem Herkunftsland nicht berufstätig gewesen. Von den berufstätig gewesenen Flüchtlingen übten 37,7% (45,8%) einfache Tätigkeiten in den Bereichen Handwerk, Lagerhaltung, Dienstleistungen, Land- und Forstwirtschaft und Baugewerbe aus; Techniker und Ingenieure waren nur 3,1% (5,6%) (Schmidt 2018; Heß 2021).

Wie man sieht, hat sich an der schlechten Qualifikation der Flüchtlinge im Zeitablauf nichts geändert.

61 Die SGB-II-Leistungen umfassen das Arbeitslosengeld II (Hartz IV) und das Sozialgeld. Die Flüchtlinge aus den acht Asylhauptherkunftsländern hatten z. B. im Oktober 2021 eine Beschäftigungsquote von nur 40,9% (darunter fast ein Siebtel nicht sozialversicherungspflichtig Beschäftigte), eine Arbeitslosenquote von ebenfalls 40,9% und eine SGB-II-Quote von 50,7% (Bundesagentur für Arbeit 2022). Seit Beginn der Flüchtlingskrise hat sich bis auf den heutigen Tag an der Größenordnung dieser drei Quoten kaum etwas geändert.

62 Klauk (2019). Der Intelligenzunterschied beträgt fast eine Standardabweichung (was in der Statistik einen großen Unterschied bedeutet).

63 Das ist eines der Standardergebnisse der Migrationsökonomie (vgl. Söllner 2019, Kap. 2).

64 Söllner (2018).

65 Das macht sich schon heute bei den Leistungen nach SGB II bemerkbar. Flüchtlinge hatten zum 31. Dezember 2020 einen Anteil von 2,2% an der Gesamtbevölkerung, aber auf sie entfielen im Jahr 2020 18,2% (!) der gesamten Ansprüche auf Arbeitslosengeld II und Sozialgeld (Quelle: Sonderauswertung der Bundesagentur für Arbeit vom 21. April 2021).

66 Manthei und Raffelhüschen (2018).

67 Die Zahl 1,92 Millionen ist die Summe aller zwischen 2015 bis 2021 gestellten Erstanträge auf Asyl. Davon müsste eigentlich die Zahl derjenigen Antragsteller abgezogen werden, deren Asylantrag rechtskräftig abgelehnt wurde *und* die tatsächlich abgeschoben wurden. Auf der anderen Seite müsste man die Zahl der Familiennachzügler hinzuzählen. Diese beiden Zahlen dürften in etwa dieselbe Größenordnung haben, sodass von ihrer Berücksichtigung abgesehen wurde.

68 Zum 31. Dezember 2021 belief sich die gesamte Staatsverschuldung auf € 2.319,8 Milliarden (Statistisches Bundesamt 2022b).

69 Statistisches Bundesamt (2021e).

70 Statistisches Bundesamt (2021a).

71 Vgl. z. B. Alesina und La Ferrara (2005).

72 Alesina et al. (2019).

73 Vgl. Fritze (2022) und vor allem Mueller (2009).

74 Fritze (2022, S. 34).

75 O.V. (2016).

76 SPD et al. (2021, S. 137–142).

77 Thelitz (2022).

78 Vgl. z. B. Paulwitz (2022a), Schälter (2022), Stein (2022).

79 O.V. (2022c).

80 Paulwitz (2022a).

81 Söllner (2019, Kap. 7).

82 Verfassungsrechtlich möglich wäre eine solche Obergrenze ohne Weiteres (Vosgerau 2018, S. 186–188).

Anmerkungen zu Kapitel 3

83 Einen sehr guten und allgemein verständlichen Überblick über die Problematik des Klimawandels bieten Graedel und Crutzen (1996).

84 Es gibt neben CO_2 weitere Treibhausgase, wie z. B. Methan (CH_4), Lachgas (N_2O) oder Fluorkohlenwasserstoffe (FCKWs). Da aber CO_2 mit großem Abstand am meisten zum anthropogenen Treibhauseffekt beiträgt, sollen die anderen Treibhausgase im Folgenden vernachlässigt werden.

85 Vgl. zur herrschenden Lehre vor allem die Berichte des IPCC (2015; 2019; 2022). Den klimawissenschaftlichen Konsens in Frage stellen z. B. Vahrenholt und Lüning (2012; 2020), Böttiger (2021, S. 106–117) oder Happer (2021). Letzterer, ein Physikprofessor emeritus der Princeton University, hält den Anstieg der CO_2-Konzentration nicht nur für unschädlich, sondern sogar für vorteilhaft, da er das Pflanzenwachstum begünstige.

86 Die deutsche Fassung des Vertragstextes findet sich im Amtsblatt der Europäischen Union (2016).

87 Europäische Kommission (2021c).

88 Vielleicht ist das auch der Grund, warum über diese Krise relativ wenig publiziert wurde. Einen guten Überblick über die Hintergründe und Probleme des Atomausstiegs geben Hennig und Wendt (2021); die politischen Überlegungen, die zum Atomausstieg geführt haben, zeichnet Kloepfer (2021) nach.

89 Kloepfer (2021).

90 Bundesregierung (2011).

91 Bundesverwaltungsgericht (2013a; 2013b).

92 Bundesverfassungsgericht (2016).

93 Bundesverfassungsgericht (2017).

94 Bundesregierung (2017).

95 Pinzler (2020).

96 Bundesverfassungsgericht (2020a)

97 Bünder at al. (2021).

98 Fraunhofer-ISE (2022). Die Nettostromerzeugung ist die Strommenge, die von den Kraftwerken ins Netz eingespeist wird. Die Bruttostromerzeugung ist die Summe aus Nettostromerzeugung und der von den Kraftwerken selbst verbrauchten Strommenge.

99 Farnung (2021). Per Saldo hat Deutschland zwar seit 2003 jedes Jahr mehr Strom exportiert, als es importiert hat. Trotzdem hat die Abhängigkeit von Stromimporten regional und zu bestimmten Zeiten zugenommen – nämlich in den Regionen und zu den Zeiten, in denen nicht genügend Strom aus erneuerbaren Energien zur Verfügung steht. Aufgrund fehlender Stromspeicher vermag daran eine Überschussproduktion zu anderen Zeiten, die dann exportiert werden muss, nichts zu ändern.

100 Das Klimasystem ist homöostatisch, tendiert also immer zu einem Gleichgewicht. Dieses Gleichgewicht kann sich im Lauf der Zeit zwar ändern, aber das Klima selbst kann keine Krise haben. Es gibt deshalb keine »Klimakrise«, sondern nur eine durch den Klimawandel ausgelöste Krise der Klima- und Umweltpolitik. Nur in diesem Sinne sollte der Ausdruck »Klimakrise« verstanden werden.

101 Europäische Kommission (2019b, S. 2).

102 Europäische Kommission (2019a).

103 Europäische Kommission (2021a).

104 Europäische Kommission (2021e).

105 Bundesverfassungsgericht (2021a). Für eine kritische Analyse aus naturwissenschaftlicher Sicht vgl. vor allem Vahrenholt und Lüning (2021).

106 Bundesregierung (2021).

107 SPD et al. (2021, S. 51–63).

108 Vgl. z. B. Pindyck (2020).

109 Thess (2022, S. 45).

110 Vehlken et al. (2015, S. 186).

111 IPCC (2019, S. 77, 157–158, 272–273, 387–391).

112 Bei Pritzl und Söllner (2021) findet sich eine umfassende ökonomische Analyse der aktuellen deutschen und europäischen Klimapolitik, auf die auch im Folgenden Bezug genommen wird. Ausführlich wird das Klimaproblem aus ökonomischer Sicht analysiert von Tol (2019).

113 Nordhaus (2018, S. 353; 2019, S. 2002). Ein Plädoyer für eine maßvolle und vernünftige Klimapolitik findet sich auch bei Lomborg (2020), der die einseitige Konzentration auf Emissionsreduktion kritisiert. An dieser Stelle sei angemerkt, dass es eigentlich gar keinen Ökonomie-Nobelpreis gibt. Die so genannte Auszeichnung wurde nämlich nicht von Alfred Nobel, sondern erst im Jahr 1968 von der Schwedischen Reichsbank gestiftet und sollte korrekterweise »Schwedische-Reichsbank-Preis« heißen.

114 Bundesministerium für Umwelt, Naturschutz und nukleare Sicherheit (2021, S. 14).

115 CO_2-Abgabe (2019, S. 10).

116 Weimann (2020, S. 894).

117 Bundesverband der Deutschen Industrie (2020), Weimann (2019).

118 Bundesrechnungshof (2021c, S. 47).

119 Vgl. z. B. Bundesrechnungshof (2021c).

120 Wissenschaftlicher Beirat beim Bundesministerium für Wirtschaft und Energie (2019, S. 10).

121 Vgl. z. B. SVR (2019), Wissenschaftlicher Beirat beim Bundesministerium für Wirtschaft und Arbeit (2004), Wissenschaftlicher Beirat beim Bundesministerium für Wirtschaft und Energie (2016).

122 Bundesrechnungshof (2022, S. 7).

123 O.V. (2019b).

124 SPD et al. (2021, S. 51–63).

125 Burret et al. (2021, S. 159).

126 Europäische Kommission (2019b, S. 6; 2021a; 2021g).

127 Vgl. z. B. Dröge (2021), Quick (2020), Wissenschaftlicher Beirat beim Bundesministerium für Wirtschaft und Energie (2021).

128 Bundesverfassungsgericht (2021a, Rn. 192).

129 Vgl. z. B. die Aussagen der »Sonderbeauftragten für internationale Klimapolitik«, Jennifer Morgan (Bauchmüller und Krüger 2022).

Anmerkungen zu Kapitel 4

130 Die Literatur zum Thema »Corona« ist nunmehr fast unüberschaubar. Die »offizielle« medizinische Einschätzung kann auf den Webseiten des Robert-Koch-Instituts nachvollzogen werden; kritische medizinische bzw. epidemiologische Stimmen sind z. B. Bhakdi und Reiss (2020; 2021). Zu den ökonomischen Folgen der Krise vgl. z. B. SVR (2020; 2021); die juristischen Aspekte diskutiert z. B. Murswiek (2020; 2021b; 2021c).

131 RKI (2020, S. 2). Die älteren Einstufungen von COVID-19 finden sich im Archiv der täglichen Lageberichte des RKI.

132 RKI (2022).

133 SVR (2021, S. 27)

134 SVR (2021, S. 48; 2022, S. 52).

135 Bardt (2021).

136 Grömling und Hüther (2021).

137 SVR (2021, S. 48, 72; 2022, S. 52, 63).

138 Dieser Fonds ist aus dem im Zuge der Finanz- und Wirtschaftskrise geschaffenen Finanzmarktstabilisierungsfonds hervorgegangen und wird von der Deutschen Finanzagentur verwaltet (Finanzagentur 2021).

139 Bundesministerium der Finanzen (2021c; 2021d).

140 Bundesministerium der Finanzen (2021e). Der »Energie- und Klimafonds« wurde 2010 gegründet, um »zusätzliche Programmausgaben zur Förderung einer umweltschonenden, zuverlässigen und bezahlbaren Energieversorgung sowie zum Klimaschutz« zu finanzieren (Bundesministerium der Finanzen 2021a, S. 1).

141 Bundesministerium der Finanzen (2022a, S. 57). In der genannten Nettoneuverschuldung sind die € 60 Milliarden für den Energie- und Klimafonds enthalten.

142 Bundesministerium der Finanzen (2022b, S. 7). Diese Neuverschuldung ist nur zum Teil durch die Coronakrise bedingt, zum anderen, kleineren Teil durch das »Entlastungspaket«, mit dem die Folgen des Energiepreisanstiegs aufgrund des Ukraine-Krieges abgemildert werden sollen. Ende 2021 plante die Bundesregierung noch mit einer Neuverschuldung in Höhe von € 81,5 Milliarden.

143 O.V. (2022d).

144 Europäische Kommission (2021b).

145 Europäische Kommission (2021e).

146 Dieser Betrag ist »in Preisen von 2018« zu verstehen. Da die Kredite nicht sofort aufgenommen werden müssen, sondern dafür bis Ende 2026 Zeit ist, wird der Betrag der ausstehenden Kreditermächtigung jedes Jahr automatisch um 2% erhöht. Folglich wird die gesamte Kreditaufnahme nominal deutlich höher ausfallen als die genannten € 750 Milliarden (Heinemann 2021, S. 135–137).

147 Kerber (2021a, S. 75–83).

148 Bundesrechnungshof (2021b, S. 13).

149 Bundesrechnungshof (2021b, S. 21).

150 Vgl. zum Folgenden Deutsche Bundesbank (2021a; 2021c), EZB (2021d).

151 Eurostat (2022b), EZB (2021c; 2022b).

152 EZB (2021b; 2022a).

153 Deutsche Bundesbank (2021b, S. 44; 2022, S. 48). »Höchststand« bezieht sich auf den bilanziellen Jahresendstand. Die Target-Forderungen wären noch höher ausgefallen, wenn es nicht die umfangreichen Hilfsprogramme der EU gegeben hätte. Gewissermaßen wurden die Überziehungskredite des Target-Systems teilweise durch fiskalische Kredite bzw. Transfers ersetzt (vgl. dazu z. B. Sinn 2021, S. 77–78).

154 Zu den Einzelheiten der geldpolitischen Maßnahmen der EZB im Verlauf der Coronakrise vgl. Sinn (2021, S. 133–138).

155 RKI (2022).

156 Bhakdi und Reiss (2020, S. 32).

157 Statistisches Bundesamt (2021d).

158 Streeck et al. (2020).

159 Rommel et al. (2021, S. 150). Die Autoren betonen aber, dass diese Einschätzung nur eine vorläufige ist und im Lauf der weiteren Pandemieentwicklung unter Umständen revidiert werden muss. Es sei darauf hingewiesen, dass sieben der acht Autoren dieser Studie Mitarbeiter des Robert-Koch-Instituts sind.

160 RKI (2022).

161 Statistisches Bundesamt (2021d).

162 Statistisches Bundesamt (2021d; 2022a).

163 Statistisches Bundesamt (2022d).

164 Vgl. z. B. Bodderas et al. (2022).

165 Für die aktuellen Daten zur Übersterblichkeit vgl. Statistisches Bundesamt (2022f).

166 Kritisch zu diesem Argument und zum Management der Intensivbetten im Allgemeinen äußern sich Schrappe et al. (2021). Auf die erwähnten Fehlanreize und die Geldverschwendung im Zusammenhang mit der Subventionierung von Intensivbetten weist auch der Bundesrechnungshof (2021a) hin.

167 Es wird von Seiten der Politik häufig behauptet, dieser Vergleich sei irreführend, weil Schweden dünner besiedelt sei als Deutschland. Dies stimmt zwar, doch epidemiologisch relevant ist nicht die Bevölkerungsdichte, sondern der Urbanisierungsgrad, also der Anteil der Bevölkerung, der in Städten lebt. Und diesbezüglich sind Deutschland und Schweden sehr wohl vergleichbar.

168 Ioannides (2021a; 2021b).

169 Bhakdi und Reiss (2020, S. 131–163), Paul-Ehrlich-Institut (2022b), Seneff et al. (2022). Bei einer bedingten Zulassung sind die Impfstoffanbieter dazu verpflichtet, weitere klinische Studien durchzuführen – nicht zuletzt, um mögliche langfristige Nebenwirkungen identifizieren zu können. Die mRNA-Impfstoffe waren so neu, dass man eigens das Arzneimittelgesetz ändern und in § 4 Absatz 4 die Definition von Impfstoffen neu formulieren musste, um diese Substanzen überhaupt als Impfstoffe vermarkten zu können.

170 Seneff et al. (2022, S. 1). Meine Übersetzung, F.S.

171 Kulldorf et al. (2020).

172 Hier geht es um die sogenannte »CT-Rate« (»Cycle Threshold«), die von Labor zu Labor unterschiedlich sein kann. Je höher diese CT-Rate ist, desto größer ist die Wahrscheinlichkeit, dass das Testergebnis auch dann positiv ausfällt, wenn aus medizinischer Sicht gar keine Infektion vorliegt (vgl. WHO 2020, S. 6). Zu den Details des in Deutschland am häufigsten verwendeten Tests vgl. Corman et al. (2020).

173 Ich habe eine Aussage von Mullis übersetzt, die man in folgendem Video finden kann: https://www.youtube.com/watch?v=MwJuqtqSFyg.

174 Bhakdi und Reiss (2021, S. 15).

175 Homburg (2020a; 2020b), Kuhbandner et al. (2022).

176 Homburg (2020b).

177 Bendavid et al. (2021); vgl. auch Savaris et al. (2021).

178 Agrawal et al. (2021).

179 Herby et al. (2022, S. 2). Meine Übersetzung, F.S.

180 Hoyer et al. (2021, S. 16).

181 Murswiek (2021b, S. 11).

182 RKI (2019, S. 47).

183 Vgl. zum Folgenden vor allem Murswiek (2021b).

184 Kissler (2020).

185 Murswiek (2021b, S. 15).

186 Verwaltungsgerichtshof München (2021). Selbstverständlich ist die bayerische Staatsregierung gegen diesen Beschluss in Revision beim Bundesverwaltungsgericht in Leipzig gegangen.

187 Oberverwaltungsgericht Lüneburg (2021a).

188 Murswiek (2021b, S. 2).

189 Vgl. zum Folgenden vor allem Murswiek (2021c).

190 Murswiek (2021c, S. 107).

191 Vgl. z. B. McAllister et al. (2021).

192 Paul-Ehrlich-Institut (2022b), Seneff et al. (2022).

193 Murswiek (2021c, S. 111).

194 Kerber (2021b).

Anmerkungen zu Kapitel 5

195 Wer mehr über dieses Thema wissen möchte, dem sei das allgemein verständliche Lehrbuch Issing (2011) empfohlen. An dieser Stelle möchte ich bei allen Kollegen aus der Geldtheorie und Geldpolitik um Verständnis für meine sehr stark vereinfachende Darstellung bitten.

196 Dass die jährliche Inflationsrate 15% und nicht etwa 20% betragen würde, ist dem Zinseszinseffekt geschuldet: $1{,}15^5 \approx 2$.

197 Der Zusammenhang zwischen Geldmenge (M), Geldumlaufgeschwindigkeit (V), realem Bruttoinlandsprodukt (Y) und Preisniveau (P) wird durch die Quantitätsgleichung des Geldes beschrieben: $M \times V = Y \times P$.

198 Statistisches Bundesamt (2022c). Die Entwicklung in anderen Ländern der Eurozone verläuft ähnlich (Eurostat 2022a).

199 Wenn z. B. der Kurs einer Anleihe, die mit 5% verzinst wird, von 100% des Nennwerts auf 90% des Nennwerts fällt, dann steigt deren Rendite von 5% auf 5,6%. Eine 100-Euro-Anleihe würde dann nicht mehr € 100, sondern nur noch € 90 kosten und die jährliche Zinszahlung von € 5 entspricht 5,6% von € 90.

200 Statistisches Bundesamt (2022e).

201 SVR (2020, S. 132).
202 EZB (2021e).
203 $1{,}02^6 \approx 1{,}126$.
204 $1{,}02^{35} \approx 2$.
205 Dieser schon seit (mindestens) dem 18. Jahrhundert bekannte Zusammenhang wurde in dieser Form zum ersten Mal 1963 von dem bekannten amerikanischen Ökonomen Milton Friedman formuliert.
206 Mit »übermäßig« ist gemeint: übermäßig im Verhältnis zum realen Wirtschaftswachstum.
207 SVR (2022, S. 19, 52)
208 Metzger (2021, S. 54).

Anmerkung zur Einleitung von Teil 2

209 Chomsky (2011, S. 78). Meine Übersetzung, F.S.

Anmerkungen zu Kapitel 6

210 Europäischer Gerichtshof (2017).
211 Europäische Kommission (2021d).
212 Lauterbach (2020).
213 Vosgerau (2018).
214 Bundesrechnungshof (2020).
215 Vgl. z. B. Bundesrechnungshof (2021c).
216 Franke (2020, S. 36–37).
217 Dieser Meinung sind viele Staatsrechtler und auch Kay Scheller, der Präsident des Bundesrechnungshofes (Schäfers 2021).
218 EZB (2021e).
219 Zitiert nach Franke (2020, S. 38).
220 Zitiert nach Willsch (2019).
221 Kerber (2021a, S. 122)
222 Ich spreche im Folgenden vom europäischen »Zentralstaat«. Damit meine ich nicht, dass der zukünftige europäische Staat zentralistisch organisiert sein muss. Es kann sich auch, zumindest de jure, um eine Föderation handeln. Ich verwende den Begriff »Zentralstaat« nur in dem Sinn, dass die Europäische Union zu einem Staat aus Sicht des Völkerrechts wird und dass die bisherigen Mitgliedstaaten ihre Staatseigenschaft verlieren, die in Brüssel sozusagen »zentralisiert« wird.

223 O.V. (2020a).

224 Vaubel (2010, S. 320)

225 Vgl. auch Klaus und Weigl (2016, S. 55–60)

226 Koch (1999).

227 Vosgerau (2018, S. 50).

228 Vosgerau (2021)

229 Deutsche Bundesbank (2022, S. 48).

230 SPD et al. (2021, S. 132).

231 Vgl. zum Folgenden z. B. Franke (2021, S. 174–181) und Kerber (2019; 2021b).

232 Bundesverfassungsgericht (2020c).

233 Murswiek (2021a, S. 24).

234 Bundesverfassungsgericht (2009)

235 Murswiek (2021a, S. 24).

236 Europäische Kommission (2021f).

237 Vgl. z. B. Geiger (2022), Kafsack und Mussler (2022), Kirst (2022).

238 Vgl. z. B. Ladurner (2022), o.V. (2022e).

239 Vgl. z. B. Langowski (2022).

240 Für einen diesbezüglichen Vorschlag der EZB vgl. Bindseil (2020). Vgl. dazu auch die Kritik von Seidl (2020, S. 31–32) und von Sinn (2021, S. 289–315).

241 Bundesinstitut für Bau-, Stadt- und Raumforschung (2017). Auf diese Studie wurde ich durch Franke (2021, S. 266) aufmerksam.

242 Bundesinstitut für Bau-, Stadt- und Raumforschung (2017, S. 43).

243 Die ökonomische Theorie der Bürokratie analysiert das Eigeninteresse von Bürokraten und deren Bemühen um Vergrößerung ihrer Budgets und ihres Einflusses. Vgl. vor allem Tullock (1965), Downs (1967) und Niskanen (1971).

244 Kerber (2021a, S. 60).

245 Ich verdanke den Hinweis auf die »Operation Northwoods« Thomas Bargatzky und dessen Buch über den »neuen Kalten Krieg« (Bargatzky 2020), das ich an dieser Stelle nachdrücklich jedem empfehle, der an den weltpolitischen Entwicklungen der letzten Jahrzehnte und der Rolle von USA und NATO darin interessiert ist. Der fiktive Pressebericht ist eine, von mir leicht abgewandelte, Passage auf Seite 17 dieses Buches.

246 Vgl. dazu ausführlich Kapitel 7 und die dort zitierten Quellen.

Anmerkungen zu Kapitel 7

247 Rossi (2005, S. 120). Meine Übersetzung, F.S.

248 Zur »Kette der Responsivität« vgl. Powell (2004).

249 Vgl. die von Wagener (2021, S. 319–323) zitierten Meinungsumfragen.

250 Vgl. z. B. infratest dimap (2021, S. 9).

251 Infratest dimap (2022, S. 9).

252 Hassencamp (2020), Kirchner (2021).

253 Siedenbiedel (2021).

254 Fritze (2020, S. 15).

255 Fritze (2020, S. 58).

256 Vgl. z. B. Arnim (2017, S. 166–168), Mai (2021, S. 160–162).

257 Wagener (2021, S. 131–252) analysiert ausführlich sowohl die Positionen und die Politik des Bundesamts für Verfassungsschutz als auch die Vorgänge um die Ablösung von Hans-Georg Maaßen.

258 Vgl. zum Folgenden z. B. Franke (2021, S. 170–196).

259 Berthold (2021).

260 Bundesverfassungsgericht (2021a).

261 Bundesverfassungsgericht (2021b).

262 Berthold (2021).

263 Bundesverfassungsgericht (2021c). Vgl. kritisch dazu Vahrenholt und Lüning (2021).

264 Keilani (2021).

265 Kerber (2021a, S. 164).

266 Vgl. z. B. Amtmann (2021).

267 Vgl. zum Folgenden z. B. Franke (2021, S. 170–196).

268 Alexander (2020).

269 Papier (2021, S. 46–48), Verwaltungsgerichtshof München (2021), Oberverwaltungsgericht Lüneburg (2021a).

270 O.V. (2021a).

271 Oberverwaltungsgericht Lüneburg (2021b).

272 Lütge und Esfeld (2021, S. 44–47).

273 Stolze (2022).

274 Betriebsverfassungsrechtlich zählen diese Unternehmen zu den »Tendenzbetrieben«.

275 Sarrazin (2021a, S. 141–143; 2021c, S. 156–157).

276 Vosgerau (2018, S. 106).

277 Hanfeld (2020).

278 O.V. (2011).

279 Bargatzky (2022).

280 Vgl. z. B. Fratzscher und Junker (2015). Die überoptimistischen Ergebnisse dieser Autoren sind zum Großteil auf die erheblichen methodischen Mängel ihrer Studie zurückzuführen.

281 Sinn (2019).

282 Vgl. z. B. Lütge und Esfeld (2021, Kap. 6) und Storch (2021).

283 Ähnliche Strategien werden auch in anderen Ländern angewandt. So fand in den USA und Großbritannien eine massive Medienkampagne gegen die Autoren der »Great Barrington«-Erklärung (vgl. Kapitel 4) statt, mit der diese Wissenschaftler diskreditiert und mundtot gemacht werden sollten (Bhattacharya und Kulldorff, 2022).

284 Dieses Vorgehen der Regierung wird z. B. von Benner (2021) und Hermann (2021) dokumentiert.

285 Es lassen sich weitere Beispiele für gezielte Falschmeldungen während der Coronakrise nennen. So verbreitete das Bundesgesundheitsministerium am 7. Juni 2021 per Twitter folgende Meldung: »Eine Impfpflicht wird es nicht geben. Nachrichten und Beiträge, die etwas anderes behaupten, sind falsch.« Nur nebenbei sei angemerkt, dass die Politik kein Monopol auf die Verbreitung von Lügen hat. Auch die Medien sind diesbezüglich keine Unschuldslämmer. Man denke nur an die Lügengeschichten von Claas Relotius im Spiegel.

286 O.V. (2021b).

287 Kröning und Röhn (2021).

288 Stadtverwaltung Weimar (2021).

289 Paul-Ehrlich-Institut (2021).

290 Paul-Ehrlich-Institut (2022a).

291 Barišić (2020).

292 Gräf und Hennig (2020).

293 Gräf und Hennig (2020, S. 17).

294 Noelle-Neumann (2001).

295 Vgl. dazu auch Sarrazin (2021a, S. 129–134) und Vosgerau (2018, S. 114–117).

296 Vgl. z. B. Vonderach (2020, insbesondere S. 66–67) und Sarrazin (2021b, S. 275–281).

297 Vgl. zum Folgenden vor allem Wagener (2021, S. 173–187).

298 Ich möchte betonen, dass »rechtsextrem« und »rechtsradikal« nicht dasselbe sind, obwohl diese Attribute in der öffentlichen Diskussion immer und in der Politikwissenschaft manchmal gleichgesetzt werden. Rechtsradikal ist, wer rechte Positionen konsequent und kompromisslos vertritt; dadurch ist man noch nicht rechtsextrem.

299 Wagener (2021, S. 178).

300 Vgl. zum Folgenden Scholdt (2020) und Wagener (2021, S. 181–185).

301 Zitiert nach Scholdt (2020, S. 9).

302 Harms (2021).

303 Ich verkenne keineswegs die zwischen den genannten Medien bestehenden Unterschiede – hinsichtlich Stil, Inhalt, Qualität und politischer Orientierung. Allen gemein ist aber, dass sie sich nicht scheuen, auch Kritiker der Regierungspolitik ausführlich zu Wort kommen zu lassen. Im Übrigen ist meine Aufzählung nur eine beispielhafte und keine abschließende.

304 Rydlink (2020).

305 Bodderas und Röhn (2022).

306 Sarrazin (2021a, S. 49–116), Vosgerau (2018, S. 111–150, 176–185).

307 Die Ergebnisse der Untersuchung von Klauk (2019) wurden ausführlich in Heft 2/2020 der Zeitschrift Wirtschaftspsychologie diskutiert; vgl. vor allem Söllner (2020). Zur Bedeutung der kognitiven Kompetenz der Bevölkerung für die wirtschaftliche Entwicklung vgl. Rindermann (2018).

308 O.V. 2019a.

309 Nussbaum und Langner (2019).

310 Ich spreche aus eigener Erfahrung.

311 Um nur ein Beispiel zu nennen: Im Juni 2021 brachte der Bayerische Rundfunk in seinem Nachrichtenprogramm B5 aktuell eine Sondersendung zum Schlussbericht des Wirecard-Untersuchungsausschusses des Bundestages. Die sachliche, ergebnisorientierte Arbeit des Ausschusses wurde gelobt und es wurden Ausschussmitglieder von SPD, Grünen und Linken interviewt. Nicht erwähnt wurde, dass der Ausschuss von dem AfD-Abgeordneten Kay Gottschalk geleitet wurde – geschweige denn, dass dieser zu Wort gekommen wäre.

312 Roose (2021, S. 88).

313 Vosgerau (2018, S. 154–155).

314 Rössler (2021).

315 Bundesregierung (2020, S. 2)

316 Bundesregierung (2020, S. 3).
317 SPD et al. (2021, S. 107).
318 Vgl. z. B. o.V. (2020b), Paulwitz (2022b).
319 O.V. (2022b).
320 Vgl. vor allem Wagener (2021, S. 188–238).
321 Wagener (2021, S. 219–228).
322 Verwaltungsgericht Köln (2019; 2021).
323 Verwaltungsgericht Köln (2022). Bei dieser Quelle handelt es sich um die Pressemitteilung des Gerichts zum Urteil. Das vollständige Urteil mit der Urteilsbegründung war bis Mitte April 2022 noch nicht veröffentlicht.
324 Vgl. dazu z. B. Wagener (2022).
325 Zitiert nach Wagener (2022).
326 Bundesamt für Verfassungsschutz (2021). Das »seine« in der zitierten Passage ist grammatikalisch nicht korrekt; es müsste »ihre« heißen.
327 Steinwandter und Schwarz (2021).
328 Wagener (2021).
329 Fritze (2020, S. 252–253).
330 O.V. (2022a).

Anmerkungen zu Kapitel 8

331 Hayek (1981, S. 91).
332 Hayek war damals in London tätig und schrieb das Buch unter dem Titel »The Road to Serfdom« in Englisch. Ich zitiere im Folgenden die deutsche Ausgabe (Hayek 1982).
333 Während der Kanzlerschaft Angela Merkels ist die Union so weit nach links gewandert, dass sie heute von der SPD in programmatischer Hinsicht praktisch nicht zu unterscheiden ist. Auch die FDP hat sich dem Zeitgeist angepasst und hat spätestens mit ihrer Unterschrift unter den Koalitionsvertrag viele liberale Positionen geräumt, die sie aber auch schon vorher nur halbherzig vertreten hat (vgl. z. B. Sarrazin 2021c, S. 36–37, 60–61).
334 Weber (1919, S. 56).
335 Weber (1919, S. 57).
336 Weber (1919, S. 57).
337 Lübbe (2019).

338 Lübbe (2019, S. 54).
339 Lübbe (2019, S. 7).
340 Lübbe (2019, S. 102).
341 Lübbe (2019, S. 5).
342 Lübbe (2019, S. 120).
343 Dies tun z. B. Sarrazin (2021a, S. 39) und Sieferle (2018, 70).
344 Sieferle (2018, S. 70).
345 Hayek (1982, S. 109).
346 Hayek (1982, S. 158).
347 Hayek (1982, S. 109).
348 Sarrazin (2021a, S. 226–338) diskutiert ausführlich die Auswüchse des Egalitarismus.
349 Vereinte Nationen (2019, S. 4).
350 Die Linke (2021, S. 113).
351 Wagener (2021, S. 18).
352 Schwarz (2017, S. 200).
353 Schwarz (2017, S. 198).
354 Bundesverfassungsgericht (2012).
355 Bundesverfassungsgericht (2020b).
356 Janisch (2020).
357 Sieferle (2018, S. 80–89).
358 Sieferle (2018, S. 81).
359 SVR (2021, S. 72; 2022, S. 63).
360 Osbild (2021).
361 Papier (2019, S. 180)
362 Lübbe (2019, S. 65).
363 Papier (2019, S. 25).
364 Vgl. z. B. Heinrichs (2017) und WBGU (2011).
365 Ich erinnere an das Bonmot von Winston Churchill zu diesem Thema: »Wer mit 20 nicht Sozialist ist, hat kein Herz; und wer mit 40 nicht Konservativer ist, hat kein Gehirn.«
366 Nicht ohne Grund bezeichnet Boris Palmer die Grünen als »die moralischste aller Parteien in Deutschland« (Palmer 2019, S. 18).
367 Man denke nur an den ehemaligen Bundesverkehrsminister Andreas Scheuer (CSU), der trotz des von ihm verschuldeten Debakels um die Verträge mit den PKW-Maut-Betreibern verbissen an seinem Amt festhielt.
368 Vgl. z. B. Sarrazin (2021a, S. 260–275; 2021b, S. 187–254).

369 Sieferle (2018, S. 88).
370 Buchanan (2005).
371 SPD et al. (2021, S. 75–78).
372 Fukuyama (1989).
373 Mit anderen Worten: Ich folge dem in der Ökonomie üblichen Prinzip des methodologischen Individualismus.
374 Vgl. dazu vor allem Sarrazin (2021c, S. 11–37).
375 Fritze (2020, S. 41–60).
376 Thilo Sarrazin wurde nicht nur wegen seiner Argumente und Schlussfolgerungen so sehr angefeindet, sondern auch und vor allem, weil er zur Elite gehört hat und es gewagt hat, deren ideologischen Konsens zu brechen.
377 SPD et al. (2021, S. 124).
378 Franke (2021, S. 204–205).
379 Deutscher Bundestag (2018b).
380 Gallina (2021).
381 Mäckler (2022).
382 Franke (2021, S. 206).
383 Der Internetauftritt dieser Bürgerinitiative findet sich unter www.aufbruch2016.de.tl.
384 Hämmerling (2021).
385 Es gibt natürlich auch vermögende Privatpersonen bzw. Stiftungen mit einer konservativen oder liberalen Zielsetzung. Diese haben allerdings deutlich geringere Mittel als ihre neu-sozialistischen Gegenparts zur Verfügung und auch wesentlich weniger Einfluss in Politik und Medien (vgl. auch Fritze 2020, S. 43).
386 Franke (2021, S. 213).
387 Für die Aufklärung und Information zum Thema Corona gab das Bundesgesundheitsministerium allein im Jahr 2021 64,2 Millionen Euro für Anzeigen in der Presse und 28,0 Millionen Euro für Radio- und Fernsehspots aus (Deutscher Bundestag 2022, S. 9). Die direkten Zuwendungen im Rahmen der Förderung von Zeitungsverlagen wurden weiter oben schon angesprochen.
388 Söllner (2019, S. 131–136).
389 Klaus und Weigl (2016, S. 55).
390 Tolstoi (2021, Bd. 2, S. 72).
391 Roose (2021, S. 87).
392 Für die USA vgl. Ripley et al. (2019).

393 World Economic Forum (2020).

394 Polleit (2021). »WEF« steht für World Economic Forum, also für Weltwirtschaftsforum.

395 Kotkin (2020).

Anmerkungen zum Epilog

396 Kant (1975, S. 407–408).

397 Aus der Abschiedsrede im Deutschen Bundestag am 10. September 1986.

398 Vgl. z. B. Mai (2021, S. 134–137).

399 Buchanan (2005).

400 Sarrazin (2021c, S. 60).

401 Für ein Beispiel von vielen vgl. Kuhn (2021).

402 Rosenfelder (2022).

403 Deutsche Bundesbank (2022, S. 48–49). Zu den Target-Forderungen vgl. Kapitel 2. Der negative Bargeldsaldo kommt dadurch zustande, dass die Bundesbank mehr Bargeld ausgibt, als im Inland zirkuliert (Sinn 2019, S. 178–179).

404 Im Englischen entspricht dies dem Unterschied zwischen »rule of law« und »rule by law«, also zwischen der Herrschaft des Rechts und der Herrschaft durch das Recht.

405 Preckwitz (2021).

406 O.V. (2009).

407 Lübbe (2019, S. 61).

Literaturverzeichnis

Agrawal, V. et al. 2021. *The Impact of the COVID-19 Pandemic and Policy Responses on Excess Mortality.* NBER Working Paper Nr. 28930. Cambridge.

Alesina, Alberto und Eliana La Ferrara. 2005. Ethnic Diversity and Economic Performance. *Journal of Economic Literature* 43(3), 762–800.

Alesina, Alberto et al. 2019. *Immigration and Preferences for Redistribution in Europe.* IZA Discussion Paper Nr. 12130. Bonn.

Alexander, Robin. 2020. Bundesregierung kritisiert Gerichte für Urteile gegen Corona-Maßnahmen. *Welt online.* 3. Mai. https://www.welt.de/politik/deutschland/article207683597/Gekippte-Corona-Massnahmen-Bundesregierung-kritisiert-Gerichte-fuer-Urteile.html.

Amtmann, Katarina. 2021. Gesundheitsamt-Leiter nach Söders Kritik versetzt: Jetzt droht erneute Abordnung – »Reine Schikane«. *Münchner Merkur online.* 9. Juni. https://www.merkur.de/bayern/schwaben/augsburg/corona-bayern-soeder-kritik-puerner-arzt-gesundheitsamt-leiter-versetzt-muenchen-news-aktuell-zr-90791592.html.

Amtsblatt der Europäischen Union. 2016. *Übereinkommen von Paris.* 19. Oktober. https://eur-lex.europa.eu/legal-content/DE/TXT/?uri=CELEX:22016A1019(01).

Arnim, Hans Herbert von. 2017. *Die Hebel der Macht und wer sie bedient. Parteienherrschaft statt Volkssouveränität.* 2. Aufl., München: Heyne.

BAMF (Bundesamt für Migration und Flüchtlinge). 2019. *Das Bundesamt in Zahlen 2018. Asyl, Migration und Integration.* Nürnberg.

BAMF (Bundesamt für Migration und Flüchtlinge). 2020. *Das Bundesamt in Zahlen 2019. Asyl, Migration und Integration.* Nürnberg.

BAMF (Bundesamt für Migration und Flüchtlinge). 2021a. *Das Bundesamt in Zahlen 2020. Asyl, Migration und Integration.* Nürnberg.

BAMF (Bundesamt für Migration und Flüchtlinge). 2021b. *Migrationsbericht 2020.* Nürnberg.

BAMF (Bundesamt für Migration und Flüchtlinge). 2022. *Das Bundesamt in Zahlen 2021. Asyl.* Nürnberg.

Bardt, Hubertus. 2021. *Lockdown: Bis zu 50 Milliarden Euro Corona-Schäden im ersten Quartal.* IW Nachricht. 29. Dezember.

https://www.iwkoeln.de/presse/iw-nachrichten/hubertus-bardt-bis-zu-50-milliarden-euro-corona-schaeden-im-ersten-quartal.html.

Bargatzky, Thomas. 2020. *Der große Wahn. Der neue Kalte Krieg und die Illusionen des Westens*. Baden-Baden: Tectum.

Bargatzky, Thomas. 2022. Russophobie als Staatsräson? Die neue »Parteilinie« im kollektiven Westen. *Geolitico*. 1. April. https://www.geolitico.de/2022/04/01/russophobie-als-staatsrason-die-neue-parteilinie-im-kollektiven-westen/.

Barišić, Marija. 2020. ARD diskutiert über Corona-Berichterstattung. *Süddeutsche Zeitung online*. 29. November. https://www.sueddeutsche.de/medien/corona-berichterstattung-ard-wdr-1.5131452.

Bauchmüller, Michael und Paul-Anton Krüger. 2022. »Deutschland kann ein leuchtendes Beispiel sein«. *Süddeutsche Zeitung online*. 22. März. https://www.sueddeutsche.de/wissen/klimapolitik-ukraine-wasserstoff-jennifer-morgan-1.5552405?reduced=true.

Bendavid, Eran et al. 2021. Assessing Mandatory Stay-at-Home and Business Closure Effects on the Spread of COVID-19. *European Journal of Clinical Investigation* 51(4), 1–9.

Benner, Thorsten. 2021. »Die gewünschte Schockwirkung erzielen«. *Cicero online*. 5. Mai. https://www.cicero.de/innenpolitik/wissenschaft-politik-corona-drosten-kerber-spahn.

Berthold, Ronald. 2021. Dreieinigkeit im Staatsdienst. *Junge Freiheit*, Nr. 33, 13. August, 1.

Bhakdi, Sucharit und Karina Reiss. 2020. *Corona Fehlalarm? Zahlen, Daten und Hintergründe*. 9. Aufl., Berlin: Goldegg.

Bhakdi, Sucharit und Karina Reiss. 2021. *Corona Unmasked. Neue Zahlen, Daten, Hintergründe*. Berlin: Goldegg.

Bhattacharya, Jayanata und Martin Kulldorff. 2022. The Collins and Fauci Attack on Traditional Public Health. *Independent Institute*. 4. Januar. https://www.independent.org/news/article.asp?id=13941&omhide=true.

Bindseil, Ulrich. 2020. *Tired CBDC and the Financial System*. ECB Working Paper Nr. 2351. Frankfurt.

Bodderas, Elke et al. 2022. Mehr Impf-Nebenwirkungen als bisher bekannt. *Welt online*. 23. Februar. https://www.welt.de/politik/deutschland/plus237106177/Coronavirus-Mehr-Impf-Nebenwirkungen-als-bisher-bekannt.html.

Bodderas, Elke und Tim Röhn. 2022. Vorstand der BKK-ProVita ist fristlos gekündigt. *Welt online.* 1. März. https://www.welt.de/politik/deutschland/article237236519/Nach-Aussagen-zu-Impfnebenwirkungen-Vorstand-der-BKK-ProVita-ist-fristlos-gekuendigt.html.

Böttiger, Helmut. 2021. *Energie der Zukunft. Fossil, erneuerbar, oder welche Energie?* Petersberg: Imhof.

Buchanan, James M. 2005. Afraid to Be Free: Dependency as Desideratum. *Public Choice* 124(1–2), 19–31.

Bünder, Helmut et al. 2021. Bund zahlt für Atomausstieg 2,4 Milliarden Euro an Energieversorger. *Frankfurter Allgemeine Zeitung online.* 5. März. https://www.faz.net/aktuell/wirtschaft/bund-zahlt-fuer-atomausstieg-2-4-milliarden-euro-an-energieversorger-17227863.html.

Bundesagentur für Arbeit. 2022. *Migrationsmonitor (Monatszahlen). Deutschland. Januar 2022.* 3. Februar. https://view.officeapps.live.com/op/view.aspx?src=https%3A%2F%2Fstatistik.arbeitsagentur.de%2FStatistikdaten%2FDetail%2FAktuell%2Fmigrationsmonitor%2Fmigrationsmonitor%2Fmigrationsmonitor-d-0-xlsx.xlsx%3Bjsessionid%3D3D3110EE9FB837B9BD7F9802A4B6D545%3F__blob%3DpublicationFile%26v%3D1&wdOrigin=BROWSELINK.

Bundesamt für Verfassungsschutz. 2021. *Neuer Phänomenbereich »Verfassungsschutzrelevante Delegitimierung des Staates«.* 29. April. https://www.verfassungsschutz.de/SharedDocs/kurzmeldungen/DE/2021/2021-04-29-querdenker.html.

Bundesinstitut für Bau-, Stadt- und Raumforschung. 2017. *Smart City Charta. Digitale Transformation in den Kommunen nachhaltig gestalten.* Bonn.

Bundeskriminalamt. 2021. *Kriminalität im Kontext von Zuwanderung. Bundeslagebild 2020.* Wiesbaden.

Bundesministerium der Finanzen. 2021a. *Bericht über die Tätigkeit des Energie- und Klimafonds.* 20. Mai. https://www.bundesfinanzministerium.de/Content/DE/Downloads/Oeffentliche-Finanzen/10-EKF-Bericht.pdf?__blob=publicationFile&v=2.

Bundesministerium der Finanzen. 2021b. *Europäische Finanzhilfen im Überblick: ESM.* https://www.bundesfinanzministerium.de/Content/DE/Standardartikel/Themen/Europa/Stabilisierung_des_Euro/europaeische-finanzhilfen-esm.html.

Bundesministerium der Finanzen. 2021c. *Zusätzliche Informationen Nachtragshaushalt 2021.* 24. März. https://www.bundesfinanzministerium.

de/Content/DE/Standardartikel/Themen/Oeffentliche_Finanzen/Bundeshaushalt/2021-03-24-nachtragshaushalt-2021-zusaetzliche-informationen.pdf?__blob=publicationFile&v=2.

Bundesministerium der Finanzen. 2021d. *Zusätzliche Informationen zum Regierungsentwurf 2022.* https://www.bundesfinanzministerium.de/Content/DE/Downloads/Oeffentliche-Finanzen/regierungsentwurf-bundeshaushalt-2022.pdf?__blob=publicationFile&v=2.

Bundesministerium der Finanzen. 2021e. *Zweiter Nachtragshaushalt 2021. Pressemitteilung vom 13.12.2021.* https://www.bundesfinanzministerium.de/Content/DE/Pressemitteilungen/Finanzpolitik/2021/12/2021-12-13-zweiter-nachtragshaushalt-2021.html.

Bundesministerium der Finanzen. 2022a. *Entwicklung des Bundeshaushalts bis einschließlich Februar 2022. Monatsbericht des BMF. März 2022.* https://www.bundesfinanzministerium.de/Monatsberichte/2022/03/Inhalte/Kapitel-4-Wirtschafts-und-Finanzlage/4-3-entwicklung-des-bundeshaushalts-pdf.pdf?__blob=publicationFile&v=6.

Bundesministerium der Finanzen. 2022b. *Zusätzliche Informationen zum zweiten Regierungsentwurf 2022.* https://www.bundesfinanzministerium.de/Content/DE/Downloads/Oeffentliche-Finanzen/Bundeshaushalt/kabinettvorlage-zweiter-regierungsentwurf-2022.pdf?__blob=publicationFile&v=7.

Bundesministerium für Umwelt, Naturschutz und nukleare Sicherheit. 2021. *Klimaschutz in Zahlen: Fakten, Trends und Impulse deutscher Klimapolitik.* Berlin.

Bundespräsident. 2020. *Festakt zum Tag der Deutschen Einheit.* 3. Oktober. https://www.bundespraesident.de/SharedDocs/Reden/DE/Frank-Walter-Steinmeier/Reden/2020/10/201003-TdDE-Potsdam.html.

Bundesrechnungshof. 2020. *Schriftliche Stellungnahme des Bundesrechnungshofes zur öffentlichen Anhörung über das Verfahren zum Entwurf des Zweiten Nachtragshaushaltsgesetzes 2020 (BT-Drs. 19/20000) und zum Entwurf eines Gesetzes über begleitende Maßnahmen zur Umsetzung des Konjunktur- und Krisenbewältigungspakets (BT-Drs. 19/20057).* 29 Juni. https://www.bundesrechnungshof.de/de/veroeffentlichungen/produkte/sonderberichte/2020/zweiter-nachtragshaushalt-verfassungsrechtlich-bedenklich.

Bundesrechnungshof. 2021a. *Bericht nach § 88 Absatz 2 BHO über die*

Prüfung ausgewählter coronabedingter Ausgabenpositionen des Einzelplans 15 und des Gesundheitsfonds. Bonn.

Bundesrechnungshof. 2021b. *Bericht nach § 99 BHO zu den möglichen Auswirkungen der gemeinschaftlichen Kreditaufnahme der Mitgliedstaaten der Europäischen Union auf den Bundeshaushalt (Wiederaufbaufonds).* Bonn.

Bundesrechnungshof. 2021c. *Bericht nach § 99 BHO zur Umsetzung der Energiewende im Hinblick auf die Versorgungssicherheit und Bezahlbarkeit bei Elektrizität.* Bonn.

Bundesrechnungshof. 2022. *Bericht nach § 99 BHO zur Steuerung des Klimaschutzes in Deutschland.* Bonn.

Bundesregierung. 2011. *Deutschlands Energiewende – Ein Gemeinschaftswerk für die Zukunft.* Berlin.

Bundesregierung. 2017. Öffentlich-rechtlicher Vertrag. https://www.bmwi.de/Redaktion/DE/Downloads/M-O/oeffentlich-rechtlicher-vertrag-zum-entsorgungsfonds.pdf?__blob=publicationFile&v=12.

Bundesregierung. 2020. *Maßnahmenkatalog des Kabinettausschusses zur Bekämpfung von Rechtsextremismus und Rassismus.* 25. November. https://www.bundesregierung.de/resource/blob/974430/1819984/4f1f9683cf3faddf90e27f09c692abed/2020-11-25-massnahmen-rechtsextremi-data.pdf?download=1.

Bundesregierung. 2021. *Zusätzliches Geld für den Klimaschutz.* 23. Juni. https://www.bundesregierung.de/breg-de/suche/sofortprogramm-klimaschutz-1934852.

Bundesverband der Deutschen Industrie. 2020. *Auswirkungen der Schließung von Kohlekraftwerken auf den deutschen Strommarkt.* Berlin.

Bundesverfassungsgericht. 2009. *Urteil des Zweiten Senats vom 30. Juni 2009.* https://www.bundesverfassungsgericht.de/SharedDocs/Entscheidungen/DE/2009/06/es20090630_2bve000208.html.

Bundesverfassungsgericht. 2012. *Urteil des Ersten Senats vom 18. Juli 2012.* https://www.bundesverfassungsgericht.de/SharedDocs/Entscheidungen/DE/2012/07/ls20120718_1bvl001010.html;jsessionid=77DB96BFE4FF3F2AFBF05A63E60F51FA.1_cid377.

Bundesverfassungsgericht. 2016. *Urteil des Ersten Senats vom 6. Dezember 2016.* https://www.bundesverfassungsgericht.de/SharedDocs/Entscheidungen/DE/2016/12/rs20161206_1bvr282111.html.

Bundesverfassungsgericht. 2017. *Beschluss des Zweiten Senats vom 13. April 2017.* https://www.bundesverfassungsgericht.de/SharedDocs/

Entscheidungen/DE/2017/04/ls20170413_2bvl000613.html;jsessionid=CCBB026901E57C730169E5D6EEE54004.1_cid386.
Bundesverfassungsgericht. 2019. *Urteil des Zweiten Senats vom 30. Juli 2019.* https://www.bundesverfassungsgericht.de/SharedDocs/Entscheidungen/DE/2019/07/rs20190730_2bvr168514.html;jsessionid=7024649B06045A5BC4E9E1B94845BC87.1_cid386.
Bundesverfassungsgericht. 2020a. *Beschluss des Ersten Senats vom 29. September 2020.* https://www.bundesverfassungsgericht.de/SharedDocs/Entscheidungen/DE/2020/09/rs20200929_1bvr155019.html.
Bundesverfassungsgericht. 2020b. *Urteil des Ersten Senats vom 19. Mai 2020.* https://www.bundesverfassungsgericht.de/SharedDocs/Entscheidungen/DE/2020/05/rs20200519_1bvr283517.html.
Bundesverfassungsgericht. 2020c. *Urteil des Zweiten Senats vom 5. Mai 2020.* https://www.bundesverfassungsgericht.de/SharedDocs/Entscheidungen/DE/2020/05/rs20200505_2bvr085915.html.
Bundesverfassungsgericht. 2021a. *Beschluss des Ersten Senats vom 24.* März 2021. https://www.bundesverfassungsgericht.de/e/rs20210324_1bvr265618.html.
Bundesverfassungsgericht. 2021b. *Beschluss des Ersten Senats vom 20. Juli 2021.* https://www.bundesverfassungsgericht.de/SharedDocs/Entscheidungen/DE/2021/07/rs20210720_1bvr275620.html.
Bundesverfassungsgericht. 2021c. *Beschluss des Ersten Senats vom 19. November 2021.* https://www.bundesverfassungsgericht.de/SharedDocs/Entscheidungen/DE/2021/11/rs20211119_1bvr078121.html.
Bundesverwaltungsgericht. 2013a. *Beschluss vom 20. Dezember 2013.* https://www.bverwg.de/201213B7B18.13.0.
Bundesverwaltungsgericht. 2013b. *Beschluss vom 20. Dezember 2013.* https://www.bverwg.de/201213B7B19.13.0.
Burret, Heiko et al. 2021. *Beitrag von Green Finance zum Erreichen von Klimaneutralität in Deutschland. Studie im Auftrag der Kreditanstalt für Wiederaufbau.* Basel.
CDU/CSU. 2017. *Für ein Deutschland, in dem wir gut und gerne leben. Regierungsprogramm 2017–2021.* https://www.cdu.de/system/tdf/media/dokumente/170703regierungsprogramm2017.pdf?file=1&type=field_collection_item&id=9932.
Chomsky, Noam. 2011. *How the World Works.* London: Hamish Hamilton.

CO_2-Abgabe. 2019. *Energiesteuern klima- & sozialverträglich gestalten: Wirkungen und Verteilungseffekte des CO_2-Abgabekonzepts auf Haushalte und Pendelnde*. Freiburg.

Collier, Paul. 2014. *Exodus. Warum wir Einwanderung neu regeln müssen*. München: Siedler (englisch 2013).

Corman, Victor M. et al. 2020. Detection of 2019 Novel Coronavirus (2019-nCoV) by Real-Time RT-PCR. *Euro Surveillance* 25(3), 23–30.

Deutsche Bundesbank. 2013. *Geschäftsbericht 2012*. Frankfurt.

Deutsche Bundesbank. 2015. *Geschäftsbericht 2014*. Frankfurt.

Deutsche Bundesbank. 2017. *Target 2 – ein einheitliches Europa für Individualzahlungen*. Frankfurt.

Deutsche Bundesbank. 2020. *Geschäftsbericht 2019*. Frankfurt.

Deutsche Bundesbank. 2021a. *Asset Purchase Programme (APP)*. https://www.bundesbank.de/de/aufgaben/geldpolitik/geldpolitische-wertpapierankaeufe/asset-purchase-programme-app--830334.

Deutsche Bundesbank. 2021b. *Geschäftsbericht 2020*. Frankfurt.

Deutsche Bundesbank. 2021c. *Pandemic Emergency Purchase Programme (PEPP)*. https://www.bundesbank.de/de/aufgaben/geldpolitik/geldpolitische-wertpapierankaeufe/pandemic-emergency-purchase-programme-pepp--830356.

Deutsche Bundesbank. 2022. *Geschäftsbericht 2021*. Frankfurt.

Deutscher Bundesrat. 2017. *Finanzplan des Bundes 2017–2021*. Drucksache 561/17. Berlin

Deutscher Bundesrat. 2018. *Finanzplan des Bundes 2018–2022*. Drucksache 331/18. Berlin

Deutscher Bundesrat. 2019. *Finanzplan des Bundes 2019-2023*. Drucksache 331/19. Berlin

Deutscher Bundesrat. 2020. *Finanzplan des Bundes 2020–2024*. Drucksache 517/20. Berlin.

Deutscher Bundesrat. 2021. *Finanzplan des Bundes 2021–2025*. Drucksache 621/21. Berlin.

Deutscher Bundestag. 2018a. *Familiennachzug bei subsidiär Schutzberechtigten, Flüchtlingen und Asylberechtigten*. Drucksache 19/260. Berlin.

Deutscher Bundestag. 2018b. *Zusammenarbeit von Bundesregierung und externen Interessenträgern (Teil 1)*. Drucksache 19/2484. Berlin.

Deutscher Bundestag. 2019. *Nachfrage zu den Zahlen zum Familiennachzug*. Drucksache 19/9418. Berlin.

Deutscher Bundestag. 2020. *Familiennachzug zu Schutzberechtigten unter besonderer Berücksichtigung des Geschwisternachzugs*. Drucksache 19/23586. Berlin.

Deutscher Bundestag. 2022. *Werbung und Kommunikation zur Impfkampagne der Bundesregierung*. Drucksache 20/403. Berlin.

Die Linke. 2021. *Zeit zu handeln! Für soziale Sicherheit, Frieden und Klimagerechtigkeit. Wahlprogramm zur Bundestagswahl 2021*. https://www.die-linke.de/fileadmin/download/wahlen2021/Wahlprogramm/DIE_LINKE_Wahlprogramm_zur_Bundestagswahl_2021.pdf.

DIVI (Deutsche Interdisziplinäre Vereinigung für Intensiv- und Notfallmedizin). 2022. *Intensivregister*. https://www.intensivregister.de/#/aktuelle-lage/zeitreihen.

Downs, Anthony. 1967. *Inside Bureaucracy*. Boston: Little, Brown & Co.

Dröge, Susanne. 2021. *Ein CO_2-Grenzausgleich für den Green Deal der EU. Funktionen, Fakten und Fallstricke*. Berlin: Stiftung Wissenschaft und Politik.

ESM (Europäischer Stabilitätsmechanismus). 2022. *Programme Overview*. https://www.esm.europa.eu/assistance/programme-database/programme-overview.

Europäische Kommission. 2019a. *Anhang zur Mitteilung der Kommission an das Europäische Parlament, den Europäischen Rat, den Rat, den Europäischen Wirtschafts- und Sozialausschuss und den Ausschuss der Regionen. Der europäische Grüne Deal*. 11. Dezember. https://ec.europa.eu/info/sites/default/files/european-green-deal-communication-annex-roadmap_de.pdf.

Europäische Kommission. 2019b. *Mitteilung der Kommission an das Europäische Parlament, den Europäischen Rat, den Rat, den Europäischen Wirtschafts- und Sozialausschuss und den Ausschuss der Regionen. Der europäische Grüne Deal*. 11. Dezember. https://ec.europa.eu/info/sites/default/files/european-green-deal-communication_de.pdf.

Europäische Kommission. 2021a. *Communication: Fit for 55 – Delivering the EU's 2030 Climate Target on the Way to Climate Neutrality*. 14. Juli. chapeau_communication.pdf (europa.eu).

Europäische Kommission. 2021b. *EU #Coronavirus Response*. 24. März. https://ec.europa.eu/info/sites/default/files/2021_03_24_eu_response_to_covid_en.pdf.

Europäische Kommission. 2021c. *EU-Emissionshandelssystem (EU-EHS)*. https://ec.europa.eu/clima/policies/ets_de.

Europäische Kommission. 2021d. *Neues Migrations- und Asylpaket.* https://ec.europa.eu/info/strategy/priorities-2019-2024/promoting-our-european-way-life/new-pact-migration-and-asylum_de.
Europäische Kommission. 2021e. *The EU's 2021–2027 Long Term Budget and Next Generation EU. Facts and Figures.* Luxemburg.
Europäische Kommission. 2021f. *Vertragsverletzungsverfahren im Dezember: EU-Kommission stellt Verfahren gegen Deutschland wegen EZB-Urteil ein und fällt eine Reihe weiterer Beschlüsse.* 2. Dezember. https://germany.representation.ec.europa.eu/news/vertragsverletzungsverfahren-im-dezember-eu-kommission-stellt-verfahren-gegen-deutschland-wegen-ezb-2021-12-02_de.
Europäische Kommission. 2021g. *Vorschlag für eine Verordnung des Europäischen Parlaments und des Rates zur Schaffung eines CO_2-Grenzausgleichssystems.* 14. Juli. https://eur-lex.europa.eu/resource.html?uri=cellar:a95a4441-e558-11eb-a1a5-01aa75ed71a1.0006.02/DOC_1&format=PDF.
Europäischer Gerichtshof. 2017. *Urteil des Gerichtshofs (Große Kammer) vom 6. September 2017.* https://eur-lex.europa.eu/legal-content/DE/TXT/?uri=CELEX%3A62015CJ0643.
Europäischer Gerichtshof für Menschenrechte. 2012. *Case of Jirsi Jamaa and Others v. Italy. Judgment. 23 February 2012.* https://hudoc.echr.coe.int/spa#{%22itemid%22:[%22001-109231%22]}.
Eurostat. 2022a. *Inflation in the Euro Area.* 1. April. https://ec.europa.eu/eurostat/statistics-explained/index.php?title=Inflation_in_the_euro_area.
Eurostat. 2022b. *Wachstumsrate des realen BIP.* https://ec.europa.eu/eurostat/databrowser/view/TEC00115__custom_1177235/bookmark/table?lang=de&bookmarkId=9f727da7-3466-4e82-af24-c35c703fe6f9.
EZB (Europäische Zentralbank). 2010a. *Jahresbericht 2009.* Frankfurt.
EZB (Europäische Zentralbank). 2010b. *Press Release. Monetary Developments in the Euro Area. December 2009.* 29. Januar. https://www.ecb.europa.eu/press/pdf/md/md0912.pdf?182e153c-86215b42d9a46468a3b66f3a
EZB (Europäische Zentralbank). 2013. *Details On Securities Holdings Acquired Under the Securities Markets Program.* Pressemitteilung. 21. Februar. https://www.ecb.europa.eu/press/pr/date/2013/html/pr130221_1.en.html.
EZB (Europäische Zentralbank). 2020a. *Konsolidierte Bilanz des Eurosys-*

tems zum 31. Dezember 2019. https://www.ecb.europa.eu/pub/annual/balance/html/ecb.eurosystembalancesheet2019~fed8c5244a.de.html.

EZB (Europäische Zentralbank). 2020b. *Monetary Developments in the Euro Area. December 2019. Annex to the Press Release.* 29. Januar. https://sdw.ecb.europa.eu/web/generator/prl/pr_bsi_0101_201912.pdf.

EZB (Europäische Zentralbank). 2021a. *Jahresbericht 2020. Statistikteil.* https://www.ecb.europa.eu/pub/pdf/annrep/ecb.ar_annex2020_statistical_section~ae79ac8ab8.en.pdf.

EZB (Europäische Zentralbank). 2021b. *Konsolidierte Bilanz des Eurosystems zum 31. Dezember 2020.* https://www.ecb.europa.eu/pub/annual/balance/html/ecb.eurosystembalancesheet2020~0da47a656b.de.html.

EZB (Europäische Zentralbank). 2021c. *Monetary Developments in the Euro Area December 2020. Annex to the Press Release.* 29. Januar. https://www.ecb.europa.eu/press/pdf/md/ecb.md2012_annex~fa25ba7d0b.en.pdf.

EZB (Europäische Zentralbank). 2021d. *Our Response to the Coronavirus Pandemic.* https://www.ecb.europa.eu/home/search/coronavirus/html/index.en.html.

EZB (Europäische Zentralbank). 2021e. *The ECB's Monetary Policy Strategy Statement.* https://www.ecb.europa.eu/home/search/review/html/ecb.strategyreview_monpol_strategy_statement.en.html.

EZB (Europäische Zentralbank). 2022a. *Konsolidierte Bilanz des Eurosystems zum 31. Dezember 2021.* https://www.ecb.europa.eu/pub/annual/balance/html/ecb.eurosystembalancesheet2021~f9edd2ff57.de.html.

EZB (Europäische Zentralbank). 2022b. *Monetary Developments in the Euro Area December 2021. Annex to the Press Release.* 28. Januar. https://www.ecb.europa.eu/pub/pdf/annex/ecb.md2112_annex.en.pdf?41549812cf289deb08840c13afca7be1.

Farnung, Roland. 2021. Die großen Risiken der Energiewende. *Münchner Merkur,* 28. Januar, 6.

Finanzagentur. 2020. *Bericht über das Geschäftsjahr 2019 des Finanzmarktstabilisierungsfonds – FMS.* Frankfurt.

Finanzagentur. 2021. *Bericht über das Geschäftsjahr 2020 des Wirtschaftsstabilisierungsfonds – WSF.* Frankfurt.

Franke, Siegfried F. 2020. *Zur Aushöhlung des Rechtsstaates.* Marburg: Metropolis.

Franke, Siegfried F. 2021. *Vor dem Sturz in die Bedeutungslosigkeit: Demokratie und Rechtsstaat.* Berlin: LIT Verlag.

Fratzscher, Marcel und Simon Junker. 2015. Integration von Flüchtlingen – eine langfristig lohnende Investition. *DIW Wochenbericht* 82(45), 1083–1088.

Fraunhofer-ISE (Fraunhofer-Institut für Solare Energiesysteme). 2022. *Energy-Charts. Jährliche Stromerzeugung in Deutschland in 2011.* https://energy-charts.info/charts/energy/chart.htm?l=de&c=DE&interval=year&year=2011.

Fritze, Lothar. 2020. *Angriff auf den freiheitlichen Staat. Über Macht und ideologische Vorherrschaft.* Marburg: Basilisken-Presse.

Fritze, Lothar. 2022. Zur Unterwerfung bereit. *Tumult*, Nr. 1, 7. März, 33–36.

Fukuyama, Francis. 1989. The End of History? *National Interest* 31(16), 3–18.

Gallina, Marco. 2021. Robert Habecks rechte Hand aus der Agora. *Tichys Einblick online.* 13 Dezember. https://www.tichyseinblick.de/meinungen/agora-patrick-graichen-robert-habecks-rechte-hand/.

Geiger, Klaus. 2022. Macron präsentiert Deutschland die Rechnung für das politische Versagen. *Welt online.* 10. März. https://www.welt.de/debatte/kommentare/plus237431085/EU-Schulden-Frankreich-nutzt-Deutschlands-Schwaeche.html.

Graedel, Thomas E. und Paul J. Crutzen. 1996. *Atmosphäre im Wandel. Die empfindliche Lufthülle unseres Planeten.* Heidelberg: Spektrum (englisch 1995).

Gräf, Dennis und Martin Hennig. 2020. *Die Verengung der Welt.* https://www.researchgate.net/publication/343736403_Die_Verengung_der_Welt_Zur_medialen_Konstruktion_Deutschlands_unter_Covid-19_anhand_der_Formate_ARD_Extra_-Die_Coronalage_und_ZDF_Spezial/link/5f3cd755299bf13404cee520/download.

Grömling, Michael und Michael Hüther. 2021. *BIP schrumpft um eine viertel Billion Euro.* IW-Nachricht. 14. März. https://www.iwkoeln.de/presse/iw-nachrichten/beitrag/michael-huether-michael-groemling-bip-schrumpft-um-eine-viertel-billion-euro.html.

Hämmerling, Josef. 2021. Puppenspielkurse für Migranten. *Junge Freiheit*, Nr. 22, 28. Mai, 12.

Hanfeld, Michael. 2020. 92 Prozent für Rot-Rot-Grün. *Frankfurter Allgemeine Zeitung online.* 6. November. https://www.faz.net/aktuell/feuilleton/medien/ard-volontaere-wie-divers-ist-die-ausbildungs-generation-17038169.html.

Happer, William. 2021. Physicist William Happer: »There Is No Climate Emergency… Renewable Energy Is the Inverse Robin Hood Strategy … Doubling CO_2 Makes No Difference«. *Electroverse*. https://electroverse.net/physicist-william-happer-there-is-no-climate-emergency/.

Harms, Björn. 2021. Lieber mal die Klappe halten. *Junge Freiheit*, Nr. 26, 25. Juni, 17.

Hassencamp, Milena. 2020. Mehrheit der Deutschen für EU-Wiederaufbaufonds. *Spiegel online*. 21. Mai. https://www.spiegel.de/politik/deutschland/corona-krise-mehrheit-der-deutschen-fuer-eu-wiederaufbaufonds-a-a51b787a-3845-49cf-9e55-b9eda3ba98fb.

Hayek, Friedrich August von. 1981. *Recht, Gesetzgebung und Freiheit. Band 2: Die Illusion der sozialen Gerechtigkeit*. Landsberg am Lech: Verlag Moderne Industrie (englisch 1976).

Hayek, Friedrich August von. 1982. *Der Weg zur Knechtschaft*. 5. Aufl., Landsberg am Lech: Verlag Moderne Industrie (englisch 1944).

Heinemann, Friedrich. 2021. Die Überdeckung der Next Generation EU-Schulden im neuen EU-Eigenmittelbeschluss: Ausmaß und Haftungskonsequenzen. *List Forum* 47(2–4), 133–150.

Heinrichs, Harald. 2017. *Der gestaltende Staat im Kontext gesellschaftlichen Wandels. Herausforderungen und Gestaltungsansätze für Nachhaltigkeitsstrategien und -politiken*. Dessau-Roßlau: Umweltbundesamt.

Hennig, Frank und Alexander Wendt. 2021. Sonderweg in die Logikfalle. *Tichys Einblick*, Nr. 4, 40–46.

Herby, Jonas et al. 2022. *A Literature Review and Meta-Analysis of the Effects of Lockdowns On COVID-19 Mortality*. Studies in Applied Economics Nr. 200. Baltimore: Johns Hopkins University.

Hermann, Jonas. 2021. Falsche Corona-Prognosen: Manipulation im Namen der Wissenschaft. *Neue Zürcher Zeitung online*. 8. Mai. https://www.nzz.ch/meinung/corona-und-die-modellierer-ihre-prognosen-liegen-oft-daneben-ld.1624036.

Heß, Barbara. 2021. *Potentialanalyse von Asylantragstellenden: Analyse der »SoKo«-Sozialstrukturdaten. Halbjahresbericht 2021*. Nürnberg: BAMF.

Homburg, Stefan. 2019. Targetsalden sind nicht empörend, sondern gefährlich. *Perspektiven der Wirtschaftspolitik* 20(2), 98–102.

Homburg, Stefan. 2020a. Effectiveness of Corona Lockdowns: Evidence for a Number of Countries. *The Economist's Voice* 17(1), 1–6.

Homburg, Stefan. 2020b. Lockdowns im internationalen Vergleich. *Wirtschaftliche Freiheit*. 9. Mai. http://wirtschaftlichefreiheit.de/wordpress/?p=27264.

Hoyer, Annika et al. 2021. Bewertung des Epidemie-Geschehens in Deutschland: Zeitliche Trends in der effektiven Reproduktionszahl. In Kauermann, G. et al. (Hrsg.), *CODAG Bericht Nr. 16. 28.5.2021*, 12–17. München: LMU.

Infratest dimap. 2021. *ARD Deutschland Trend. Juni 2021*. Berlin.

Infratest dimap. 2022. *ARD Deutschland Trend. Februar 2022*. Berlin.

Ioannides, John P. A. 2021a. Infection Fatality Rate of Covid-19 Inferred From Seroprevalence Data. *Bulletin of the World Health Organization* 99(1), 19–33F.

Ioannides, John P. A. 2021b. Reconciling Estimates of Global Spread and Infection Fatality Rates of COVID-19: An Overview of Systematic Evaluations. *European Journal of Clinical Investigation* 51(5), 1–13.

IPCC (Intergovernmental Panel on Climate Change). 2015. *Climate Change 2014. Synthesis Report*. Genf.

IPCC (Intergovernmental Panel on Climate Change). 2019. *Global Warming of 1.5°* C. Genf.

IPCC (Intergovernmental Panel on Climate Change). 2022. *Climate Change 2022. Impacts, Adaptation and Vulnerability*. Genf.

Issing, Otmar. 2011. *Einführung in die Geldtheorie*. 15. Aufl., München: Vahlen.

Janisch, Wolfgang. 2020. Wie man noch spionieren darf. *Süddeutsche Zeitung online*. 19. Mai. https://www.sueddeutsche.de/politik/urteil-wie-man-noch-spionieren-darf-1.4912732.

Kafsack, Hendrik und Werner Mussler. 2022. Emmanuel Macron fordert neuen Schuldenfonds. *Frankfurter Allgemeine Zeitung online*. 7. März. https://www.faz.net/aktuell/wirtschaft/fuer-mehr-widerstandskraft-emmanuel-macron-fordert-neuen-schuldenfonds-17858796.html.

Kant, Immanuel. 1975. *Die drei Kritiken in ihrem Zusammenhang mit dem Gesamtwerk*. Hrsg. R. Schmidt. Stuttgart: Kröner.

Keilani, Fatina. 2021. Die Ja-Sager aus Karlsruhe winken die strittigen Maßnahmen einfach durch. *Neue Zürcher Zeitung online*. 30. November. https://www.nzz.ch/meinung/der-andere-blick/verfassungsgericht-winkt-corona-notbremse-einfach-durch-ld.1657918?mktcid=nled&mktcval=164_2021--12-01&kid=nl164_2021-11-30&ga=1&trco=.

Kerber, Markus C. 2019. *Finanzstabilität oder Bankenunion?* Marburg: Metropolis.

Kerber, Markus C. 2021a. *Der deutsche Selbstmord. Wie unser Land in der Corona-Krise für Europa geopfert wird.* München: Finanzbuch-Verlag.

Kerber, Markus C. 2021b. *Die EZB vor dem Bundesverfassungsgericht. Dokumentation der Verfassungsbeschwerde gegen das PEPP.* Marburg: Metropolis.

Kirchner, Thomas. 2021. Corona befördert die EU-Skepsis. *Süddeutsche Zeitung online.* 8. Juni. https://www.sueddeutsche.de/politik/eu-corona-europapolitik-1.5315911.

Kirst, Virginia. 2022. Draghi versteckt sich hinter Deutschland – und treibt EU-Schulden voran. *Welt online.* 14. März. https://www.welt.de/politik/ausland/plus237512557/Italien-Draghis-gewiefte-Vorbereitung-einer-Schuldenunion.html.

Kissler, Alexander. 2020. Interview mit Hans-Jürgen Papier. *Neue Zürcher Zeitung online.* 20. Oktober. https://www.nzz.ch/international/hans-juergen-papier-warnt-vor-aushoehlung-der-grundrechte-ld.1582544.

Klauk, Bruno. 2019. Intelligenzdiagnostik bei überwiegend Nicht-EU-Migrantinnen und -Migranten. Ergebnisse einer empirischen Studie mit einem kulturfairen Messverfahren. *Wirtschaftspsychologie* 21(4), 55–68.

Klaus, Václav und Jiři Weigl. 2016. *Völkerwanderung. Kurze Erläuterung der aktuellen Migrationskrise.* 4. Aufl., Waltrop: Manuscriptum (tschechisch 2015).

Klingst, Martin. 2016. Schicksalstage. *Zeit online.* 23. März. https://www.zeit.de/2016/14/asylrecht-europa-anwendung-tuerkei-abkommen-fluechtlinge.

Kloepfer, Inge. 2021. In 96 Stunden zum Atomausstieg. *Frankfurter Allgemeine Sonntagszeitung*, 28. Februar, 23.

Koch, Dirk. 1999. Die Brüsseler Republik. *Spiegel online.* 26. Dezember. https://www.spiegel.de/politik/die-bruesseler-republik-a-3d75c854-0002-0001-0000-000015317086?context=issue.

Kotkin, Joel. 2020. *The Coming of Neo Feudalism. A Warning to the Global Middle Class.* New York: Encounter Books.

Kröning, Anna und Tim Röhn. 2021. Inzidenz bei Ungeimpften? Auch Sachsen nimmt es nicht so genau. *Welt online.* 23. Dezember. https://

www.welt.de/vermischtes/plus235844880/Corona-Daten-Inzidenz-bei-Ungeimpften-Auch-Sachsen-nimmt-es-nicht-so-genau.html.

Kuhbandner, Christof et al. 2022. Was Germany's Lockdown in Spring 2020 Necessary? How Bad Data Quality Can Turn a Simulation Into a Delusion that Shapes the Future. *Futures* 135. https://doi.org/10.1016/j.futures.2021.102879.

Kuhn, Jennifer. 2021. Illegale Geburtstagsparty trotz Corona. *Münchner Merkur online*. 15. Januar. https://www.merkur.de/welt/corona-hameln-polizei-kindergeburtstag-niedersachen-gaeste-mutter-badezimmer-kind-90168198.html.

Kulldorf, Martin et al. 2020. *Great Barrington Declaration*. 4. Oktober. https://gbdeclaration.org/.

Ladurner, Ulrich. 2022. Was, wenn sie es ernst meint? *Zeit online*. 1. März. https://www.zeit.de/politik/ausland/2022-03/eu-beitritt-ukraine-ursula-von-der-leyen.

Langowski, Judith. 2022. An den ungarischen Wahlen entscheidet sich der Zusammenhalt Europas. *Tagesspiegel online*. 3. April. https://www.tagesspiegel.de/meinung/orbns-wahlkampf-im-ukraine-krieg-an-den-ungarischen-wahlen-entscheidet-sich-der-zusammenhalt-europas/28223076.html.

Lauterbach, Karl. 2020. Klimawandel stoppen? Nach den Corona-Erfahrungen bin ich pessimistisch. *Welt online*. 27. Dezember. https://www.welt.de/politik/deutschland/article223275012/Kampf-gegen-Klimawandel-Lauterbach-wegen-Coronazeit-pessimistisch.html.

Lomborg, Bjorn. 2020. *False Alarm. How Climate Change Panic Costs Us Trillions, Hurts the Poor, and Fails to Fix the Planet*. New York: Basic Books.

Lübbe, Hermann. 2019. *Politischer Moralismus. Der Triumph der Gesinnung über die Urteilskraft*. Berlin: LIT Verlag (Erstveröffentlichung 1987).

Lütge, Christoph und Michael Esfeld. 2021. *Und die Freiheit? Wie die Corona-Politik und der Missbrauch der Wissenschaft unsere offene Gesellschaft bedrohen*. München: Riva.

Lux, Thomas. 2013. Effizienz und Stabilität von Finanzmärkten: Stehen wir vor einem Paradigmenwechsel? *Wirtschaftsdienst* 93(13), 16–22.

Mäckler, Marcus. 2022. Baerbocks neue »rechte Hand« Jennifer Morgan: Greenpeace-Chefin als Aktivistin im Außenamt. *Münchner Merkur online*. 10. Februar. https://www.merkur.de/politik/annalenabaerbock-jennifer-morgan-greenpeace-gruene-fdp-spd-auswaertiges-amt-aktivistin-zr-91338872.html.

Mai, Klaus-Rüdiger. 2021. *Die Zukunft gestalten wir! Wie wir den lähmenden Zeitgeist endlich überwinden*. München: Langen Müller.

Manthei, Gerrit und Bernd Raffelhüschen. 2018. Migration and Long-Term Fiscal Sustainability in Welfare Europe: A Case Study. *Finanzarchiv* 74(4), 446–461.

McAllister, David A. et al. 2021. Effect of Vaccination on Transmission of SARS-CoV-2. *New England Journal of Medicine*. 8. September. https://www.nejm.org/doi/pdf/10.1056/NEJMc2106757?articleTools=true.

Metzger, Oswald. 2021. Interview. Nach der Pandemie droht Inflation. *Tichys Einblick*, Nr. 6, 52–55.

Mirowski, Philip. 2013. *Never Let a Serious Crisis Go to Waste. How Neoliberalism Survived the Financial Meltdown*. London: Verso.

Mody, Ashoka. 2018. *Euro Tragedy. A Drama in Nine Acts*. Oxford: Oxford University Press.

Mueller, Dennis C. 2009. *Reason, Religion, and Democracy*. Cambridge: Cambridge University Press.

Murswiek, Dietrich. 2020. *Verfassungsrechtliche Probleme der Corona-Bekämpfung. Stellungnahme für* die Enquête-Kommission 17/2 »Corona-Pandemie« *des Landtags Rheinland-Pfalz*. 18. August. https://dokumente.landtag.rlp.de/landtag/vorlagen/2-12-17.pdf.

Murswiek, Dietrich. 2021a. Brüssel will die totale Unterwerfung. *Tichys Einblick*, Nr. 8, 24–25.

Murswiek, Dietrich. 2021b. Die Corona-Waage – Kriterien für die Prüfung der Verhältnismäßigkeit von Corona-Maßnahmen. *Neue Zeitschrift für Verwaltungsrecht* 40(5), 1–15.

Murswiek, Dietrich. 2021c. *Freiheitseinschränkungen für Ungeimpfte. Die Verfassungswidrigkeit des indirekten COVID-19-Impfzwangs. Rechtsgutachten*. 4. Oktober. https://impfentscheidung.online/wp-content/uploads/2021/10/Gutachten-Die-Verfassungswidrigkeit-des-indirekten-Corona-Impfzwangs.pdf.

Niskanen, William A. 1971. *Bureaucracy and Representative Government*. Chicago: Aldine-Atherton.

Noelle-Neumann, Elisabeth. 2001. *Die Schweigespirale. Öffentliche Meinung – unsere soziale Haut*. 6. Aufl., München: Langen Müller.

Nordhaus, William. 2018. Projections and Uncertainties about Climate Change in an Era of Minimal Climate Policies. *American Economic Journal: Economic Policy* 10(3), 333–360.

Nordhaus, William. 2019. Climate Change: The Ultimate Challenge for Economics. *American Economic Review* 109(6), 1991–2014.

Nussbaum, Jerome und Markus Langner. 2019. Bio-Kette schmeißt AfD-Hirse aus dem Sortiment. *Bild online.* 2. Oktober. https://www.bild.de/regional/leipzig/leipzig-news/leipzig-bio-kette-schmeisst-afd-hirse-aus-dem-sortiment-65079128.bild.html.

Oberverwaltungsgericht Lüneburg. 2021a. *Beschluss des 13. Senats vom 16.12.2021.* https://www.rechtsprechung.niedersachsen.de/jportal/portal/page/bsndprod.psml?doc.id=MWRE210004286&st=ent&doctyp=juris-r&showdoccase=1¶mfromHL=true#focuspoint.

Oberverwaltungsgericht Lüneburg. 2021b. *Ein neuer Senat, ein neuer Senatsvorsitzender und drei Planungssenate am Nds. Oberverwaltungsgericht. Pressemitteilung vom 21.12.2021.* https://oberverwaltungsgericht.niedersachsen.de/aktuelles/presseinformationen/ein-neuer-senat-ein-neuer-senatsvorsitzender-und-drei-planungssenate-am-nds-oberverwaltungsgericht-207183.html.

Osbild, Reiner. 2021. Die Wertevernichterin. *Junge Freiheit*, Nr. 39, 24. September, 18.

Our World in Data. 2022. *Coronavirus (COVID-19) Cases.* https://ourworldindata.org/covid-cases.

O. V. 2009. Umfrage. Deutschlands linke Lehrer. *Kölner Stadt-Anzeiger online.* 26. Mai. https://www.ksta.de/umfrage-deutschlands-linke-lehrer-12957948.

O. V. 2011. »Scheitert der Euro, scheitert Europa«. *Welt online.* 7. September. https://www.welt.de/politik/deutschland/article13590387/Scheitert-der-Euro-scheitert-Europa.html.

O. V. 2016. Weitere Zuwanderung unterbinden. *Focus online.* 1. März. https://www.focus.de/politik/deutschland/helmut-schmidt-ii_aid_95473.html.

O. V. 2019a. Geschäftsführer der hessischen Filmförderung muss Posten räumen. *Frankfurt Allgemeine Zeitung online.* 24. September. https://www.faz.net/aktuell/rhein-main/chef-der-hessischen-filmfoerderung-muss-posten-raeumen-16401009.html.

O. V. 2019b. World's Dumbest Energy Policy: After Giving Up Nuclear

Power, Germany Now Wants to Abandon Coal. *Wall Street Journal online*. 29. Januar. https://www.wsj.com/articles/worlds-dumbest-energy-policy-11548807424.

O. V. 2020a. Die Pandemie ist eine große Chance. *Neue Westfälische online*. 21. August. https://www.wolfgang-schaeuble.de/die-pandemie-ist-eine-grosse-chance/.

O. V. 2020b. Ein Brüsseler Weihnachtsgeschenk: Neue Uploadfilter und Internetzensur. *Tichys Einblick online*. 9. Dezember. https://www.tichyseinblick.de/daili-es-sentials/terreg-uploadfilter-eu-bruessel-internet-facebook-social-media-zensur/.

O. V. 2021a. Familienrichter können keine Coronamaßnahmen an Schulen kippen. *Spiegel online*. 27. Oktober. https://www.spiegel.de/panorama/bildung/maskenpflicht-bgh-familienrichter-koennen-keine-corona-massnahmen-an-schulen-kippen-a-2415cf1c-da20-4a9f-9f6f-a44b928db291.

O. V. 2021b. Warum malt die Tagesschau die Corona-Karte so düster? *Bild online*. 11. April. https://www.bild.de/politik/inland/politik-inland/heftige-zuschauerkritik-nach-neuen-farben-warum-malt-die-tagesschau-die-corona-k-76026922.bild.html.

O. V. 2022a. Allensbach-Institut: 31 Prozent der Deutschen stellt politisches System infrage. *Südwestrundfunk online*. 11. April. https://www.swr.de/swraktuell/baden-wuerttemberg/friedrichshafen/allensbach-umfrage-zu-demokratie-in-deutschland-100.html.

O. V. 2022b. Demo gegen Corona-Leugner und Impfgegner in Hamburg. *Welt online*. 15. Januar. https://www.welt.de/regionales/hamburg/article236268172/Hamburg-Demo-gegen-Corona-Leugner-und-Impfgegner.html.

O. V. 2022c. Faeser gegen Registrierung Geflüchteter. *Tagesschau online*. 27. März. https://www.tagesschau.de/inland/registrierung-gefluechtete-ukraine-101.html.

O. V. 2022d. Füracker verteidigt Corona-Schulden: Jeder Euro notwendig. *Zeit online*. 3. Januar. https://www.zeit.de/news/2022-01/03/fueracker-verteidigt-corona-schulden-jeder-euro-notwendig.

O. V. 2022e. Ursula von der Leyen macht Ukraine Hoffnung auf schnellen EU-Beitritt. *Zeit online*. 8. April. https://www.zeit.de/politik/ausland/2022-04/eu-delegation-kiew-ukraine-beitritt.

Palmer, Boris. 2019. *Erst die Fakten, dann die Moral. Warum Politik mit der Wirklichkeit beginnen muss*. 3. Aufl., München: Siedler.

Papier, Hans-Jürgen. 2019. *Die Warnung. Wie der Rechtsstaat ausgehöhlt wird.* 3. Aufl., München: Heyne.

Papier, Hans-Jürgen. 2021. *Freiheit in Gefahr. Warum unsere Freiheitsrechte bedroht sind und wie wir sie schützen können.* München: Heyne.

Paul-Ehrlich-Institut. 2021. *Sicherheitsbericht. Verdachtsfälle von Nebenwirkungen und Impfkomplikationen nach Impfung zum Schutz vor COVID-19 seit Beginn der Impfkampagne am 27.12.2020 bis zum 31.8.2021.* 20. September. https://www.pei.de/SharedDocs/Downloads/DE/newsroom/dossiers/sicherheitsberichte/sicherheitsbericht-27-12-bis-31-08-21.pdf?__blob=publicationFile&v=6.

Paul-Ehrlich-Institut. 2022a. *Datenbank zu Arzneimittelnebenwirkungen.* https://www.pei.de/DE/arzneimittelsicherheit/pharmakovigilanz/uaw-datenbank/uaw-datenbank-node.html.

Paul-Ehrlich-Institut. 2022b. *Sicherheitsbericht. Verdachtsfälle von Nebenwirkungen und Impfkomplikationen nach Impfung zum Schutz vor COVID-19 seit Beginn der Impfkampagne am 27.12.2020 bis zum 31.12.2021.* 7. Februar. https://www.pei.de/SharedDocs/Downloads/DE/newsroom/dossiers/sicherheitsberichte/sicherheitsbericht-27-12-20-bis-31-12-21.pdf?__blob=publicationFile&v=5.

Paulwitz, Michael. 2022a. Chaos mit Ansage. *Junge Freiheit*, Nr. 13, 25. März, 1.

Paulwitz, Michael. 2022b. Das freie Wort will erkämpft sein. *Junge Freiheit online.* 5. Februar. https://jungefreiheit.de/debatte/kommentar/2022/zensur-freie-wort/.

Pellack, Mathias. 2020. Wo sind all die Steuern hin? *Junge Freiheit*, Nr. 22, 22. Mai, 7.

Pindyck, Robert S. 2020. *What We Know and Don't Know About Climate Change, and Implications for Policy.* NBER Working Paper Nr. 27304. Cambridge.

Pinzler, Petra. 2020. Atomausstieg immer teurer. *Zeit online.* 22. November. https://www.zeit.de/2020/48/atomausstieg-kosten-energiekonzerne-entschaedigung-bundesregierung.

Polleit, Thorsten. 2021. Der Griff ans Eigentum. *Junge Freiheit*, Nr. 9, 26. Februar, 18.

Powell, G. Bingham. 2004. The Chain of Responsiveness. *Journal of Democracy* 15(4), 91–105.

Preckwitz, Boris. 2021. Reform an Haupt und Gliedern. *Junge Freiheit*, Nr. 44, 29. Oktober, 18.

Pritzl, Rupert und Fritz Söllner. 2021. Rationale Klimapolitik – ökonomische Anforderungen und politische Hindernisse. *List Forum* 46(4), 423–449.

Quick, Reinhard. 2020. Carbon Border Adjustment. A Dissenting View on Its Alleged GATT-Compatibility. *Zeitschrift für europarechtliche Studien* 23(4), 549–596.

Rauch, Bernhard et al. 2011. Fact and Fiction in EU-Governmental Economic Data. *German Economic Review* 12(3), 243–255.

Reinhart, Carmen M. und Kenneth S. Rogoff. 2009. *This Time Is Different. Eight Centuries of Financial Folly.* Princeton: Princeton University Press.

Rindermann, Heiner. 2018. *Cognitive Capitalism. Human Capital and the Well-Being of Nations.* Cambridge: Cambridge University Press.

Ripley, Amanda et al. 2019. The Geography of Partisan Prejudice. A Guide to the Most – and Least – Politically Open-Minded Counties in the USA. *Atlantic online.* 4. März. https://www.theatlantic.com/politics/archive/2019/03/us-counties-vary-their-degree-partisan-prejudice/583072/.

RKI (Robert-Koch-Institut). 2019. *Bericht zur Epidemiologie der Influenza in Deutschland. Saison 2018/19.* Berlin.

RKI (Robert-Koch-Institut). 2020. *Täglicher Lagebericht des RKI zur Coronavirus-Krankheit-2019 (COVID-19).* 11. Dezember. https://www.rki.de/DE/Content/InfAZ/N/Neuartiges_Coronavirus/Situationsberichte/Dez_2020/2020-12-11-de.pdf?__blob=publicationFile.

RKI (Robert-Koch-Institut). 2022. *COVID-19-Dashboard.* https://experience.arcgis.com/experience/478220a4c454480e823b17327b2bf1d4/page/Landkreise/.

Rössler, Hermann. 2021. In einer festen Beziehung. *Junge Freiheit*, Nr. 10, 5. März, 7.

Rommel, Alexander et al. 2021. COVID-19-Krankheitslast in Deutschland im Jahr 2020. Durch Tod und Krankheit verlorene Lebensjahre im Verlauf der Pandemie. *Deutsches Ärzteblatt* 118(9), 145–151.

Roose, Jochen. 2021. *Politische Polarisierung in Deutschland. Repräsentative Studie zu Zusammenhalt in der Gesellschaft.* Berlin: Konrad-Adenauer-Stiftung.

Rosenfelder, Lydia. 2022. Kaum noch Vertrauen in Corona-Zahlen. *Bild online.* 3. Januar. https://www.bild.de/bild-plus/politik/inland/

politik-inland/umfrage-zeigt-vertrauen-in-corona-zahlen-weg-78704246,view=conversionToLogin.bild.html.

Rossi, Mark Antony. 2005. *The Intruder Bulletins. The Dark Side of Technology.* Amherst Junction: Hard Shell Word Factory.

Rydlink, Katherine. 2020. Lauterbach fordert Ärztekammer-Präsident zum Rücktritt auf. *Spiegel online.* 22. Oktober. https://www.spiegel.de/wissenschaft/medizin/karl-lauterbach-fordert-aerztekammer-praesident-klaus-reinhardt-zum-ruecktritt-auf-a-6a846ac7-ed4e-465a-90ae-fab9340d4fc1.

Sarrazin, Thilo. 2012. *Europa braucht den Euro nicht. Wie uns politisches Wunschdenken in die Krise geführt hat.* München: Deutsche Verlags-Anstalt.

Sarrazin, Thilo. 2020. *Der Staat an seinen Grenzen. Über Wirkung von Einwanderung in Geschichte und Gegenwart.* München: Langen Müller.

Sarrazin, Thilo. 2021a. *Der neue Tugendterror. Über die Grenzen der Meinungsfreiheit in Deutschland.* 3. Aufl., München: Langen Müller (Erstveröffentlichung 2014).

Sarrazin, Thilo. 2021b. *Deutschland schafft sich ab. Wie wir unser Land aufs Spiel setzen.* München: Langen Müller (Erstveröffentlichung 2010).

Sarrazin, Thilo. 2021c. »Wir schaffen das«. Erläuterungen zum politischen Wunschdenken. 2. Aufl., München: Langen Müller.

Savaris, Ricardo Francalacci et al. 2021. Stay-at-Home Policy Is a Case of Exception Fallacy: An Internet-Based Ecological Study. *Scientific Reports* 11(5313), 1–13. https://www.nature.com/articles/s41598-021-84092-1.

Schäfers, Manfred. 2021. Regierung lenkt 60 Milliarden Euro in Klimafonds um. *Frankfurter Allgemeine Zeitung online.* 13. Dezember. https://www.faz.net/aktuell/wirtschaft/regierung-lenkt-60-milliarden-euro-in-klimafonds-um-17682610.html.

Schälter, Verena. 2022. Mit »echten« gegen »unechte« Flüchtlinge. *Tagesschau online.* 1. April. https://www.tagesschau.de/ausland/europa/griechenland-migration-103.html.

Schmidt, Hans-Jürgen. 2018. *Sozialstruktur, Schulbesuch und Berufstätigkeit im Herkunftsland. BAMF-Kurzanalyse 3/2018.* Nürnberg.

Scholdt, Günter. 2020. *Populismus.* Marburg: Basilisken-Presse.

Schrappe, Matthias et al. 2021. *Zur intensivmedizinischen Versorgung in der SARS-2/CoViD-19-Epidemie.* 17. Mai. https://corona-netzwerk.

info/wp-content/uploads/2021/05/thesenpapier_adhoc3_210517_endfass.pdf.

Schwarz, Hans-Peter. 2017. *Die neue Völkerwanderung nach Europa. Über den Verlust politischer Kontrolle und moralischer Gewissheit.* 2. Aufl., München: Deutsche Verlags-Anstalt.

Seidl, Christian. 2020. Die TARGET-Kontroverse. *Wirtschaftswissenschaftliches Studium* 49 (9), 25–32.

Seneff, Stephanie et al. 2022. Innate Immune Suppression by SARS-CoV-2 mRNA Vaccinations: The Role of G-Quadruplexes, Exosomes and MicroRNAs. *Food and Chemical Toxicology* 164(22), 1–19.

Siedenbiedel, Christian. 2021. Bürger kritisieren EZB-Niedrigzinspolitik. *Frankfurter Allgemeine Zeitung online.* 9. Februar. https://www.faz.net/aktuell/finanzen/buerger-kritisieren-ezb-niedrigzinspolitik-17188623.html.

Sieferle, Rolf Peter. 2018. *Das Migrationsproblem. Über die Unvereinbarkeit von Sozialstaat und Masseneinwanderung.* Waltrop: Manuscriptum.

Sinn, Hans-Werner. 2010. *Kasino-Kapitalismus. Wie es zur Finanzkrise kam, und was jetzt zu tun ist.* 3. Aufl., Berlin: Ullstein.

Sinn, Hans-Werner. 2015. *Der Euro. Von der Friedensidee zum Zankapfel.* München: Hanser (engl. 2014).

Sinn, Hans-Werner. 2019. Der Streit um die Targetsalden. *Perspektiven der Wirtschaftspolitik* 20(3), 170–217.

Sinn, Hans-Werner. 2021. *Die wundersame Geldvermehrung.* Freiburg: Herder.

Söllner, Fritz. 2018. Das Dilemma der Integration – die Flüchtlingskrise und ihre Verteilungswirkungen. *List Forum* 43(4), 461–481.

Söllner, Fritz. 2019. *System statt Chaos. Ein Plädoyer für eine rationale Migrationspolitik.* Wiesbaden: Springer.

Söllner, Fritz. 2020. Wissenschaft in Zeiten politischer Korrektheit – Bemerkungen zur Causa Klauk. *Wirtschaftspsychologie* 22(2), 65–69.

SPD et al. 2021. *Mehr Fortschritt wagen. Bündnis für Freiheit, Gerechtigkeit und Nachhaltigkeit. Koalitionsvertrag zwischen SPD, Bündnis 90/Die Grünen und FDP.* https://www.spd.de/fileadmin/Dokumente/Koalitionsvertrag/Koalitionsvertrag_2021-2025.pdf.

Stadtverwaltung Weimar. 2021. *Corona: 43 Neuinfektionen in Weimar.* 22. Oktober. https://www.facebook.com/stadtverwaltung.weimar/posts/corona-43-neuinfektionen-in-weimardas-weimarer-gesundheitsamt-registrierte-geste/3080090802266862/.

Statistisches Bundesamt. 2021a. *Bevölkerung in Privathaushalten nach Migrationshintergrund. Insgesamt.* https://www.destatis.de/DE/Themen/Gesellschaft-Umwelt/Bevoelkerung/Migration-Integration/Tabellen/liste-migrationshintergrund-geschlecht.html.

Statistisches Bundesamt. 2021b. *Finanzen und Steuern. Schulden des öffentlichen Gesamthaushalts. 2019. Fachserie 14. Reihe 5.* Wiesbaden.

Statistisches Bundesamt. 2021c. *Finanzen und Steuern. Schulden des öffentlichen Gesamthaushalts. 2020. Fachserie 14. Reihe 5.* Wiesbaden.

Statistisches Bundesamt. 2021d. *Pressemitteilung Nr. 563 vom 9. Dezember 2021.* https://www.destatis.de/DE/Presse/Pressemitteilungen/2021/12/PD21_563_12.html.

Statistisches Bundesamt. 2021e. *Schutzsuchende nach Schutzstatus von 2007 bis 2020.* https://www.destatis.de/DE/Themen/Gesellschaft-Umwelt/Bevoelkerung/Migration-Integration/Tabellen/schutzsuchende-zeitreihe-schutzstatus.html;jsessionid=E576D7AAEB7BBF783ADC38FB30389E1C.live742.

Statistisches Bundesamt. 2021f. *Volkswirtschaftliche Gesamtrechnungen. Bruttoinlandsprodukt ab 1970. 3. Vierteljahr 2021.* Wiesbaden.

Statistisches Bundesamt. 2021g. *Volkswirtschaftliche Gesamtrechnungen. Einnahmen und Ausgaben des Staates ab 1991. Halbjahres- und Jahresergebnisse.* Wiesbaden.

Statistisches Bundesamt. 2022a. *Pressemitteilung Nr. 014 vom 11. Januar 2022.* https://www.destatis.de/DE/Presse/Pressemitteilungen/2022/01/PD22_014_126.html;jsessionid=F5C4AFE1FF3356F469E4DBBFED8DAF84.live732.

Statistisches Bundesamt. 2022b. *Pressemitteilung Nr. 136 vom 30. März 2022.* https://www.destatis.de/DE/Presse/Pressemitteilungen/2022/03/PD22_136_713.html#:~:text=Beim%20Bund%20stiegen%20die%20Schulden,43%2C6%20Milliarden%20Euro%20zu.

Statistisches Bundesamt. 2022c. *Pressemitteilung Nr. 137 vom 30. März 2022.* https://www.destatis.de/DE/Presse/Pressemitteilungen/2022/03/PD22_137_611.html;jsessionid=AFE34F1870EE79546FAC98A2640CE080.live721.

Statistisches Bundesamt. 2022d. *Pressemitteilung Nr. 163 vom 12. April 2022.* https://www.destatis.de/DE/Presse/Pressemitteilungen/2022/04/PD22_163_126.html.

Statistisches Bundesamt 2022e. *Schuldenstandquoten der EU-Mitgliedstaaten. Bruttoschulden (konsolidiert) in % des Bruttoinlands-*

produktes. https://www.destatis.de/DE/Themen/Wirtschaft/Volkswirtschaftliche-Gesamtrechnungen-Inlandsprodukt/Tabellen/eu-stabilitaetspakt-defizit-schulden-eu.html.

Statistisches Bundesamt. 2022f. *Sterbefallzahlen und Übersterblichkeit.* https://www.destatis.de/DE/Themen/Querschnitt/Corona/Gesellschaft/bevoelkerung-sterbefaelle.html.

Stein, Dieter. 2022. Ideologie trifft auf Realität. *Junge Freiheit*, Nr. 12, 18. März, 1.

Steinwandter, Lukas und Moritz Schwarz. 2021. … und raus bist du. *Junge Freiheit*, Nr. 45, 5. November, 4.

Stolze, Cornelia. 2022. Der Verdacht liegt nahe, dass der Ethikrat sich an der Regierung orientiert. *Welt online.* 11. Januar. https://www.welt.de/debatte/plus236147630/Impfpflicht-Die-fragwuerdige-Argumentation-des-Ethikrats.html.

Storch, Hans von. 2021. COVID-19 und menschengemachter Klimawandel als postnormale wissenschaftliche Objekte. *Naturwissenschaftliche Rundschau* 74(3), 132–136.

Streeck, Hendrik et al. 2020. Infection Fatality Rate of SARS-CoV2 in a Super-Spreading Event in Germany. *Nature Communications* 11(5829). https://www.nature.com/articles/s41467-020-19509-y.

Suntum, Ulrich van. 2019. Targetsalden und andere Risiken in der Europäischen Währungsunion. *Perspektiven der Wirtschaftspolitik* 20(2), 107–114.

SVR (Sachverständigenrat zur Begutachtung der gesamtwirtschaftlichen Entwicklung). 2009. *Jahresgutachten 2009/2010. Die Zukunft nicht aufs Spiel setzen.* Wiesbaden.

SVR (Sachverständigenrat zur Begutachtung der gesamtwirtschaftlichen Entwicklung). 2019. *Aufbruch zu einer neuen Klimapolitik: Sondergutachten.* Berlin.

SVR (Sachverständigenrat zur Begutachtung der gesamtwirtschaftlichen Entwicklung). 2020. *Jahresgutachten 2020/2021. Corona-Krise gemeinsam bewältigen, Resilienz und Wachstum stärken.* Wiesbaden.

SVR (Sachverständigenrat zur Begutachtung der gesamtwirtschaftlichen Entwicklung). 2021. *Jahresgutachten 2021/2022. Transformation gestalten: Bildung, Digitalisierung und Nachhaltigkeit.* Wiesbaden.

SVR (Sachverständigenrat zur Begutachtung der gesamtwirtschaftlichen Entwicklung). 2022. *Aktualisierte Konjunkturprognose 2022 und 2023.* Wiesbaden.

Thelitz, Nikolai. 2022. Mindestens 10 Millionen Menschen sind geflüchtet, Tausende tot oder schwer verletzt. *Neue Zürcher Zeitung online.* 27. März. https://www.nzz.ch/international/ukraine-krieg-so-viele-menschen-sind-europaweit-auf-der-flucht-ld.1674853?reduced=true.

Thess, André. 2022. Das große Simulationsversagen. *Tichys Einblick*, Nr. 2, 44–45.

Tol, Richard S. J. 2019. *Climate Economics. Economic Analysis of Climate, Climate Change and Climate Policy.* 2. Aufl., Cheltenham: Edward Elgar.

Tolstoi, Lew. 2021. *Krieg und Frieden.* 4. Aufl., München: dtv (russisch 1868/69).

Trimborn, Marion. 2021. Familiennachzug für Flüchtlinge 2020 um die Hälfte reduziert. *Neue Osnabrücker Zeitung online.* 1. Februar. https://www.noz.de/deutschland-welt/politik/artikel/wegen-corona-pandemie-nur-noch-halb-so-viel-familiennachzug-von-fluechtlingen-20188249#:~:text=Die%20Zahl%20der%20insgesamt%20zum,Familienmitglieder%20(Vorjahr%3A%20107.520).

Tullock, Gordon. 1965. *The Politics of Bureaucracy.* Washington: Public Affairs Press.

Vahrenholt, Fritz und Sebastian Lüning. 2012. *Die kalte Sonne. Warum die Klimakatastrophe nicht stattfindet.* 2. Aufl., Hamburg: Hoffmann und Campe.

Vahrenholt, Fritz und Sebastian Lüning. 2020. *Unerwünschte Wahrheiten. Was Sie über den Klimawandel wissen sollten.* 4. Aufl., München: Langen Müller.

Vahrenholt, Fritz und Sebastian Lüning. 2021. *Unanfechtbar? Der Beschluss des Bundesverfassungsgerichts zum Klimaschutz im Faktencheck.* München: Langen Müller.

Vaubel, Roland. 2010. Die Finanzkrise als Vorwand für Überregulierung. *Wirtschaftsdienst* 90(5), 313–320.

Vehlken, Sebastian et al. 2015. Computersimulation. In Bühler, B. und S. Willer (Hrsg.), *Futurologien. Ein Glossar des Zukunftswissens,* 181–192. Paderborn: Fink.

Vereinte Nationen. 2019. *Globaler Pakt für eine sichere, geordnete und reguläre Migration.* 11. Januar. https://www.un.org/Depts/german/gv-73/band1/ar73195.pdf.

Verwaltungsgericht Köln. 2019. *Beschluss vom 26.2.2019 – 13 L 202/19.* https://openjur.de/u/2141068.html.

Verwaltungsgericht Köln. 2021. *Beschluss vom 5.3.2021 – 13 L 105/21.* https://openjur.de/u/2331302.html.

Verwaltungsgericht Köln. 2022. *Pressemitteilung. Verfassungsschutz darf AfD als Verdachtsfall einstufen.* 8. März. https://www.vg-koeln.nrw.de/behoerde/presse/Pressemitteilungen/06_08032022/index.php.

Verwaltungsgerichtshof München. 2021. *Corona-Pandemie, Vorläufige Ausgangsbeschränkung, Einschätzungsspielraum, Verordnungsermessen, Verhältnismäßigkeit, Übermaßverbot. Beschluss vom 4. Oktober 2021.* https://www.gesetze-bayern.de/Content/Document/Y-300-Z-BECKRS-B-2021-N-29086?hl=true.

Vonderach, Andreas. 2020. *Die Dekonstruktion der Rasse. Sozialwissenschaften gegen die Biologie.* 2. Aufl., Graz: Ares.

Vosgerau, Ulrich. 2018. *Die Herrschaft des Unrechts. Die Asylkrise, die Krise des Verfassungsstaates und die Rolle der Massenmedien.* Rottenburg: Kopp.

Vosgerau, Ulrich. 2021. Brüssel wird übergriffig. *Junge Freiheit*, Nr. 30/31, 23./30. Juli, 1.

Wagener, Martin. 2021. *Kulturkampf um das Volk. Der Verfassungsschutz und die nationale Identität der Deutschen.* Reinbek: Lau.

Wagener, Martin. 2022. Die Folgen des Gerichtsurteils über die AfD als Verdachtsfall. *Tichys Einblick online.* 10. März. https://www.tichyseinblick.de/gastbeitrag/die-folgen-des-gerichtsurteils-ueber-die-afd-als-verdachtsfall/.

WBGU (Wissenschaftlicher Beirat der Bundesregierung Globale Umweltveränderungen). 2011. *Welt im Wandel. Gesellschaftsvertrag für eine Große Transformation.* Berlin.

Weber, Max. 1919. *Geistige Arbeit als Beruf. Zweiter Vortrag: Politik als Beruf.* München, Leipzig: Duncker & Humblot.

Weimann, Joachim. 2019. Der Ausstieg aus der Kohle: alternativlos oder verantwortungslos? *Perspektiven der Wirtschaftspolitik* 20(1), 14–22.

Weimann, Joachim. 2020. Elektroautos und das Klima: die große Verwirrung. *Wirtschaftsdienst* 100(11), 890–895.

WHO (Weltgesundheitsorganisation). 2020. *Diagnostic Testing for SARS-CoV-2.* 11. September. https://www.who.int/publications/i/item/diagnostic-testing-for-sars-cov-2.

Willsch, Klaus-Peter. 2019. Christine Lagarde: Markenzeichen Rechtsbruch. *Tichys Einblick online.* 9. Juli. https://www.tichyseinblick.de/daili-es-sentials/christine-lagarde-markenzeichen-rechtsbruch/.

Willsch, Klaus-Peter und Christian Raap. 2015. *Von Rettern und Rebellen. Ein Blick hinter die Kulissen unserer Demokratie*. München: Finanzbuch-Verlag.

Wissenschaftlicher Beirat beim Bundesministerium für Wirtschaft und Arbeit. 2004. *Zur Förderung erneuerbarer Energien*. Berlin.

Wissenschaftlicher Beirat beim Bundesministerium für Wirtschaft und Energie. 2016. *Die essentielle Rolle des CO_2-Preises für eine effektive Klimapolitik*. Berlin.

Wissenschaftlicher Beirat beim Bundesministerium für Wirtschaft und Energie. 2019. *Energiepreise und effiziente Klimapolitik*. Berlin.

Wissenschaftlicher Beirat beim Bundesministerium für Wirtschaft und Energie. 2021. *Ein CO_2-Grenzausgleich als Baustein eines Klimaclubs*. Berlin.

World Bank. 2022. *Data Bank – World Development Indicators*. https://databank.worldbank.org/source/world-development-indicators.

World Economic Forum. 2020. *Now Is the Time for a »Great Reset«*. 3. Juni. https://www.weforum.org/agenda/2020/06/now-is-the-time-for-a-great-reset/.